Fonction Publiqu

Collection dirigée par Philippe-Jean QUILLIE

W0317533

Catégories C

RÉUSSIR LE CONCOURS D'AUXILIAIRE DE SOINS TERRITORIAL PRINCIPAL DE 2e CLASSE

TOUT-EN-UN

Philippe-Jean QUILLIEN
Formateur au Centre national de la fonction publique territoriale
Chargé de cours à l'université de Versailles-Saint-Quentin-en-Yvelines / institut d'études politiques de Saint-Germain-en-Laye

ellipses

ISBN 9782340-063020
©Ellipses Édition Marketing S.A., 2022
8/10 rue la Quintinie 75015 Paris

www.editions-ellipses.fr

Devenir auxiliaire de soins territorial en 15 points

1. Définition de l'auxiliaire de soins territorial

Les auxiliaires de soins (AS) territoriaux appartiennent à la filière médico-sociale de la fonction publique territoriale (FPT). Ceux qui sont fonctionnaires constituent un **cadre d'emplois de catégorie C** dont le statut particulier est défini par le décret n° 92-866 du 28 août 1992.

Les auxiliaires de soins territoriaux peuvent exercer **trois types de fonctions** :

- les AS exerçant les fonctions d'aide-soignant collaborent à la distribution des soins infirmiers (voir Annexe 3) ;
- les AS exerçant des fonctions d'aide médico-psychologique participent aux tâches éducatives sous la responsabilité de l'éducateur ou de tout autre technicien formé à cet effet ;
- les AS exerçant des fonctions d'assistant dentaire assistent le chirurgien-dentiste dans les tâches matérielles et les préparations courantes nécessitées par l'exécution des soins dentaires (voir Annexe 4).

Les **métiers d'aide-soignant et d'assistant dentaire** sont détaillés dans deux fiches du Centre national de la fonction publique territoriale (voir Annexes 3 et 4).

Le **métier d'aide médico-psychologique** est étudié dans la fiche métier K1301 (Accompagnement médico-social) du Répertoire opérationnel des métiers et emplois (ROME) de Pôle emploi (disponible sur *www.pole-emploi.fr* : Découvrir le marché du travail → Les fiches métiers).

Remarques

- Selon le décret du 17 juillet 1984, les **soins infirmiers** ont pour objet :
  - de protéger, maintenir, restaurer et promouvoir la santé ou l'autonomie des fonctions vitales des personnes ;
  - de soulager la souffrance et d'assister les personnes dans les derniers instants de leur vie ;
  - d'appliquer les prescriptions médicales ;

– de participer à la surveillance clinique des malades et des thérapeutiques mises en œuvre ;
– de concourir aux méthodes et à l'établissement du diagnostic ;
– de favoriser le maintien, l'insertion ou la réinsertion des personnes dans leur cadre de vie habituel ou nouveau.

Les soins infirmiers sont de nature technique, relationnelle et éducative. Leur réalisation tient compte des données physiques, psychologiques, socio-économiques et culturelles de la personne soignée.

- La **réingénierie du diplôme d'État d'aide-soignant** se traduit par de nouveaux référentiels de compétences, de formation et de certification annexés à l'arrêté du 10 juin 2021. La formation est allongée de trois semaines, avec un rééquilibrage entre pratique et théorie (22 semaines chacune). La durée supplémentaire permettra de former les élèves à de nouveaux actes, d'où l'inquiétude de certaines organisations d'infirmiers.

Les auxiliaires de soins territoriaux exercent leurs fonctions dans **différents types de structures et d'établissements** relevant de la compétence des collectivités territoriales, par exemple :

- crèches,
- accueils de jour,
- maisons de santé pluridisciplinaires,
- services de soins infirmiers à domicile (SSIAD),
- maisons de retraite, unités de vie, résidences autonomie (foyers-logements),
- établissements d'hébergement pour personnes âgées dépendantes (ÉHPAD).

Conformément à un principe fondateur de la fonction publique française, les auxiliaires de soins territoriaux sont en principe **recrutés par voie de concours**.

Le cadre d'emplois comprend **deux grades** :

- le grade initial d'auxiliaire de soins territorial principal de 2e classe,
- le grade d'avancement, auxiliaire de soins territorial principal de 1re classe.

Ces deux grades relèvent respectivement des échelles C2 et C3 de rémunération.

Statistiques

- Selon le dernier bilan statistique publié par le Centre national de la fonction publique territoriale (CNFPT), les employeurs territoriaux emploient plus de 20 000 auxiliaires de soins. En raison du vieillissement de la population et de l'accroissement du nombre de personnes âgées dépendantes, on constate une augmentation de leurs effectifs (environ 12 000 auxiliaires de soins en 2002).
- 67,1 % seulement des auxiliaires de soins territoriaux ont le statut de fonctionnaire, le dernier tiers se trouvant dans une situation contractuelle.
- Les effectifs se caractérisent par un fort taux de féminisation (91,9 %, contre 61,3 % pour l'ensemble de la FPT) et par la faible part des plus de 55 ans (11,7 %, contre 20,4 %).

2. Nature du concours d'auxiliaire de soins territorial

L'accès au grade initial du cadre d'emplois des auxiliaires de soins territoriaux implique la réussite d'un **concours**. En revanche, l'accès à la 1re classe relève de la procédure d'avancement de grade (voir 12. Avancement d'échelon et de grade).

Définition

Le **concours** est un mode de recrutement selon lequel un jury indépendant de l'administration organisatrice arrête, en fonction du nombre d'emplois ouverts, la liste des candidats ayant subi de façon satisfaisante une ou plusieurs épreuves.

Le concours d'auxiliaire de soins territorial de 2e classe se présente comme un **concours externe sur titres avec épreuves** :

- la procédure est ouverte aux personnes extérieures à la fonction publique, aux agents publics contractuels et aux fonctionnaires ;
- l'inscription au concours est réservée aux candidats titulaires de diplômes, certificats ou titres réglementaires ;
- une épreuve unique d'admission (entretien de 15 minutes avec le jury) permet d'apprécier les capacités professionnelles des candidats, leurs motivations et leur aptitude à exercer les missions incombant aux membres du cadre d'emplois.

Important

- Il n'y a pas, comme dans de nombreux autres concours, un concours externe ouvert à tous les candidats remplissant une condition de diplôme et un concours interne réservé aux agents publics déjà en poste. Tous les candidats passent le même concours.
- Autre particularité : ce concours sur titres ne comporte pas de phase d'admissibilité destinée à effectuer une première sélection des candidats. Tous les candidats inscrits sont convoqués à l'unique épreuve d'admission.

Les concours d'auxiliaire de soins territorial principal de 2e classe peuvent être ouverts dans **trois spécialités** :

- aide-soignant ;
- aide médico-psychologique ;
- assistant dentaire.

3. Organisation des concours

Les concours d'auxiliaire de soins territorial principal de 2e classe sont généralement **organisés par les centres de gestion** qui existent au niveau départemental (CDG) ou, en Île-de-France, interdépartemental (CIG de la petite et de la grande couronne parisienne).

Dans un souci de rationalisation administrative et budgétaire, ces concours sont généralement organisés à l'**échelle régionale ou interrégionale**.

Remarques

- Les **collectivités territoriales et les établissements publics locaux non affiliés à un centre de gestion** peuvent organiser leurs propres concours, un représentant du centre de gestion étant alors désigné comme membre du jury. Mais cette compétence reconnue aux collectivités et établissements employant au moins 350 agents titulaires et stagiaires à temps complet est rarement mise en œuvre en raison des contraintes matérielles et financières lourdes et des risques croissants de contentieux. Ces employeurs territoriaux préfèrent orienter leurs candidats vers les centres de gestion (délégation ou conventionnement payant).
- Les personnels des administrations de la **Ville de Paris** et de ses établissements publics (notamment centre d'action sociale de la Ville de Paris) appartiennent à la fonction publique territoriale. Mais ils bénéficient d'un statut dérogatoire qui écarte de nombreuses dispositions applicables aux fonctionnaires territoriaux pour leur transposer des règles applicables aux fonctionnaires de l'État. C'est ainsi qu'ils sont intégrés dans des corps (et non pas dans des cadres d'emplois) dont les statuts particuliers sont arrêtés par des délibérations du conseil de Paris. Par ailleurs, ils sont recrutés à l'issue de procédures propres à la Ville de Paris.

  Le **corps des auxiliaires de puériculture et de soins** comporte deux spécialités : auxiliaire de puériculture et auxiliaire de soins. Les auxiliaires de puériculture et de soins recrutés dans une spécialité peuvent changer de spécialité, sur leur demande et sous réserve qu'ils justifient des qualifications nécessaires à l'exercice des fonctions de la spécialité souhaitée.

  Dans la **spécialité auxiliaire de soins**, les membres du corps peuvent exercer des fonctions d'aide-soignant et collaborent à la distribution des soins infirmiers. Dans les **fonctions d'assistant dentaire**, ils assistent le chirurgien-dentiste dans les tâches matérielles et les préparations courantes nécessitées par l'exécution des soins dentaires.

  ⇨ *www.paris.fr/pages/les-concours-de-la-ville-25*

Chaque session fait l'objet d'un **arrêté d'ouverture** précisant les dates d'inscription et d'épreuve, le nombre de postes à pourvoir par spécialité et l'adresse à laquelle les candidatures doivent être déposées. Cet arrêté doit être publié dans au moins un quotidien d'information générale à diffusion régionale, deux mois au moins avant la date limite de dépôt des dossiers de candidature. Ce délai permet à toutes les personnes intéressées de s'inscrire.

En outre, les arrêtés de concours sont affichés dans les locaux du centre de gestion organisateur et de la délégation régionale ou interdépartementale du CNFPT du ressort du centre de gestion. Ils sont également affichés dans les locaux de Pôle emploi.

Il appartient aux candidats de se procurer un **calendrier prévisionnel** des concours et examens organisés par les centres de gestion.

Important

- Des concours d'auxiliaire de soins territorial sont organisés **chaque année** par des centres de gestion, pour une ou plusieurs spécialités selon les besoins de recrutement de leurs ressorts géographiques.
- En principe, la **période d'inscription** prend place au printemps (avril-juin), tandis que l'**épreuve d'entretien** se déroule à l'automne (octobre).
- Depuis avril 2021, une **plateforme nationale** gérée par le groupement d'intérêt public informatique des centres de gestion centralise et met à jour les informations concernant tous les concours et examens professionnels territoriaux organisés (voir 6. Nouvelles modalités d'inscription).
  ⇨ *www.concours-territorial.fr*

COVID-19

En raison de la crise sanitaire liée à l'épidémie de COVID-19, les modalités des concours de recrutement dans la fonction publique ont fait l'objet de mesures d'adaptation prorogées jusqu'au 31 octobre 2021.
Les aménagements ne doivent être appliqués que s'ils permettent de faire face à la propagation de l'épidémie et aux conséquences des mesures prises pour l'enrayer. Leur mise en œuvre doit assurer l'égalité de traitement des candidats.
Ces aménagements peuvent notamment porter sur :

- la nature des épreuves, leur nombre, leur contenu, leur coefficient ou leurs conditions d'organisation qui peut notamment s'effectuer de manière dématérialisée ;
- la composition du jury, les règles de quorum, les modalités de délibération.

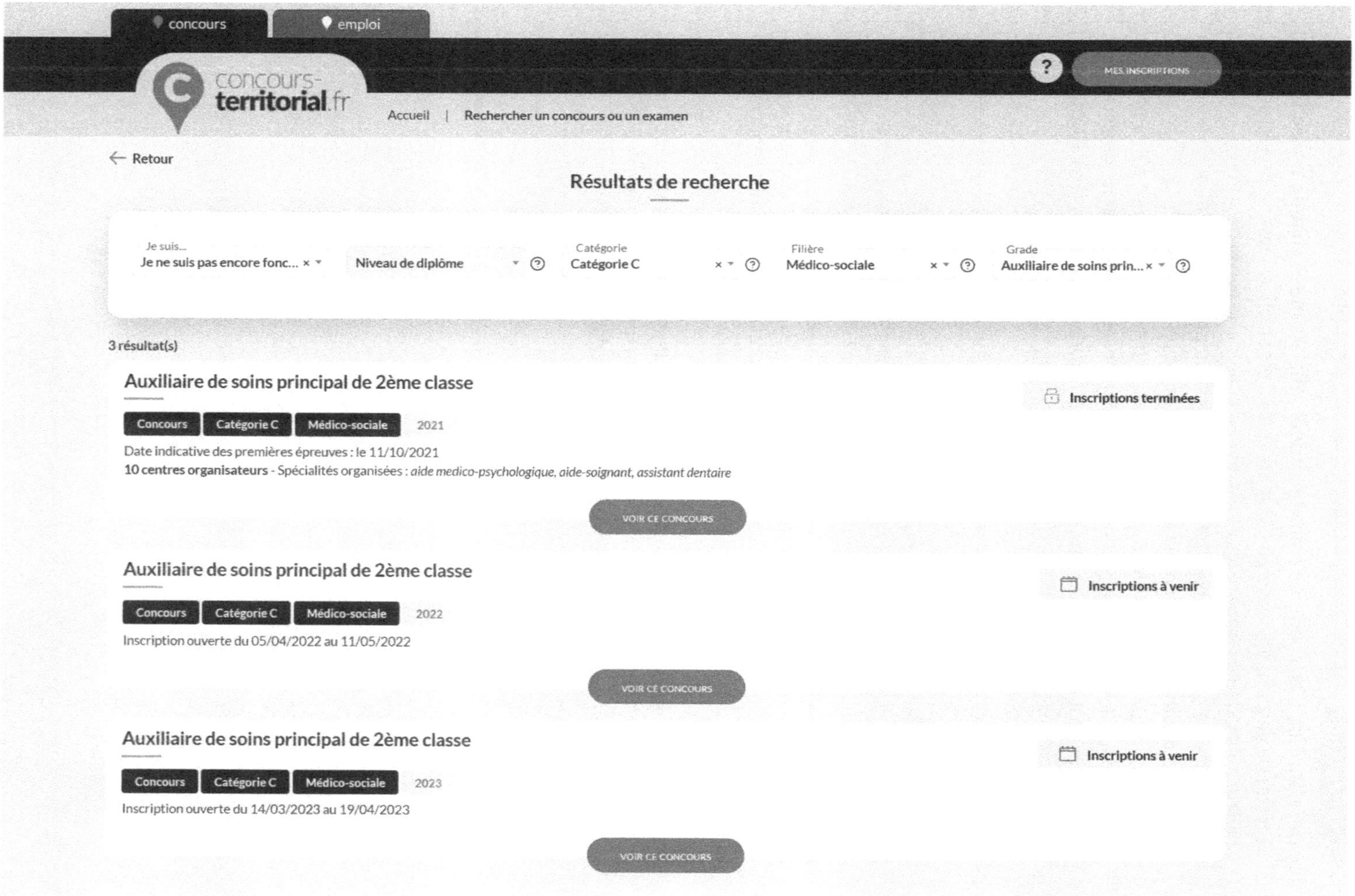
concours
emploi
concours-territorial.fr
?
MES INSCRIPTIONS
Accueil | Rechercher un concours ou un examen
Retour
Résultats de recherche
Je suis...
Je ne suis pas encore fonc...
Niveau de diplôme
Catégorie
Catégorie C
Filière
Médico-sociale
Grade
Auxiliaire de soins prin...
3 résultat(s)
Auxiliaire de soins principal de 2ème classe
Concours
Catégorie C
Médico-sociale
2021
Inscriptions terminées
Date indicative des premières épreuves : le 11/10/2021
10 centres organisateurs - Spécialités organisées : aide medico-psychologique, aide-soignant, assistant dentaire
VOIR CE CONCOURS
Auxiliaire de soins principal de 2ème classe
Concours
Catégorie C
Médico-sociale
2022
Inscriptions à venir
Inscription ouverte du 05/04/2022 au 11/05/2022
VOIR CE CONCOURS
Auxiliaire de soins principal de 2ème classe
Concours
Catégorie C
Médico-sociale
2023
Inscriptions à venir
Inscription ouverte du 14/03/2023 au 19/04/2023
VOIR CE CONCOURS

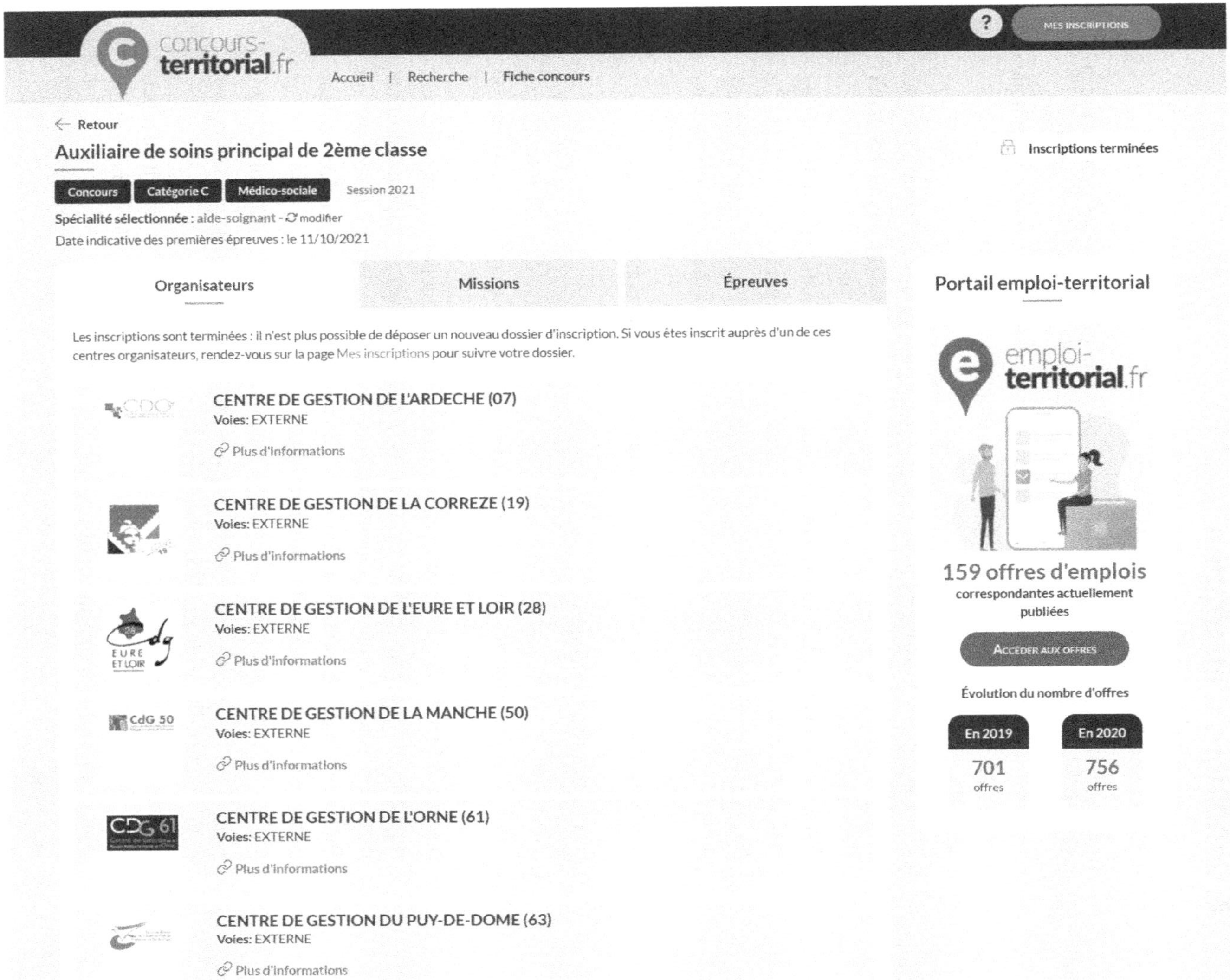

concours-territorial.fr
MES INSCRIPTIONS
Accueil | Recherche | Fiche concours
Retour
Auxiliaire de soins principal de 2ème classe
Inscriptions terminées
Concours
Catégorie C
Médico-sociale
Session 2021
Spécialité sélectionnée : aide-soignant - modifier
Date indicative des premières épreuves : le 11/10/2021
Organisateurs
Missions
Épreuves
Les inscriptions sont terminées : il n'est plus possible de déposer un nouveau dossier d'inscription. Si vous êtes inscrit auprès d'un de ces centres organisateurs, rendez-vous sur la page Mes inscriptions pour suivre votre dossier.
CENTRE DE GESTION DE L'ARDECHE (07)
Voies: EXTERNE
Plus d'informations
CENTRE DE GESTION DE LA CORREZE (19)
Voies: EXTERNE
Plus d'informations
CENTRE DE GESTION DE L'EURE ET LOIR (28)
Voies: EXTERNE
Plus d'informations
CENTRE DE GESTION DE LA MANCHE (50)
Voies: EXTERNE
Plus d'informations
CENTRE DE GESTION DE L'ORNE (61)
Voies: EXTERNE
Plus d'informations
CENTRE DE GESTION DU PUY-DE-DOME (63)
Voies: EXTERNE
Plus d'informations
Portail emploi-territorial
emploi-territorial.fr
159 offres d'emplois
correspondantes actuellement publiées
ACCÉDER AUX OFFRES
Évolution du nombre d'offres
En 2019
701
offres
En 2020
756
offres

4. Conditions d'inscription

a. Cinq conditions générales

Tout candidat doit remplir les cinq conditions générales requises pour avoir la qualité de fonctionnaire :

- posséder la nationalité française ou celle d'un autre État de l'Espace économique européen, ou encore la nationalité suisse, andorrane, monégasque ;
- jouir de ses droits civiques ;
- ne pas avoir été condamné pour des infractions incompatibles avec l'exercice des fonctions (vérification du bulletin n° 2 du casier judiciaire pour les candidats français) ;
- être en position régulière au regard du code du service national (double obligation du recensement et de la journée Défense et citoyenneté) ;
- être physiquement apte à l'exercice des fonctions (mais possibilité pour les travailleurs handicapés de passer le concours et, s'ils en font la demande lors de l'inscription, de bénéficier d'un aménagement des épreuves, par exemple présence d'un interprète en langue des signes ou utilisation d'un appareillage).

b. Condition de diplôme

Comme tous les concours sur titres, les concours d'auxiliaire de soins territorial principal de 2e classe sont réservés aux candidats titulaires du diplôme, certificat ou titre requis par la réglementation :

- diplôme d'État d'aide-soignant, certificat d'aptitude aux fonctions d'aide-soignant, diplôme professionnel d'aide-soignant ou autres diplômes, certificats ou titres mentionnés par le code de la santé publique (notamment ceux délivrés par un État membre de l'Union européenne ou d'un autre État de l'Espace économique européen) pour la **spécialité aide-soignant** ;
- diplôme d'État d'aide médico-psychologique ou diplôme d'État d'accompagnant éducatif et social (spécialité accompagnement de la vie en structure collective) pour la **spécialité aide médico-psychologique** ;
- diplôme ou titre au moins de niveau 3 (anciennement niveau V) inscrit au répertoire national des certifications professionnelles délivré dans le domaine dentaire pour la **spécialité assistant dentaire**.

Important

- Les **concours d'auxiliaire de soins territorial** sont également ouverts aux personnes ayant satisfait à l'examen de passage de première en deuxième année du diplôme d'État d'infirmier après 1971 ou du diplôme d'infirmier de secteur psychiatrique après 1979.
- En remplacement du diplôme d'État d'auxiliaire de vie sociale et du diplôme d'État d'aide médico-psychologique, le décret du 29 janvier 2016 crée un **diplôme d'État d'accompagnant éducatif et social** comprenant trois spécialités : accompagnement de la vie à domicile, accompagnement de la vie en structure collective, accompagnement

à la vie inclusive et à la vie ordinaire. Seuls les candidats titulaires de ce diplôme dans la spécialité accompagnement de la vie en structure collective sont autorisés à concourir dans la spécialité aide médico-psychologique. Les candidats titulaires de ce diplôme dans les deux autres spécialités doivent saisir la commission nationale d'équivalence (voir plus loin).

Comme l'ensemble des concours administratifs, les concours d'auxiliaire de soins territorial principal de 2e classe attirent de **nombreux candidats « surdiplômés »**. Voici à titre d'illustration le niveau de diplôme des candidats au concours organisé en 2019 par le centre de gestion du Nord.

Niveau de diplôme[1]	Pourcentage
Diplôme homologué	12,12
Niveau 6 (licence)	1,01
Niveau 5 (BTS, DUT, DEUG)	4,55
Niveau 4 (bac)	44,95
Niveau 3 (BEP, CAP, Brevet)	31,31
VAE, reconnaissance de l'expérience	6,06

5. Conditions et procédures d'équivalence

Dans certaines conditions, des **personnes ne possédant pas l'un des diplômes requis** peuvent néanmoins s'inscrire au concours.

Ces conditions et les procédures d'équivalence auxquelles elles donnent éventuellement lieu se montrent **distinctes selon les spécialités**. En effet, les spécialités aide-soignant et assistant dentaire débouchent sur l'exercice d'une profession réglementée, contrairement à la spécialité aide médico-psychologique.

a. Accès au concours dans les spécialités aide-soignant et assistant dentaire pour les candidats ne possédant pas l'un des diplômes requis

Une expérience professionnelle qui n'est pas accompagnée d'une formation professionnelle à l'exercice du métier ne permet pas l'inscription au concours : le candidat doit être titulaire d'un titre ou diplôme délivré dans un autre État.

La procédure varie selon que cet État appartient ou non à l'Union européenne ou à l'Espace économique européen.

Premier cas de figure : l'État ayant délivré le titre ou diplôme fait partie de l'Union européenne ou de l'Espace économique européen, ou est la Suisse.

1. Les niveaux 6, 5, 4 et 3 étaient anciennement intitulés II, III, IV et V (décret du 8 janvier 2019).

Les personnes détenant un diplôme reconnu comme équivalent et faisant l'objet de mesures spécifiques de reconnaissance peuvent, sur simple production de l'autorisation d'exercer la profession concernée en France délivrée par le préfet de région (via la direction régionale de la jeunesse, des sports et de la cohésion sociale, DRJSCS), faire acte de candidature au concours.

Le **centre de gestion organisateur du concours** peut accorder l'accès au concours sur vérification du titre de formation et de l'attestation de compétence prescrit par un autre État membre que la France.

Deuxième cas de figure : l'État ayant délivré le titre ou diplôme n'est ni membre de l'Union européenne, ni partie à l'accord sur l'Espace économique européen, ni la Suisse.

Lorsque le candidat est titulaire d'un titre de formation pour la profession concernée délivré par un État reconnu par un des États de l'Union européenne, il doit saisir la **commission nationale d'équivalence** placée auprès du Centre national de la fonction publique territoriale. Cette commission lui demandera de saisir également le préfet de région pour obtenir une autorisation d'exercer sa profession en France. Il est donc conseillé au candidat d'entreprendre une démarche auprès du préfet de région (via la DRJSCS) avant la saisine de la commission nationale d'équivalence.

La décision de cette commission doit être transmise au centre de gestion au plus tard au premier jour de la période de déroulement de l'épreuve d'admission.

b. Accès au concours dans la spécialité aide médico-psychologique pour les candidats ne possédant pas l'un des diplômes requis

Comme dans de nombreux autres concours, deux catégories de personnes bénéficient d'une **dispense de la condition de diplôme** :

- les pères ou mères élevant ou ayant élevé effectivement trois enfants et plus ;
- les sportifs de haut niveau figurant sur une liste publiée l'année du concours par arrêté du ministre chargé des sports.

En revanche, ces cas de dispense ne s'appliquent pas aux spécialités aide-soignant et assistant dentaire.

Par ailleurs, les candidats titulaires d'une expérience professionnelle dans l'exercice d'une profession comparable par sa nature et son niveau à celle de la profession à laquelle le concours donne accès et/ou titulaires de diplômes autres que le diplôme requis obtenus en France ou dans un autre État que la France peuvent bénéficier d'une **procédure d'équivalence de diplôme**.

Premier cas de figure : le candidat est titulaire d'une décision d'équivalence de diplôme rendue pour le même concours ou pour tout autre concours pour lequel la même condition de qualification est requise. Au vu de cette décision similaire, l'admission à concourir est prononcée par le centre de gestion organisateur.

Deuxième cas de figure : le candidat n'est pas titulaire d'une décision d'équivalence de diplôme rendue pour le même concours ou pour tout autre concours pour lequel la même condition de qualification est requise.

Il devra alors justifier de **qualifications au moins équivalentes** attestées :

- par un diplôme ou un autre titre de formation délivré en France, dans un autre État membre de l'Union européenne ou dans un autre État partie à l'accord sur l'Espace économique européen ;
- par tout autre diplôme ou titre sanctionnant une formation ou par toute attestation prouvant que le candidat a accompli avec succès un cycle d'études au moins équivalent à celui sanctionné par le diplôme requis ;
- par son expérience professionnelle.

Pour obtenir une **équivalence de diplôme**, le candidat saisit la commission d'équivalence placée auprès du CNFPT dont la décision doit être transmise au centre de gestion au plus tard à la date du premier jour de la période de déroulement de l'épreuve d'admission.

Important

- La **commission d'équivalence** est placée auprès du Centre national de la fonction publique territoriale :

  CNFPT
  Commission d'équivalence de diplômes
  80, rue de Reuilly – CS 41232 – 75578 PARIS cedex 12

  Le dossier de demande d'équivalence est à télécharger sur le site internet du CNFPT : *www.cnfpt.fr*

  Cette commission est souveraine et indépendante des autorités organisatrices des concours. Elle n'est pas permanente. Il appartient au candidat de demander au secrétariat de la commission le calendrier de ses réunions.
- Le candidat doit déposer le plus en amont possible sa **demande d'équivalence** qui peut être effectuée tout au long de l'année. En effet, le délai moyen pour le traitement d'un dossier est de 3-4 mois, le délai se montrant plus long pour les dossiers comportant des diplômes étrangers. La décision de la commission lui sera communiquée directement.
- Il appartient au candidat de transmettre immédiatement une **décision favorable** au centre de gestion. S'il ne peut la fournir, au plus tard, à la date du premier jour de la période de déroulement de l'épreuve d'admission, son inscription au concours ne pourra être validée. Cette décision reste valable pour toute demande d'inscription lors d'un concours ultérieur pour lequel la même condition de qualification est requise. Mais elle n'équivaut pas à l'attribution d'un diplôme. Ce dispositif est donc distinct de la procédure de VAE (validation des acquis de l'expérience professionnelle) qui aboutit, elle, à l'obtention d'un diplôme.
- Une **décision défavorable** interdit au candidat de valider son inscription au concours. Il ne pourra représenter pendant un an une demande d'équivalence pour le même concours ou tout autre concours pour lequel la même condition de qualification est requise.

6. Nouvelles modalités d'inscription

a. Création d'une plateforme nationale d'inscription

Les modalités d'inscription ont été profondément transformées par la mise en place, en avril 2021, d'une plateforme nationale d'inscription à tous les concours et examens professionnels de la fonction publique territoriale.

Avant cette réforme, les inscriptions se faisaient exclusivement auprès des centres de gestion organisateurs, ce qui entraînait **différents problèmes** :

- malgré le site internet de la Fédération nationale des centres de gestion (*www.fncdg.com*), les informations relatives aux concours organisés étaient disséminées sur la centaine de sites des centres de gestion et le calendrier des concours manquait de transparence et de lisibilité ;
- les procédures d'inscription, et notamment leur degré de dématérialisation, pouvaient se montrer assez différentes selon les centres de gestion ;
- la décentralisation complète de la procédure permettait à des candidats de s'inscrire, pour un même concours et une même session, auprès de plusieurs centres de gestion, puis de subir les épreuves dans le centre où le ratio nombre d'inscrits / nombre de postes se montrait le plus favorable afin d'augmenter leurs chances de réussite.

La multiplication des multi-inscriptions contribuait à accroître le **taux d'absentéisme** aux épreuves des concours territoriaux qui, entre 2010 et 2019, est passé de 27 % à 38 %.

Cet absentéisme posait des difficultés aux organisateurs qui réservaient et donc finançaient des salles en partie inutilisées (une place coûte une vingtaine d'euros) et, le cas échéant, pratiquaient le « surbooking ». Lors de la conférence nationale de l'emploi territorial organisée en mars 2019, les représentants des centres de gestion ont dénoncé une « gabegie » dont ils estimaient le montant à 1,5 million d'euros par an.

C'est pourquoi la **loi de transformation de la fonction publique** du 6 août 2019 interdit les multi-inscriptions aux concours dans le double objectif de réduire l'absentéisme et de faciliter la mise en relation des candidats avec les centres de gestion.

Le **décret du 31 mars 2021** vient préciser les modalités de mise en œuvre de la procédure visant à limiter l'inscription d'un candidat à un même concours organisé simultanément par plusieurs centres de gestion, quelles que soient les modalités d'accès (externe, interne ou 3e concours).

Même si le décret prévoit l'application de la réforme à tous les concours ouverts depuis le 1er janvier 2021, un accord national des CDG a décidé une **mise en œuvre progressive** pour permettre aux autorités organisatrices comme aux candidats de s'approprier cette nouvelle procédure.

Important

La nouvelle procédure d'inscription – et l'interdiction des multi-inscriptions – s'appliquera pour la première fois en **2022** aux concours d'auxiliaire de soins principal de 2e classe. Les concours de 2021 (dont les inscriptions avaient débuté avant le 25 mai 2021) n'ont pas été concernés.

La **plateforme nationale d'inscription** aux concours et examens professionnels territoriaux est ouverte depuis le 19 avril 2021. Le groupement d'intérêt public informatique des centres de gestion a choisi de réunir dans un seul portail cette plateforme *concours-territorial.fr* et le site existant d'offres d'emploi *emploi-territorial.fr*, afin d'accroître leur notoriété réciproque et de fluidifier les parcours des candidats, de la candidature à un concours au recrutement par une collectivité territoriale.

À partir de 2022, l'inscription aux concours d'auxiliaire de soins principal de 2e classe comprendra **deux phases**.

b. Phase de préinscription

La plateforme nationale constitue le point d'entrée de la préinscription à un concours territorial, même si elle ne se substitue pas aux sites des centres de gestion organisateurs qui continuent de gérer et de suivre les candidatures : recevabilité du dossier, convocations aux épreuves, résultats…

Le candidat peut se rendre sur *concours-territorial.fr* ou sur le site du CDG de son choix. Dans le second cas, il est automatiquement redirigé vers la plateforme nationale.

La phase de préinscription comprend **cinq étapes**.

Conseil

Avant de commencer la procédure de préinscription, vérifiez vos **outils informatiques** :
- vous avez mis à jour votre navigateur (de préférence Chrome, Firefox, Opera ou Safari) ;
- vous disposez du logiciel gratuit Adobe Acrobat Reader qui est indispensable pour télécharger votre formulaire de préinscription comme pour consulter la notice explicative et les autres documents mis à la disposition des candidats ;
- votre imprimante est prête pour l'impression du formulaire de préinscription que vous allez remplir ;
- si vous n'avez pas d'imprimante, prévoyez une clé USB pour télécharger le fichier PDF du formulaire.

Première étape : le candidat sélectionne le concours d'auxiliaire de soins principal de 2e classe, puis le CDG organisateur et la spécialité qui l'intéressent.

Important

Pour les concours, le nombre de postes ouverts dépend des besoins déclarés par les collectivités territoriales et les établissements publics relevant d'une région ou inter-régions concours. Mais rien n'interdit à un candidat de passer et de réussir son concours dans une région ou inter-régions puis de se faire nommer par une collectivité ou un établissement situé à l'autre bout du territoire national. En 2019, les candidats extérieurs à la région du concours sont près de 20 % dans les Hauts-de-France, presque la moitié en Auvergne-Rhône-Alpes et plus de 62 % en Normandie.
L'employeur extérieur à la région ou à l'inter-régions concours doit toutefois participer aux frais d'organisation du concours en prenant à sa charge le « coût du lauréat ». Ce coût est généralement peu élevé pour les auxiliaires de soins territoriaux principaux de 2e classe.

Deuxième étape : si la période d'inscription est ouverte, le candidat est invité à créer un **compte d'accès**, soit en utilisant son compte FranceConnect (impôts, sécurité sociale, etc.), soit en créant un compte local directement sur la plateforme.

Troisième étape : une fois connecté, le candidat peut remplir le formulaire de préinscription du CDG organisateur choisi.

Le caractère obligatoire de certains champs du formulaire permet de supprimer de nombreuses erreurs auparavant constatées sur les dossiers papier qui conduisaient généralement au rejet de l'inscription (par exemple l'absence de sélection d'une spécialité).

Le candidat veille à la **validité de l'adresse électronique** mentionnée qui sera de préférence une adresse personnelle régulièrement consultée. En effet, le courrier de validation de la préinscription comme les informations relatives à la mise à disposition de documents dans l'espace sécurisé seront envoyés cette adresse pendant toute la durée du concours. Il est également prudent de régulièrement consulter les courriels indésirables (*spams*).

Données personnelles

- La dématérialisation de la procédure vise aussi à optimiser la collecte des données en vue de la **constitution d'une « Base concours »** qui concerne les trois fonctions publiques (étatique, territoriale et hospitalière). En application de la loi du 27 janvier 2017 et du décret du 16 février 2018, le service statistique du ministère chargé de la fonction publique (SDessi) est chargé d'organiser la collecte et le traitement des données à caractère personnel des candidats à un recrutement dans la fonction publique. L'objectif est de produire des statistiques anonymes et des études (par exemple sur l'égalité des chances dans l'accès aux emplois publics et sur la diversité dans les recrutements).
- Conformément au **Règlement européen général sur la protection des données** (RGPD), les candidats disposent d'un droit d'accès, de rectification et de limitation des données personnelles les concernant, qu'ils peuvent exercer en envoyant un courrier électronique à l'adresse mail *collecte-concours.dgafp@finances.gouv.fr*.

Quatrième étape : après avoir visualisé et relu les éléments saisis (attention aux coquilles), le candidat atteste de l'exactitude des renseignements fournis puis valide, télécharge et imprime le formulaire qu'il vient de remplir et qui constituera son dossier d'inscription.

Cinquième étape : dès la validation du formulaire de préinscription, le candidat reçoit automatiquement un **courriel** comportant :

- l'identifiant lui permettant de se connecter à l'espace sécurisé : il s'agit de son numéro d'inscription figurant également sur son dossier d'inscription ;
- un lien permettant de valider l'adresse électronique mentionnée dans le formulaire. Cette étape est obligatoire et indispensable pour pouvoir accéder à l'espace sécurisé automatiquement créé.

Important

- Le candidat mémorise **son identifiant et son mot de passe** qui lui permettront d'accéder régulièrement à son espace sécurisé et à toutes les informations relatives à son inscription. Si vous oubliez votre mot de passe, une procédure permet sa réinitialisation.
- Pendant la **période légale d'inscription**, le candidat peut changer de centre de gestion organisateur comme de spécialité.

c. Validation de l'inscription

La préinscription sur internet ne constitue pas une inscription définitive. En l'**absence de validation de l'inscription dans les délais impartis**, la préinscription sera automatiquement annulée.

Important

Avant de commencer la procédure de validation, vérifiez que les **fichiers de toutes les pièces justificatives** sont enregistrés dans votre ordinateur et, si vous avez scanné des documents, que leur lisibilité est correcte. Les formats autorisés sont les formats PDF, GIF, JPEG ou PNG, avec un poids maximum de 10 Mo par document.

Pour valider votre inscription, vous devez impérativement :

- soit **télétransmettre** via votre espace sécurisé votre dossier d'inscription lu, approuvé et signé ainsi que les pièces justificatives demandées (diplôme requis, décision favorable d'équivalence, livret de famille, attestation de sportif de haut niveau, certificat médical pour l'aménagement de l'épreuve…), avant de cliquer sur « Valider mon inscription » ;
- soit **envoyer** par voie postale (voire déposer) au service concours du centre de gestion organisateur votre dossier d'inscription lu, approuvé et signé ainsi que les pièces justificatives demandées.

Les **dates limites** pour déposer le dossier d'inscription et les différentes pièces justificatives sont précisées dans les différentes rubriques de votre espace sécurisé.

Important

- Si un candidat s'inscrit à plusieurs concours d'auxiliaire de soins territorial principal de 2e classe organisés aux mêmes dates par différents centres de gestion, l'inscription antérieure à sa nouvelle inscription est **automatiquement supprimée**. Seule la dernière inscription est prise en compte. Pour les inscriptions par voie électronique, la dernière inscription est celle saisie le plus tardivement par le candidat jusqu'à la date de clôture des inscriptions. Pour les inscriptions par écrit, le cachet postal le plus tardif prévaut dans la limite de la date de clôture des inscriptions. Le candidat et le centre de gestion concernés reçoivent notification de cette décision.
- Les **dates et heures limites** fixées pour la télétransmission ou l'envoi du dossier d'inscription et des pièces justificatives sont **impératives**.
- Il est essentiel de **ne pas attendre « le dernier moment »** pour valider son inscription au concours (comme d'ailleurs pour effectuer sa préinscription). En effet, des problèmes techniques peuvent compliquer la procédure en ligne, les bureaux de poste peuvent être fermés (jours fériés ou mouvement de grève)... Et vous pouvez être momentanément « indisponible », par exemple en cas de maladie.
- En **cas d'envoi**, le cachet de la poste ou du prestataire procédant à l'acheminement du courrier fait foi. Si vous choisissez la voie postale, un recommandé avec accusé de réception est conseillé. Les candidats déjà en poste dans une collectivité s'abstiennent de recourir au service du courrier de leur collectivité. De toute façon, l'inscription à un concours constitue une démarche personnelle.
- Tout dossier d'inscription posté (ou déposé) hors délai sera rejeté, de même que tout pli insuffisamment affranchi ou envoyé à une adresse mal libellée. Le **rejet** sanctionne également tout dossier d'inscription dont les pièces justificatives ne parviennent pas au centre de gestion dans les délais impartis.
- Si des procédures permettent de mettre à jour les coordonnées personnelles (adresse postale ou électronique, numéro de téléphone, etc.), il n'est pas possible de modifier le **choix du centre de gestion ou de la spécialité** après la clôture des inscriptions.

Pendant la **période du concours**, le candidat trouve dans son espace sécurisé tous les éléments et informations concernant son inscription et sa participation :

- en cas d'envoi postal, il vérifie que son dossier d'inscription a bien été reçu par le service concours du centre de gestion ;
- il peut également vérifier que son dossier est jugé recevable et complet ou, à défaut, prendre connaissance des pièces manquantes ;
- il télécharge et imprime sa convocation à l'épreuve d'admission ;
- il peut accéder à son attestation de présence à l'épreuve orale ;
- il consulte ses résultats d'admission ou de non-admission au concours ainsi que sa note.

Le renforcement de la **dématérialisation de la procédure d'inscription aux concours territoriaux** s'inscrit dans une évolution générale du monde du travail. Le contexte sanitaire lié à la pandémie de COVID-19 a accéléré cette tendance à la dématérialisation des procédures de recrutement.

La dématérialisation de l'inscription aux concours territoriaux présente de **nombreux avantages**.

Pour les centres de gestion, elle permet une meilleure efficacité administrative à un moindre coût budgétaire.

Pour les candidats, elle permet un suivi précis des différentes opérations du concours.

7. Épreuve unique d'admission

Les nombreux concours « classiques » comprennent **deux phases**, l'une d'admissibilité, l'autre d'admission. La phase d'admissibilité comportant une ou plusieurs épreuves écrites permet d'effectuer une première sélection des candidats. Seuls ceux qui obtiennent un total de points fixés par le jury sont déclarés admissibles : ils accèdent à la seconde phase du concours.

Le concours d'auxiliaire de soins territorial principal de 2e classe comporte uniquement une **phase d'admission composée d'une seule épreuve** pour sélectionner les candidats admis. Tous les candidats inscrits sont donc convoqués pour participer à cette épreuve.

Selon le décret du 18 mars 1993, l'épreuve consiste en un **entretien** permettant d'apprécier les capacités professionnelles du candidat, ses motivations et son aptitude à exercer les missions incombant aux membres du cadre d'emplois concerné (durée : 15 minutes).

Important

- Les **règles relatives aux concours territoriaux** s'appliquent au recrutement des auxiliaires de soins territoriaux principaux de 2e classe :
  - tout candidat qui ne participe pas à l'épreuve d'admission est éliminé ;
  - toute note inférieure à 5 sur 20 à l'épreuve d'admission entraîne l'élimination du candidat ;
  - un candidat ne peut être admis s'il obtient une note inférieure à 10 sur 20.
- Toutefois, en raison du caractère unique de l'épreuve, la **troisième règle** comprend les deux autres : pour être admis, il faut obtenir une note égale ou supérieure à 10 sur 20 à l'épreuve d'entretien avec le jury.

8. Résultats des concours

Lors d'un **concours**, le but n'est jamais d'avoir la moyenne, mais de figurer parmi les meilleurs, puisque le nombre de postes ouverts est arrêté avant l'épreuve d'admission. En fonction des **résultats**, un jury peut même admettre moins de candidats qu'il n'y a de places disponibles.

À l'issue de l'épreuve d'admission, le jury arrête, dans la limite des places ouvertes dans chaque spécialité, une **liste des candidats admis** avec mention de leur spécialité.

La réglementation impose que la **barre d'admission** soit au moins égale à 10 sur 20. Dans les concours les plus récents, elle se montre généralement (très) supérieure à 15 sur 20 (voir 15. Préparation du concours).

Sur cette liste d'admission, les lauréats sont classés par **ordre alphabétique**, et non par ordre de mérite comme dans les concours étatiques.

Les résultats ne sont jamais communiqués par téléphone. Ils font l'objet d'un **affichage** dans les locaux du centre de gestion organisateur et peuvent être consultés sur son **site internet**. Dans le délai de 15 jours, le candidat reçoit par **courrier** notification de ses résultats, sauf si la procédure est entièrement dématérialisée.

La liste d'admission est transmise au président du centre de gestion organisateur avec un compte-rendu de l'ensemble des opérations. Au vu de cette liste, le président du centre de gestion établit une **liste d'aptitude** qui mentionne la spécialité au titre de laquelle chaque lauréat a concouru.

9. Inscription sur la liste d'aptitude

Les lauréats d'un concours d'auxiliaire de soins territorial principal de 2e classe sont inscrits par le président du centre de gestion organisateur sur la **liste d'aptitude** correspondante. Cette liste mentionne la spécialité au titre de laquelle le lauréat a concouru.

La liste d'aptitude possède une **validité nationale**. Le lauréat peut donc être recruté dans toutes les collectivités territoriales et établissements publics locaux du territoire.

En revanche, l'inscription sur une liste d'aptitude a une **durée de validité** limitée à deux ans. Elle peut cependant être reconduite d'une ou de deux années supplémentaires si la personne encore en recherche d'emploi en fait la demande écrite (par lettre recommandée avec accusé de réception) un mois avant le terme des deux premières années ou de la troisième année.

Le principe est donc que le succès au concours peut rester valide quatre ans.

Différentes situations juridiques peuvent cependant entraîner la **suspension du décompte** de quatre ans. C'est notamment le cas pendant la durée :

- du congé parental ;
- des congés de maternité, d'adoption, de présence parentale, d'accompagnement d'une personne en fin de vie, de longue durée ;
- de l'accomplissement des obligations du service national.

COVID-19

La crise sanitaire liée à l'épidémie de COVID-19 a imposé aux centres de gestion le report ou l'annulation de nombreux concours, notamment en 2020. Pour assurer la continuité des recrutements, les mesures d'adaptation prorogent la durée de validité des listes d'aptitude en suspendant le décompte la période de quatre ans jusqu'au 31 octobre 2021.

Les lauréats qui, à l'expiration de cette période, n'ont pas trouvé un emploi d'auxiliaire de soins territorial, deviennent des **« reçus-collés »**. Ils perdent le bénéfice de leur concours. Selon la dernière enquête disponible du CNFPT, ce phénomène concerne 12,42 % des lauréats du concours d'auxiliaire de soins territorial principal de 2e classe, contre 15,49 % en moyenne pour les lauréats des concours territoriaux de catégorie C.

Par ailleurs, tout lauréat qui refuse deux offres d'emploi transmises par une collectivité ou un établissement et notifiées par l'autorité organisatrice est en principe **radié de la liste d'aptitude**.

10. Recherche d'emploi

Important

L'inscription sur la liste d'aptitude ne vaut pas recrutement. Pour être recruté, le lauréat doit présenter sa candidature auprès des collectivités territoriales et de leurs établissements publics disposant de postes vacants. Le pouvoir de nomination relève en effet de la seule compétence des autorités territoriales (maires, présidents de conseil départemental ou régional, etc.). À ce stade, l'accès à la fonction publique territoriale se montre plus proche des procédés de recrutement du secteur privé (lettre de candidature, *curriculum vitæ*, entretien d'embauche...) que des procédures en vigueur dans la fonction publique étatique.

a. Intérêt de la liste d'aptitude

Le candidat peut commencer par accepter de faire figurer ses coordonnées personnelles sur la liste d'aptitude de façon à faciliter la prise de contact par les collectivités et établissements intéressés.

b. Missions des centres de gestion

Les CDG organisateurs de concours organisent au moins une réunion d'information et d'échanges sur la recherche d'emploi à l'intention des lauréats dans l'année suivant l'inscription de ces derniers sur liste d'aptitude. Au cours de ces réunions, les lauréats sont informés des procédures de recrutement au sein des collectivités territoriales et bénéficient de conseils sur leurs modalités pratiques.

Au moins une fois par an, les CDG organisateurs de concours adressent aux lauréats **toute information nécessaire** pour les aider dans leur recherche d'emploi et, le cas échéant, pour leur réinscription sur la liste d'aptitude.

Des **entretiens individuels** sont organisés par les CDG organisateurs des concours pour les lauréats inscrits sur liste d'aptitude depuis deux ans et plus.

c. Recherche d'emploi

Il appartient à chaque lauréat de **chercher un poste** en envoyant des candidatures spontanées aux collectivités territoriales et en répondant à des offres d'emploi.

Dans sa recherche d'emploi, le lauréat dispose de nombreux outils mis à sa disposition par les **bourses de l'emploi des centres de gestion**. Par-delà la compétence obligatoire consistant à publier les déclarations de création et vacance d'emploi adressées par les collectivités et établissements (affiliés ou non) de leur ressort géographique, les CDG développent divers moyens pour mettre en relation les collectivités et établissements à la recherche d'un agent et les agents à la recherche d'un emploi (gestion d'un fichier des demandeurs d'emploi par exemple).

Les collectivités territoriales et les établissements publics locaux diffusent leurs **offres d'emplois** sur leur propre site internet et par voie d'affichage dans leurs locaux.

Elles peuvent également diffuser leurs offres d'emplois :

- sur le site de la Place de l'emploi public (voir plus loin) ;
- sur les sites internet publics ou privés d'offres d'emplois territoriaux (voir plus loin) ;
- dans la presse (générale, régionale notamment, ou spécialisée) ;
- dans les agences de Pôle emploi.

Si vous recherchez un emploi à proximité de votre lieu de résidence, prospectez systématiquement les sites internet des communes les plus proches et de leurs établissements publics (centre communal d'action sociale notamment), des établissements publics de coopération intercommunale auxquels elles appartiennent, du département et de la région dont elles font partie.

La **procédure à suivre** est précisée dans les offres d'emploi. Pour les candidatures spontanées, elle est généralement indiquée sur le site internet de la collectivité territoriale ou de l'établissement public : envoi d'un courriel de motivation et dépôt d'un CV, envoi d'un dossier par la voie postale, téléchargement ou remplissage en ligne d'un formulaire, etc.

d. Portail Emploi territorial

Ce portail est mis en place par les centres de gestion et le Centre national de la fonction publique territoriale dans le cadre de leur mission de promotion de l'emploi public territorial et de recueil de la publicité légale des vacances d'emploi.

Il est mis à la disposition des employeurs territoriaux qui recrutent, des fonctionnaires qui souhaitent une mobilité au sein de la fonction publique territoriale, des lauréats de concours qui recherchent un premier emploi, ainsi que de toutes les personnes qui s'intéressent à l'emploi public local.

Emploi territorial propose un service de mise en relation des employeurs et des candidats, avec un portail où sont regroupées les offres d'emploi saisies par les employeurs territoriaux (communes, départements, régions, intercommunalités à fiscalité propre, syndicats intercommunaux, CCAS, SDIS, établissements publics locaux, etc.).

En **créant un compte**, vous avez la possibilité de détailler votre profil et de créer des alertes pour recevoir par courriel les offres d'emploi correspondant à vos critères. Par ailleurs, un tableau de bord vous permet de suivre vos démarches.

⇨ *www.emploi-territorial.fr*

emploi-territorial.fr
MON ESPACE DEMANDEUR
MON ESPACE EMPLOYEUR
Les employeurs territoriaux recrutent !
Le portail de l'emploi des Centres de Gestion de la Fonction Publique Territoriale et du CNFPT
Pourquoi ce portail ?
D'où viennent les offres publiées sur ce site ?
Je recherche des offres
Mots clés
auxiliaire de soins
Localisation
Recherche avancée
VOIR LES OFFRES
Je recherche par département(s)
Sélectionnez un ou plusieurs départements
VOIR LES OFFRES
Offres d'emploi en cours
22183
Répartition par filière
7649 filière Administrative
1466 filière Animation
1663 filière Culturelle
167 filière Incendie et secours
1515 filière Médico-sociale
44 filière Médico-technique
566 filière Sécurité
1832 filière Sociale
296 filière Sportive
7861 filière Technique
Cat. A 6646 offres
Cat. B 6838 offres
Cat. C 10690 offres
Métiers les plus recherchés...
Affaires administratives 1816
Accompagnement éducatif 1120
Enseignement artistique 1112
Logistique et maintenance des moyens techniques 1073
Petite enfance 1064
Activités de soins 808
Travail social et développement social 679
Ressources humaines, statut et rémunération 642
Production et distribution en restauration collective 605
Maintenance des bâtiments tous corps d'état 575
Gestion et ingénierie financière 570
Techniques d'animation 568
Police municipale 565
Hygiène et propreté des locaux 460
Entretien et exploitation en voirie et réseaux divers 456
Voir tous les métiers

emploi-territorial.fr

MON ESPACE DEMANDEUR | MON ESPACE EMPLOYEUR

Accueil | Offres d'emploi

Résultats de recherche

Recherche avancée

Rechercher: auxiliaire de soins

Localisation

Régions: *Indifférent*

Départements: *Indifférent*

Secteurs géographiques: *Indifférent*

Métiers

Famille de métiers: *Indifférent*

Sous-famille de métiers: *Indifférent*

Métiers: *Indifférent*

Cadre statutaire

Catégorie: *Indifférent*

Filière: *Indifférent*

Cadre d'emplois: *Indifférent*

Grade: *Indifférent*

Type d'emploi

CONSULTER

687 résultats

Intitulé du poste	Collectivité	Grade(s)	Publication
Emploi permanent 0033210600320784 **auxiliaire de soins**	# C.I.A.S. SECTEUR SAINT-LOUBES Gironde	C Médico-sociale Auxiliaire de soins principal de 1ère classe	il y a 7 jours *expire dans 23 jours*
Emploi permanent 0085210500291227 **AUXILIAIRE DE SOINS (H/F)**	# ANGLES - E.H.P.A.D. LOUIS CROSNIER Vendée	C Médico-sociale Auxiliaire de soins principal de 2ème classe	il y a 4 jours *expire dans 3 mois*
Emploi permanent 0056210500292760 **auxiliaire de soins (H/F)**	# C.C.A.S. de PLOUAY Morbihan	C Médico-sociale Auxiliaire de soins principal de 2ème classe	il y a 39 jours *expire dans 13 jours*
Emploi permanent 0088210500306576 **Auxiliaire de soins**	# C.C.A.S. DE LA BRESSE Vosges	C Médico-sociale Auxiliaire de soins principal de 2ème classe	il y a 21 jours *expire dans 12 jours*
Emploi permanent 0044210600310791 **aide-soignant·e**	# MAIRIE DE SAINT HERBLAIN Loire-Atlantique	C Médico-sociale Auxiliaire de soins principal de 1ère classe	il y a 16 jours *expire dans 2 jours*
Emploi permanent 0056210500306689 **auxiliaire de soins (H/F)**	# C.C.A.S. de PLOUAY Morbihan	C Médico-sociale Auxiliaire de soins principal de 2ème classe	il y a 21 jours *expire dans 3 jours*
Emploi permanent 0063210600311637 **Auxiliaire de Soins**	# COMMUNAUTE DE COMMUNES MASSIF DU SANC Puy-de-Dôme	C Médico-sociale Auxiliaire de soins principal de 2ème classe	il y a 16 jours *expire dans 27 jours*
Emploi permanent 0073210600321315 **AUXILIAIRE DE SOINS (H/F)**	# CIAS ARLYSERE Savoie	C Médico-sociale Auxiliaire de soins principal de 1ère classe	il y a 4 jours *expire dans 27 jours*
Remplacement 0073210600321253 **AUXILIAIRE DE SOINS (H/F)**	# CIAS ARLYSERE Savoie	C Médico-sociale Auxiliaire de soins principal de 2ème classe	il y a 4 jours *expire dans 28 jours*
Emploi permanent 0085210600320632	# LES ACHARDS - E.H.P.A.D. BETHANIE Vendée	C Médico-sociale Auxiliaire de soins principal	il y a 7 jours *expire dans 24*

e. RDV emploi public

Ce site internet des centres interdépartementaux de gestion de la fonction publique territoriale de la petite couronne (CIG petite couronne) et de la grande couronne (CIG grande couronne) ainsi que du centre de gestion de Seine-et-Marne concerne l'emploi et la mobilité dans la région Île-de-France.

Il permet aux candidats de consulter les offres d'emploi et de déposer leurs candidatures. Les collectivités peuvent quant à elles enregistrer leurs déclarations de vacances d'emplois, déposer des offres d'emploi et rechercher des candidats avec l'assistance des conseillers emploi des centres de gestion.

Vous avez intérêt à **créer un compte**.

Cela vous permet de déposer votre CV. Vos données sont uniquement visibles par les employeurs territoriaux et les conseillers emploi. Elles ne sont donc pas accessibles aux sites extérieurs (moteurs de recherche, annuaires, etc.).

Votre profil pourra ainsi être consulté par plus de 2 100 employeurs potentiels de la région Île-de-France. Vous pouvez aussi bénéficier de l'expérience et du savoir-faire de conseillers emploi qui, après étude de votre profil, peuvent transmettre votre candidature aux collectivités.

Si vous créez des alertes (5 au maximum), vous recevrez par courriels les offres d'emploi qui correspondent à vos critères de recherche.

Avec votre autorisation, vous aurez enfin la possibilité de recevoir des informations susceptibles de vous aider dans votre recherche d'emploi, par exemple des invitations à des salons de l'emploi, à des ateliers emploi organisés par les centres de gestion.

⇨ *www.rdvemploipublic.fr*

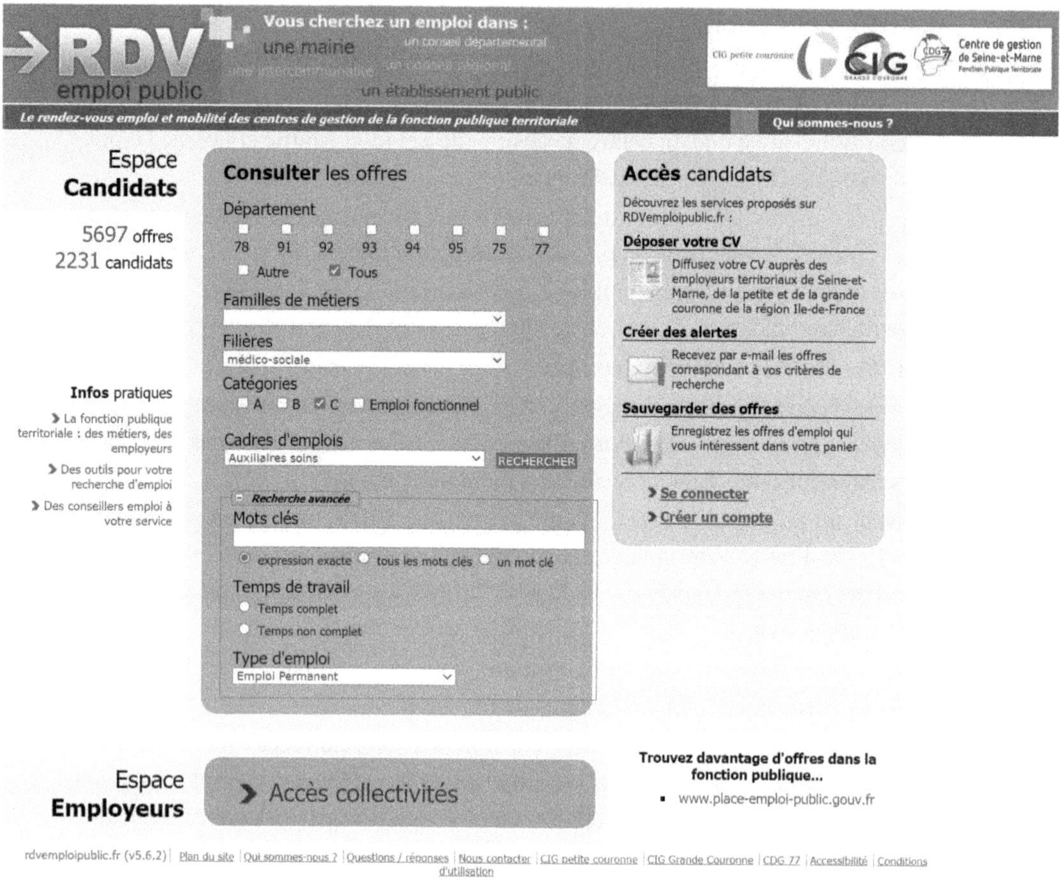
RDV emploi public
Vous cherchez un emploi dans :
une mairie
un conseil départemental
une intercommunalité
un conseil régional
un établissement public
CIG petite couronne
CIG GRANDE COURONNE
Centre de gestion de Seine-et-Marne Fonction Publique Territoriale
Le rendez-vous emploi et mobilité des centres de gestion de la fonction publique territoriale
Qui sommes-nous ?
Espace Candidats
5697 offres
2231 candidats
Infos pratiques
La fonction publique territoriale : des métiers, des employeurs
Des outils pour votre recherche d'emploi
Des conseillers emploi à votre service
Consulter les offres
Département
78 91 92 93 94 95 75 77
Autre Tous
Familles de métiers
Filières
médico-sociale
Catégories
A B C Emploi fonctionnel
Cadres d'emplois
Auxiliaires soins
RECHERCHER
Recherche avancée
Mots clés
expression exacte tous les mots clés un mot clé
Temps de travail
Temps complet
Temps non complet
Type d'emploi
Emploi Permanent
Accès candidats
Découvrez les services proposés sur RDVemploipublic.fr :
Déposer votre CV
Diffusez votre CV auprès des employeurs territoriaux de Seine-et-Marne, de la petite et de la grande couronne de la région Ile-de-France
Créer des alertes
Recevez par e-mail les offres correspondant à vos critères de recherche
Sauvegarder des offres
Enregistrez les offres d'emploi qui vous intéressent dans votre panier
Se connecter
Créer un compte
Espace Employeurs
Accès collectivités
Trouvez davantage d'offres dans la fonction publique...
www.place-emploi-public.gouv.fr
rdvemploipublic.fr (v5.6.2) | Plan du site | Qui sommes-nous ? | Questions / réponses | Nous contacter | CIG petite couronne | CIG Grande Couronne | CDG 77 | Accessibilité | Conditions d'utilisation

→RDV emploi public · Le rendez-vous des centres de gestion emploi et mobilité de la fonction publique territoriale

Accueil

Consulter les offres

› 5697 offres en cours

NOUVELLE RECHERCHE

Accès candidats

› Se connecter

› Créer un compte

Infos pratiques

› La fonction publique territoriale: des métiers, des employeurs

› Des outils pour votre recherche d'emploi

› Des conseillers emploi à votre service

Offres trouvées : 13

Liste des offres trouvées en fonction des critères sélectionnés

Date	Intitulé du poste	Collectivité
17/06/2021	OFPC-2019-11-170443 **Aide-soignant (h/f)** *Auxiliaire de soins principal de 1e classe* *Auxiliaire de soins principal de 2e classe*	CCAS des Pavillons-sous-Bois (93)
09/06/2021	OFGC-2020-08-190315 **Assistant dentaire (h/f)** *Auxiliaire de soins principal de 2e classe* *Auxiliaire de soins principal de 1e classe*	Mairie de SARTROUVILLE (78)
04/06/2021	OFGC-2020-12-199795 **AIDE SOIGNANT (H/F)** *Auxiliaire de soins principal de 2e classe*	Mairie SAINT-GERMAIN-EN-LAYE (78)
03/06/2021	OFPC-2021-03-209306 **Auxiliaires de puériculture (h/f) - NG.21.112** *Auxiliaire de soins principal de 1e classe* *Auxiliaire de puériculture principal de 2e classe*	Département des Hauts-de-Seine (92)
02/06/2021	OFPC-2020-10-193611 **Assistant dentaire (h/f)** *Auxiliaire de soins principal de 2e classe* *Auxiliaire de soins principal de 1e classe*	Mairie de NANTERRE (92)
27/05/2021	OFPC-2021-05-215591 **Assistant dentaire (h/f)** *Auxiliaire de soins principal de 1e classe* *Auxiliaire de soins principal de 2e classe*	Mairie de BOBIGNY (93)
25/05/2021	OFPC-2021-04-212817 **Assistant dentaire (h/f)** *Technicien paramédical de classe normale* *Auxiliaire de soins principal de 1e classe*	Mairie de CLAMART (92)
17/05/2021	OFGC-2021-01-204053 **Aide-soignant à 80 % – H/F** *Auxiliaire de soins principal de 1e classe* *Auxiliaire de soins principal de 2e classe*	Mairie de HOUILLES (78)
27/04/2021	OFPC-2021-02-204511 **Assistant dentaire (h/f)** *Auxiliaire de soins principal de 2e classe*	Mairie de MALAKOFF (92)
27/04/2021	OFPC-2021-04-212363 **Assistant dentaire (h/f)** *Auxiliaire de soins principal de 2e classe* *Auxiliaire de soins principal de 1e classe*	Mairie de NANTERRE (92)

« ‹ 1 › »

rdvemploipublic.fr | Plan du site | Qui sommes-nous ? | Questions / réponses | Nous contacter | CIG petite couronne | CIG Grande Couronne | CDG 77 | Accessibilité | Conditions d'utilisation

Place de l'emploi public

Lancé en février 2019, Place de l'emploi public, qui remplace la bourse interministérielle de l'emploi public (BIEP), est le **premier site d'emploi commun aux trois versants de la fonction publique**. Il est intégré au site internet du ministère chargé de la fonction publique. Place de l'emploi public est également disponible en **version application smartphone** sur GooglePlay et AppleStore.

Les agents peuvent consulter les offres d'emploi dans toute la France, candidater ou publier eux-mêmes leurs offres. L'un des objectifs de ce nouvel outil est de favoriser leur mobilité, qu'elle soit interministérielle ou inter-fonction publique, et d'accompagner leurs projets d'évolution professionnelle.

⇨ *www.place-emploi-public.gouv.fr*

11. Recrutement comme stagiaire

Le lauréat recruté par une collectivité ou un établissement est nommé **stagiaire pour une durée d'un an** par l'autorité territoriale investie du pouvoir de nomination. Pendant cette période probatoire, il exerce des fonctions correspondant au cadre d'emplois de façon à faire la preuve de son aptitude professionnelle.

Important

Les agents qui, antérieurement à leur nomination, avaient la qualité de fonctionnaire, sont dispensés de stage à condition qu'ils aient accompli au moins deux ans de services publics effectifs dans un emploi de même nature.

Au cours de cette année de stage, les auxiliaires de soins territoriaux principaux de 2e classe ont l'obligation de recevoir une **formation d'intégration** d'une durée de cinq jours organisée par le Centre national de la fonction publique territoriale.

À l'issue de l'année de stage statutaire, l'autorité territoriale **titularise** l'agent qu'elle juge apte à exercer les fonctions d'auxiliaire de soins territorial. Elle se prononce au vu notamment d'une attestation de suivi de la formation d'intégration établie par le CNFPT.

Si le stagiaire n'a pas fait la preuve de cette aptitude pendant son année de stage, l'autorité territoriale a **deux possibilités** :

- soit elle le licencie pour insuffisance professionnelle, avec retour dans le grade d'origine pour les fonctionnaires ;
- soit elle lui impose, à titre exceptionnel, une période probatoire supplémentaire d'une durée maximale d'un an.

Important

Des décrets permettent la titularisation auxiliaires de soins territoriaux principaux de 2e classe stagiaires qui n'auraient pas pu réaliser la formation d'intégration au cours de leur année de stage en raison de la crise sanitaire née de l'épidémie de COVID-19. Ces agents ont jusqu'au 30 juin 2022 pour effectuer leur formation d'intégration.

12. Avancement d'échelon et de grade

Une fois titularisé, l'auxiliaire de soins fait **carrière**, c'est-à-dire gravit les degrés de la hiérarchie administrative et de la grille indiciaire au sein de son cadre d'emplois.

Le **grade initial** d'auxiliaire de soins territorial principal de 2e classe comprend 12 échelons correspondant à une durée de carrière de 25 ans.

Le **grade d'avancement** d'auxiliaire de soins territorial principal de 1re classe comprend 10 échelons correspondant à une durée de carrière de 19 ans.

L'**avancement d'échelon** qui se fait de façon continue (d'un échelon à l'échelon immédiatement supérieur) se traduit par une augmentation de traitement. Il est accordé de plein droit en fonction de l'ancienneté.

L'**avancement de grade** se traduit par une élévation du rang hiérarchique au sein du cadre d'emplois et donc des responsabilités que le fonctionnaire a vocation à exercer.

L'avancement de grade exige une inscription préalable au **tableau annuel d'avancement** établi, au choix, par l'autorité territoriale. Cette inscription n'est jamais un droit pour les auxiliaires de soins territoriaux, même s'ils remplissent toutes les conditions statutaires. L'autorité peut même décider de ne dresser aucun tableau pour l'année considérée.

L'inscription au tableau annuel d'avancement au grade d'auxiliaire de soins principal de 1re classe est subordonnée à une **double condition d'ancienneté** :

- avoir au moins un an d'ancienneté dans le 4e échelon d'auxiliaire de soins principal de 2e classe ;
- justifier, au plus tard au 31 décembre de l'année au titre de laquelle est établi le tableau d'avancement, d'au moins cinq ans de services effectifs dans ce grade ou dans un grade d'un autre corps ou cadre d'emplois de catégorie C doté de la même échelle de rémunération, ou dans un grade équivalent si le corps ou cadre d'emplois d'origine est situé dans une échelle de rémunération différente ou n'est pas classé en catégorie C.

Sous réserve de l'existence d'un poste vacant, la **nomination d'auxiliaire de soins territorial principal de 1re classe** est prononcée par l'autorité territoriale parmi les fonctionnaires inscrits sur le tableau d'avancement. Les agents ne peuvent être promus que dans l'ordre du tableau.

Âge du départ à la retraite

- Si l'auxiliaire de soins territorial est affecté dans un service de santé, s'il remplit les fonctions d'aide-soignant ou d'aide médico-psychologique et s'il est en contact direct et permanent avec les malades, il peut relever, en raison de conditions de travail considérées comme pénibles, de la **catégorie active**. Il doit pour cela avoir effectué 17 ans de services en condition active. Le classement dans la catégorie active lui permet de bénéficier d'un départ anticipé à la retraite. L'âge d'ouverture des droits est inférieur de cinq ans à celui des fonctionnaires sédentaires (par exemple 57 ans pour un agent né en 1962).
- Pour toutes les autres affectations, les auxiliaires de soins territoriaux sont classés dans la **catégorie sédentaire**. L'âge d'ouverture des droits est 62 ans pour un agent né en 1962.

13. Rémunération

La rémunération des auxiliaires de soins comprend l'élément de base appelé traitement, l'indemnité de résidence ainsi que les indemnités (ou primes) instituées par un texte législatif ou réglementaire. Le cas échéant, il comporte les prestations familiales obligatoires et le supplément familial de traitement.

Le **montant du traitement** dépend de l'échelon auquel l'auxiliaire de soins territorial est parvenu dans son grade. À chaque échelon correspond un indice majoré.

Le **traitement mensuel brut** peut se calculer en multipliant l'indice majoré par la valeur du point d'indice, qui en principe est régulièrement réévaluée (4,686 euros depuis le 1er février 2017).

Ainsi, le **traitement brut mensuel d'un auxiliaire de soins territorial principal de 2e classe** varie de 1 593 euros au 1er échelon (IM 340) à 1 968 euros au 12e échelon (IM 420).

Pour les **auxiliaires de soins territoriaux principaux de 1re classe**, ce traitement s'élève à 1 640 euros au 1er échelon (IM 350) à 2 216 euros au 10e échelon (IM 473).

Prime « grand âge »

Depuis mai 2020, les auxiliaires de soins territoriaux – titulaires et contractuels – qui exercent des fonctions d'aide-soignant ou d'aide médico-psychologique dans une autre structure spécialisée dans la prise en charge des personnes âgées peuvent toucher une prime « grand âge » d'un montant de 118 euros bruts par mois, en reconnaissance de leur engagement et de leurs compétences, à l'instar leurs homologues de la fonction publique hospitalière depuis janvier 2020. Le versement de cette prime facultative implique une délibération de l'employeur territorial, mais elle est financée par l'assurance maladie.

14. Formation statutaire

Dans un délai de deux ans après leur nomination ou leur détachement, les auxiliaires de soins territoriaux sont astreints à suivre une **formation de professionnalisation au premier emploi** pour une durée totale de trois jours. En cas d'accord entre l'agent et l'autorité territoriale dont il relève, cette durée peut être portée au maximum à dix jours.

À l'issue de ce délai de deux ans, ils doivent suivre une **formation de professionnalisation tout au long de la carrière**, à raison de deux jours par période de cinq ans.

Lorsqu'ils accèdent à un **poste à responsabilité**, ils suivent, dans un délai de six mois à compter de leur affectation sur l'emploi considéré, une formation de trois jours. L'agent et l'autorité territoriale peuvent se mettre d'accord pour porter la durée de cette formation à dix jours au maximum.

15. Préparation du concours

Vous devez impérativement prendre conscience que, malgré la simplification des épreuves depuis 2010, le concours n'est pas une simple formalité, comme l'illustrent ces statistiques relatives à des concours organisés en 2019.

Spécialité	Postes ouverts	Candidats présents	Seuil d'admission	Candidats admis
CDG59				
Aide-soignant	55	133	15,5	59
Aide médico-psychologique	9	16	16	4
CDG63				
Aide-soignant	40	199	17	40
Aide médico-psychologique	5	30	18,5	5
CDG76				
Aide-soignant	9	37	16,5	9

Les candidats déjà en poste doivent également comprendre qu'il ne suffit pas d'être un « bon auxiliaire de soins », « un bon professionnel » apprécié de sa hiérarchie et de ses collègues, pour réussir l'épreuve d'admission.

La préparation du concours demande un travail de réflexion et de présentation à propos du parcours personnel, d'actualisation et/ou de révision des connaissances professionnelles, mais aussi d'acquisition d'une culture territoriale pour montrer votre motivation à intégrer la fonction publique territoriale et votre conscience des engagements que cela implique.

Pour réussir le concours, il est donc indispensable de le préparer. Cette **préparation** doit commencer au minimum six mois avant l'épreuve d'admission et se prolonger jusqu'à l'avant-veille de cette épreuve.

Il vous appartient de vous organiser en mettant en place un véritable **programme de travail**, certes difficile à concilier avec la vie professionnelle et personnelle, mais indispensable pour assurer la réussite du concours. Il faut prévoir au minimum une dizaine d'heures de travail par semaine (par exemple deux soirées et une demi-journée le week-end).

En effet, la préparation d'un concours administratif s'apparente plus à un marathon qu'à un sprint. Elle ne saurait se réduire à la lecture hâtive, voire fébrile, d'un ou deux ouvrages dans les semaines voire les jours (ou les nuits !) précédant l'entretien. De plus, la régularité du travail favorise l'assimilation des connaissances professionnelles comme territoriales.

Enfin, la nature orale de l'épreuve d'admission demande également un entraînement spécifique.

La **méthodologie** de l'entretien avec le jury fait l'objet d'une présentation détaillée. Dans un but de clarté et d'efficacité, elle prend la forme de 35 clés pour réussir l'épreuve.

Vous trouverez également dans cet ouvrage les **connaissances** que vous n'avez pas acquises en préparant le diplôme requis pour l'inscription au concours et qui donneront lieu à des questions de la part du jury. Ces connaissances qui composent la « matière invisible » de tous les concours territoriaux concernent votre futur environnement professionnel, à savoir les collectivités territoriales et la fonction publique territoriale.

Les jurys regrettent systématiquement les lacunes des candidats en matière de **culture territoriale**. Grâce aux 50 fiches et 100 définitions proposées dans l'ouvrage, vous pourrez convaincre le jury de votre aptitude et de votre motivation à devenir un auxiliaire de soins territorial principal de 2e classe.

35 conseils méthodologiques et pratiques

Le concours d'auxiliaire de soins territorial principal de 2e classe comprend une unique épreuve d'admission pour sélectionner les candidats admis appelés lauréats : « entretien permettant d'apprécier les capacités professionnelles du candidat, ses motivations et son aptitude à exercer les missions incombant aux membres du cadre d'emplois concerné (durée : 15 minutes) ».

Selon un constat maintes fois effectué par les jurys, l'épreuve d'entretien a pour effet de « tirer vers le haut » les **notes des candidats** :

- concours 2019 du CDG59 : la note la plus basse est 4/20, la note la plus haute 19/20 et la moyenne des notes s'élève à 13,46/20 ;
- concours 2019 du CDG63 : la note la plus basse est 4/20 (AS) ou 6,50/20 (AMP), la note la plus haute 19/20 (AS et AMP) et la moyenne des notes s'élève à 13,83/20 (AS) ou 13,57/20 (AMP) ;
- concours 2019 du CDG76 (AS) : la note la plus basse est 11/20, la note la plus haute 18,5/20 et la moyenne des notes s'élève à 14,88/20.

Mais une bonne note ne garantit nullement l'admission. Lors d'un concours, le but n'est jamais d'avoir la moyenne, mais de **figurer parmi les meilleurs**, puisque le nombre de postes ouverts est arrêté avant l'épreuve du concours. Ainsi, lors du concours organisé en 2019 par le CDG76, « les membres du jury déplorent que le nombre de postes ouverts soit nettement inférieur au nombre de candidats méritants ».

En fonction des résultats, un jury peut même admettre **moins de candidats qu'il n'y a de places disponibles**, comme le décide le CDG11 lors de la session 2016. « Au vu des résultats », le jury « décide de ne pas attribuer l'intégralité des postes ouverts » : 62 admis pour 71 postes dans la spécialité aide-soignant et 14 admis pour 15 postes dans la spécialité aide médico-psychologique.

Il est donc indispensable de participer à cette épreuve, sous peine d'élimination, et surtout de **réussir sa prestation** :

- un candidat ne peut être admis s'il obtient une note inférieure à 10 sur 20 ;
- le seuil d'admission est souvent supérieur à 15 sur 20.

Rappel

Lors de la session de 2019, les jurys ont retenu les **seuils d'admission** suivants :
- CDG59 : 15,5/20 (spécialité AS) et 16/20 (spécialité AMP) ;
- CDG63 : 17/20 (spécialité AS) et 18,50/20 (spécialité AMP) ;
- CDG76 : 16,5/20 (spécialité AS).

L'épreuve ne se réduit pas à une **interrogation orale** ayant pour principal objet d'évaluer des connaissances professionnelles, comme le candidat en a passé pour l'obtention de son diplôme.

L'épreuve tend à se rapprocher des **entretiens d'embauche** pratiqués dans les entreprises privées. Sans doute, la finalité de l'épreuve n'est jamais de recruter un candidat pour occuper un poste déterminé. Mais elle vise à s'assurer qu'il possède non seulement les connaissances, mais aussi les qualités humaines, morales, intellectuelles et professionnelles requises pour assumer les missions définies par le statut particulier et occuper l'ensemble des postes correspondant à la spécialité choisie.

C'est pourquoi les jurys préfèrent l'expression d'**entretien de recrutement** en assumant pleinement leur logique d'employeur potentiel. Ils ne font plus seulement passer des tests de connaissances, mais déterminent si les candidats feraient des collaborateurs efficaces dans un contexte professionnel ou, pour dire les choses plus simplement, s'ils ont envie de les recruter.

Même les **questions de connaissances** peuvent être utilisées dans un esprit nouveau. On ne pose pas des questions de droit de la fonction publique pour mesurer un savoir, mais pour tester la motivation du candidat à entrer dans la fonction publique territoriale, pour vérifier la solidité d'une expérience professionnelle qu'il revendique, pour évaluer son aptitude à exercer les fonctions définies par le statut particulier...

Confrontés à cette logique, des candidats peuvent avoir une **impression d'arbitraire**, car le fait d'être un « premier de la classe » ou un « professionnel expérimenté » ne garantit pas une bonne note, comme c'était trop souvent le cas dans les anciens concours. Le jury peut en effet considérer que votre personnalité, vos valeurs, votre (in)capacité à vous intégrer dans une structure administrative, etc., sont incompatibles avec les fonctions d'auxiliaire de soins territorial principal de 2e classe.

Toutefois, une autre spécificité de la fonction publique par rapport au secteur privé est que la souveraineté des jurys est strictement encadrée par des principes, celui de l'égalité des candidats notamment, et par le règlement du concours précisé par la note de cadrage élaborée au niveau national par les centres de gestion.

Cette épreuve est donc régie par de **nouvelles règles** et de nouveaux codes qu'il est essentiel de connaître. Car son nom ne doit pas tromper les candidats. L'entretien avec le jury ne consiste jamais dans une discussion à bâtons rompus où il suffirait d'avoir de l'aplomb, de l'aisance et des idées sur tout. Il représente une épreuve qui doit être préparée avec d'autant plus de sérieux et de méthode qu'elle joue un rôle exclusif dans la sélection des lauréats.

En étudiant les **35 conseils méthodologiques et pratiques** qui suivent, vous vous donnerez tous les moyens de convaincre vos futurs examinateurs que vous avez l'expérience, la motivation, le potentiel et les connaissances nécessaires pour devenir auxiliaire de soins territorial principal de 2e classe.

Chapitre 1

Préparation de l'épreuve

1. Jury et sous-jury

La composition du jury plénier est déterminée par les textes réglementaires qui doivent être respectés sous peine d'annulation du concours.

Les **jurys** des concours d'auxiliaire de soins territorial principal de 2e classe sont tripartites. Ils comprennent au moins :

- deux fonctionnaires territoriaux, l'un de catégorie A ou B et l'autre représentant la catégorie C dont relève le cadre d'emplois ;
- deux personnalités qualifiées ;
- deux élus locaux.

Le **président du jury** et son remplaçant sont désignés parmi les membres du jury. En cas d'absence ou d'empêchement du président, son remplaçant préside le jury jusqu'à la délibération finale.

Exemple

Voici la composition du jury lors du **concours organisé en 2019 par le CDG63**.

Le jury, présidé par M. Roland LABRANDINE, président du centre de gestion de la fonction publique territoriale du Puy-de-Dôme, est composé de 12 membres répartis en trois collèges égaux (élus locaux, fonctionnaires territoriaux et personnalités qualifiées).

Président du jury (élu) : M. Roland LABRANDINE, président du centre de gestion de la fonction publique territoriale du Puy-de-Dôme ;

Présidente suppléante (élue) : Mme Marjorie PALASSE, conseillère municipale, commune de Thiers ;

Élu : M. Jacques CURE, conseiller municipal, commune d'Ennezat ;

Élue : Mme Nadine BOUTONNET DE CARVALHO, maire, commune de Ménétrol ;

Fonctionnaire territorial : M. Philippe LAVILLE, attaché territorial, département du Puy-de-Dôme ;

Fonctionnaire territorial : Mme Sandrine ROLLAND, infirmière en soins généraux de classe supérieure, ÉHPAD « Le Cèdre » de Pont-Du-Château ;

Représentant du personnel siégeant en CAP (ou son suppléant) : Mme Yvette VOISSIERE BOURBON, agent social, Mond'Arverne communauté ;

Fonctionnaire territorial : M. Olivier HARKATI, attaché territorial principal, centre communal d'action sociale de Cournon d'Auvergne ;

Personnalité qualifiée : Mme Sabrina RIVERA, psychologue territoriale, département du Puy-de-Dôme ;

Personnalité qualifiée : M. Xavier PELLETIER, attaché territorial hors-classe, directeur général des services, commune de Gerzat ;
Personnalité qualifiée : M. Christian PEZECHKE, directeur ÉHPAD, retraité ;
Personnalité qualifiée : Mme Frédérique MICHELAT, attachée territoriale, CNFPT.

Lors de l'épreuve d'entretien avec le jury, vous ne rencontrerez peut-être pas… le jury !

En effet, si le jury doit être unique pour un même concours, il peut, lorsque le nombre de candidats le justifie, se constituer en **sous-jurys** de trois membres représentant les trois collèges pour faire passer l'épreuve d'entretien dans les spécialités ouvertes.

Exemple

« Le concours d'auxiliaire de soins territorial principal de 2e classe ne comptant qu'une unique épreuve d'admission, et 288 candidats étant admis à concourir à la session 2019 du concours, le jury, lors des entretiens, a été scindé en 4 groupes de jury, chaque groupe de jury étant composé d'un représentant de chaque collège.
Les 30 candidats inscrits dans la spécialité aide médico-psychologique et présents à l'oral ont tous été reçus par le même groupe de jury. »

Rapport du jury, CDG63, 2019

Par ailleurs, les modalités de l'entretien doivent assurer l'**égalité entre les candidats** : élaboration de grilles d'évaluation, mécanismes de péréquation des notes, etc. Certains jurys se réunissent avant la première journée d'entretien pour déterminer des critères communs de notation et rendre l'épreuve « équitable, utile et sélective » (*Rapport du jury, CDG59, 2019*).

Voici un **exemple de grille** susceptible d'être adoptée par les jurys (*CIG de la petite couronne, 2012*).

I. Connaissances et aptitudes professionnelles	11 min	13 points
II. Connaissances de l'environnement professionnel	4 min	4 points
III. Motivation et attitude du candidat	tout au long de l'entretien	3 points

2. Des jurys méthodiques et impartiaux

Le passage d'une logique de vérification des connaissances à une logique de recrutement a conduit les jurys à réformer et à rationaliser leurs **méthodes**.

En effet, l'évaluation des compétences relationnelles (de la qualité d'écoute à l'esprit d'équipe), de l'aptitude à l'action (ce qui suppose de la détermination, de la réactivité et le sens de l'innovation), de la résistance au stress, etc., fait appel à des techniques spécifiques que maîtrisent les spécialistes du recrutement dans le secteur privé mais qui étaient assez étrangères au monde de la fonction publique.

C'est pourquoi des jurys de plus en plus nombreux définissent collégialement une grille d'évaluation des savoir-être attendus des candidats ainsi que différents types de mise en situation professionnelle.

La participation à un jury implique également des **engagements de nature déontologique** qui, sous peine de recours contentieux, doivent être strictement respectés :

- impartialité ;
- absence de contacts personnels avec les candidats à compter de l'ouverture de l'épreuve ;
- secret absolu sur les opérations de concours, les listes de questions et de mises en situation professionnelle, les délibérations, etc. ;
- comportement exemplaire lors de l'épreuve d'entretien.

Le principe essentiel est le **respect de l'égalité des candidats** qui doivent être jugés uniquement en fonction de la valeur de leurs prestations. Il faut que l'épreuve se déroule de manière à ce qu'il n'y ait pas de rupture – réelle ou ressentie – d'égalité entre les candidats.

Parmi les principes énoncés par la Charte pour la promotion de l'égalité de 2008 (renforcée en 2013), on relève notamment la nécessité de sensibiliser les membres des jurys aux préjugés et stéréotypes ainsi qu'aux **risques de discrimination**.

Pour départager les candidats, le jury ne doit tenir compte que de la seule valeur des prestations lors de l'épreuve fixée par la réglementation. Cette exigence est particulièrement délicate dans le cadre de l'entretien, car le jury est en présence du candidat et la moindre faille dans son comportement – la moindre question maladroite ou tendancieuse – peut prêter à spéculation voire à contentieux. C'est pourquoi les examinateurs doivent s'abstenir de tout commentaire ou de toute question qui pourrait faire croire à un candidat que leur jugement est influencé par la considération de l'âge, du sexe, de l'origine, du handicap…

Conseil au candidat

En cas d'**incident** lors de l'épreuve d'entretien, par exemple une question sur une croyance ou une pratique religieuse, demandez dès la fin de l'épreuve à rencontrer le président ou un membre du jury et faites inscrire les détails de cet incident sur le procès-verbal de l'épreuve.

Pour prévenir les incidents et les recours contentieux qu'ils peuvent provoquer, les centres de gestion organisateurs sensibilisent les membres des jurys à leur obligation d'impartialité. Ils ne doivent rien faire qui puisse en faire douter les candidats. Par exemple, ils s'abstiendront de se montrer devant les candidats avec un exemplaire du *Figaro* ou de *Libération* à la main.

L'**empathie** tend même à devenir une obligation professionnelle. Le jury accueille la plupart du temps les réponses du candidat avec une attitude bienveillante qui ne préjuge en rien de la note qu'il attribuera.

L'attitude empathique doit particulièrement bénéficier aux candidats qui, par manque de préparation ou mauvaise gestion du stress, sont en difficulté, ne trouvent plus leurs mots, etc.

3. Zoom sur votre épreuve

Par superstition, par désinvolture ou par inconscience, des candidats finalement assez nombreux se présentent devant le jury d'entretien sans connaître précisément le cadre réglementaire de l'épreuve, ses modalités pratiques, les attentes des examinateurs, etc.

Sans doute, certains de ces détails sont mentionnés dans la **convocation** pour l'épreuve, mais celle-ci est généralement transmise une ou deux semaines avant le début de la session. Il est souvent trop tard pour mettre en place une préparation et un entraînement méthodiques et efficaces.

Ainsi, selon un constat récurrent des présidents de jury, de nombreux candidats ne préparent pas l'exposé de présentation de leur parcours qui leur sera éventuellement demandé.

Point de vue des jurys

- « Le jury souhaite attirer l'attention des candidats sur le fait qu'ils doivent au minimum avoir préparé au moins une présentation de leur formation, de leur expérience professionnelle et de leur situation professionnelle actuelle. Ainsi par exemple, les membres du jury ne trouvent pas normal que les candidats ne connaissent pas le nombre de résidents accueillis dans leur structure...
  [...] Pour conclure, les membres du jury soulignent qu'une épreuve unique orale d'admission d'une durée de 15 minutes rend très difficile la sélection. Il est donc indispensable pour les candidats de se "démarquer" les uns des autres par une mise en valeur, un positionnement, une préparation adaptée. »

  Rapport du concours 2019, CDG59
- « **Sur la présentation**... : Exposés écourtés, motivations souvent éludées. Peu d'effort de présentation structurée. Pas de plan détaillé dans la plupart des cas. »

  Rapport du concours 2016, CDG11

Cette ignorance des candidats est d'autant plus impardonnable qu'aujourd'hui les centres de gestion mettent en ligne ou diffusent différents documents visant à les informer du cadre, des exigences et des critères de l'épreuve.

La nature de l'épreuve d'entretien avec le jury est fixée le décret du 18 mars 1993. Mais cette définition tient en 3-4 lignes. Et les jurys de concours disposent d'une grande marge de manœuvre pour interpréter, préciser, orienter et appliquer ce cadre réglementaire, dès lors qu'ils respectent le principe d'égalité entre les candidats.

C'est pourquoi les centres de gestion ont élaboré, dans le cadre d'un groupe de travail national, des **notes ou éléments de cadrage** destinés aux candidats, aux formateurs et aux examinateurs. Ces notes proposent des informations indicatives visant à aider le candidat à se préparer au mieux à l'épreuve orale du concours. Leur objectif est d'apporter des conseils pratiques sur la base des questions ou problèmes fréquemment relevés par les organisateurs de concours.

L'étude des **rapports des présidents de jury** se montre également précieuse. En effet, ces rapports retraçant le déroulement des opérations de concours ou proposent des informations toujours utiles pour les candidats des sessions suivantes.

D'une part, on y trouve des données chiffrées relatives à la notation, à la sélection ou au profil des candidats.

D'autre part, et surtout, ces rapports contiennent des développements sur les attentes, les questions et les appréciations des membres du jury, comme sur les prestations des candidats, leurs qualités, leurs défauts, leurs lacunes, etc. Certains jugements peuvent paraître sévères et décourageants. Mais ils doivent inspirer le travail de préparation des candidats.

On peut regretter que tous les centres de gestion organisateurs ne mettent pas en ligne ces rapports de jury.

4. Avantage aux geeks

L'internet est devenu un instrument irremplaçable pour la préparation d'un concours.

D'une part, la plupart des **documents indispensables** pour l'étude de l'épreuve, de ses conditions et de ses exigences ne sont plus diffusés en format papier pour des raisons économiques comme écologiques. Sous forme de fichiers PDF le plus souvent, ils sont mis en ligne sur les sites des centres de gestion.

Par ailleurs, une recherche avec Google vous permettra de découvrir des **forums** où des candidats des sessions précédentes font part de leur expérience, restituent les questions posées, évoquent les réponses proposées…

Bien sûr, ces récits sont subjectifs. Ils ont éventuellement été écrits sous l'effet de l'émotion, positive ou négative, ou avec un souci d'autojustification. Mais, s'ils sont décodés avec un peu de méthode et de recul, ils peuvent fournir des informations très concrètes, et que vous ne trouverez dans aucun document officiel, sur la réalité de l'épreuve d'entretien.

D'autre part, lors de leur préparation, les candidats trouveront sur l'internet la plupart des **connaissances** dont la maîtrise est absolument indispensable pour réussir l'épreuve de l'entretien avec le jury. C'est vrai pour les connaissances administratives et territoriales attendues de tous les candidats, comme pour les connaissances professionnelles qui sont spécifiques à la spécialité choisie par le candidat.

De la même manière, le **suivi de l'actualité sanitaire et sociale** passe par l'abonnement à différentes lettres d'actualité, la consultation de sites internet spécialisés, voire par la création d'alertes Google.

Bref, la maîtrise des technologies de l'information et de la communication représente une compétence indispensable pour la réussite du concours comme, d'ailleurs, pour l'exercice des fonctions d'auxiliaire de soins territorial principal de 2e classe.

5. Partir à point

La réussite de l'épreuve d'entretien exige qu'un important travail d'acquisition, de révision et d'actualisation des connaissances ait été fourni auparavant et que des techniques de communication spécifiques aient été parfaitement assimilées.

Vous ne devez donc surtout pas attendre la convocation à l'oral pour commencer sa préparation. Entre ce moment et le début de la période des entretiens, quelques semaines ou quelques jours seulement s'écoulent.

Souvenez-vous de la fable de La Fontaine et préférez la tortue au lièvre : la préparation de l'oral s'apparente plus à un marathon qu'à un sprint. Elle ne saurait se réduire à la lecture hâtive voire fébrile d'un ouvrage dans les jours – voire dans les nuits ! – précédant l'épreuve.

C'est, au plus tard, **dès l'ouverture du concours**, que vous devez vous mettre au travail. Ainsi vous pourrez consacrer 5-6 mois à la préparation de l'entretien.

L'idéal est même de commencer la préparation personnelle au **début de l'année civile**. C'est une période propice aux bonnes résolutions. Il faut aussi anticiper le fait que la période des vacances d'été se montre généralement peu favorable au travail de préparation.

6. Une tête bien faite, mais aussi bien pleine

Nombreux sont les candidats se persuadant que, pour réussir l'entretien avec le jury, il suffit, pour un jeune diplômé comme pour un professionnel expérimenté, de posséder un peu d'aisance dans l'expression et des idées générales sur tout.

En réalité, l'entretien exige toujours l'exploitation de références, de faits, d'arguments variés, précis et exacts. En aucun cas, le discours du candidat ne peut se réduire à une collection d'idées générales, ni *a fortiori* à une causerie du type café du Commerce.

L'épreuve orale vise en effet à apprécier la **maîtrise d'une culture professionnelle, mais aussi territoriale**.

Le contenu de la **culture professionnelle**, liée à la spécialité choisie par le candidat, est relativement facile à cerner. Il est en effet défini par les référentiels relatifs au diplôme requis pour l'inscription au concours.

L'aptitude à exercer les missions dévolues au cadre d'emplois implique de la part du candidat une **connaissance de l'environnement professionnel**, prouvant par là même sa motivation et son sens du service public et plus particulièrement du service public local.

Des connaissances minimales des collectivités territoriales sont ainsi indispensables à tout candidat, le jury vérifiant la maîtrise de connaissances qu'un citoyen éclairé et *a fortiori* un candidat souhaitant accéder au grade d'auxiliaire de soins territorial principal de 2e classe ne sauraient ignorer.

Les questions peuvent notamment porter sur les thèmes qui sont donnés à titre indicatif dans la note de cadrage et ne sauraient constituer un programme réglementaire dont le candidat pourrait se prévaloir.

Éléments de culture territoriale

- Décentralisation et déconcentration
- Les collectivités territoriales et leurs établissements publics : organisation, organes, répartition des pouvoirs, modes de décision
- L'intercommunalité
- La fonction publique territoriale
- La filière médico-sociale (métiers, missions, positionnement des agents)
- Droits et obligations des fonctionnaires
- Notion de service public
- Connaissance des compétences des collectivités territoriales et des dispositifs de santé publique et d'action sociale
- Textes légaux importants intervenus en matière sanitaire et sociale depuis 10 ans

Source : Note de cadrage nationale

Pourtant, l'**inculture des candidats**, notamment leur méconnaissance de l'actualité sanitaire et sociale et leur manque de connaissances territoriales, leur ignorance de leurs futurs droits et obligations, etc., sont régulièrement constatés dans les rapports de jury.

Point de vue des jurys

- « Enfin, les membres du jury estiment qu'il convient également de tester les connaissances des candidats relatives à leur futur environnement professionnel : la fonction publique territoriale et l'employeur territorial. [...]
  Ils encouragent vivement les candidats à s'investir dans la préparation de ce concours et à approfondir leurs connaissances de base quant à l'environnement territorial dans lequel ils sont ou seront amenés à travailler. »

  Rapport du concours 2019, CDG59
- « Le jury souligne un bon niveau général des candidats, dont beaucoup ont eu une note supérieure ou égale à 17/20 ; cependant, en culture territoriale, le niveau est faible. »

  Rapport du concours 2019, CDG63
- « Globalement, l'ensemble des candidats dispose d'un bon niveau sur le plan professionnel. Par contre, les connaissances de l'environnement territorial pèchent par un manque notoire de préparation. »

  Rapport du concours 2019, CDG76
- « Le jury souligne un niveau relativement satisfaisant des candidats, sauf en culture territoriale, domaine dans lequel le niveau des candidats est très insuffisant. »

  Rapport du concours 2018, CDG63

- « **Sur les connaissances professionnelles** : Bonne connaissance des missions, les limites de leurs fonctions sont connues et respectées.
  Sur l'environnement institutionnel : De grosses lacunes. Niveau très moyen. »

  Rapport du concours 2016, CDG11
- « Le jury souligne un niveau relativement satisfaisant des candidats, sauf en culture territoriale, domaine dans lequel le niveau des candidats est très insuffisant. »

  Rapport du concours 2012, CIG de la petite couronne

Cette inculture fait d'ailleurs l'objet d'une **double peine.**

D'une part, les candidats perdent une partie des points attribués aux connaissances par le barème.

D'autre part, leur inculture apparaît comme la conséquence d'un manque de motivation que ne saurait masquer leur vocation affichée pour le service public, l'action locale, etc.

Rappel

Vous trouverez dans la **partie 2** tous les éléments de culture territoriale attendus par les jurys, sous la forme de 50 fiches de 2 pages chacune et de 100 définitions incontournables.

7. De la discipline

Le travail de préparation doit être raisonné et méthodique.

Il ne sert à rien de multiplier les lectures, de dévorer la presse, de s'obliger chaque semaine à lire *La Gazette des communes, des départements et des régions* de la première à la dernière ligne… La dispersion constitue un piège à éviter absolument. De même, il ne sert à rien d'accumuler des photocopies qui ne seront pas véritablement étudiées.

Dans le même ordre d'idées, le candidat doit suivre un programme et trouver un **rythme de travail**. S'il en a la possibilité, il consacrera ainsi 6 heures par jour à la préparation de l'entretien dans les semaines qui précèdent l'épreuve orale. S'il exerce une activité professionnelle, il s'efforcera de réviser au moins 2 heures chaque jour et 6 heures le samedi ou le dimanche.

N'oubliez jamais que la **volonté** est peut-être le principal facteur de réussite dans la préparation d'un concours, comme dans toute épreuve marathonienne. Vous devrez résister à bien des tentations et vous fermer à différentes distractions. Si cela vous semble beaucoup, consolez-vous en pensant à l'emploi du temps de vos prochaines vacances !

Enfin, une journée de révision doit toujours s'achever par une heure de… révision ! Relisez rapidement les passages surlignés des textes du jour. Notez-en le plan sur des fiches.

8. Un ouvrage de A à Z

Pour la préparation de l'entretien, il faut commencer par exploiter un ou deux ouvrages de référence, choisis sen raison de leur intérêt pour l'épreuve, mais aussi parce que leur longueur et leur niveau rendent possible une étude exhaustive. Ces ouvrages, il faut les lire, les relire, les annoter, les surligner – il faut les assimiler de la première à la dernière page.

Pour les **connaissances professionnelles**, les ouvrages de référence sont bien sûr liés à la spécialité choisie par le candidat. S'ils ne sont pas trop anciens, le candidat peut reprendre les ouvrages et supports de cours étudiés pendant la préparation du diplôme requis.

Conseil bibliographique

Faites preuve de la curiosité professionnelle appréciée par les jurys en étudiant des ouvrages – de 128 pages chacun – de la collection « Que sais-je ? » (Presses universitaires de France). Voici quelques-uns des titres les plus récents : *Les Politiques de santé en France, L'Hôpital, L'Éthique médicale et la bioéthique, Le Stress, La Maladie d'Alzheimer, La Maladie de Parkinson, Le Handicap...*

9. Vivent les infolettres !

Tout autant que la dispersion, il faut éviter la fermeture.

Votre ouvrage de référence ne doit pas constituer votre unique bagage. Depuis sa publication, des événements se sont inévitablement produits, qui confortent, nuancent ou contredisent certaines de ses analyses. De toute façon, celles-ci peuvent être éclairées sous d'autres jours. Cet effort d'ouverture à la diversité et à l'actualité doit se faire en lisant des textes relativement courts.

Vous devez donc vous efforcer de suivre l'actualité qui souvent inspire aux examinateurs des questions. Dans cet objectif, l'**internet** se montre un instrument irremplaçable.

Vous trouverez ainsi le plus grand profit à visiter régulièrement le site des organismes publics ou privés s'intéressant aux questions professionnelles et au monde territorial. Ces sites proposent en effet des rubriques « Actualités », « Dossiers », etc., qui permettent de suivre l'évolution de l'actualité au moyen de documents gratuitement proposés, clairement rédigés et régulièrement actualisés.

Le plus souvent, ils diffusent une lettre d'actualité à laquelle vous pouvez vous abonner gratuitement.

Trois infolettres incontournables

- *www.has-sante.fr* : à partir du bas de la page d'accueil du site de la Haute Autorité de santé, qui est une autorité publique indépendante à caractère scientifique, souscrivez gratuitement un « Abonnement aux actualités ».
- *www.aphp.fr* : à partir de la page d'accueil d'Assistance publique-Hôpitaux de Paris, qui regroupe 39 hôpitaux et emploie près de 100000 professionnels, abonnez-vous à *Lettre d'information AP-HP*. Par ailleurs, le Centre de documentation de l'AP-HP publie en format PDF plusieurs lettres d'actualité, dont un bulletin bimensuel *ACTU sanitaire & sociale* dont vous pouvez télécharger les derniers numéros.
- *www.infirmiers.com* : vous trouverez de nombreuses et précieuses informations sur le « site de la profession infirmière », par exemple à partir des rubriques « Métiers du soin / Aide-soignant » et « Grands dossiers ». Abonnez-vous gratuitement à la *Newsletter infirmiers.com* pour recevoir chaque vendredi les informations relatives à l'actualité de la profession infirmière (articles, brèves, vidéos, débats forum...) dont vous pouvez télécharger les archives sur le site.

10. Les journaux au panier ?

Certains pédagogues continuent de conseiller aux candidats la **lecture régulière d'un journal quotidien**, généralement leur préférence va au *Monde*. Dans cette recommandation formulée par des personnes intellectuellement formées avant l'ère du numérique, il entre surtout beaucoup de nostalgie.

Si vous avez vous-même du goût pour ce type de lecture, faites-vous plaisir.

Mais sachez que c'est une perte de temps. En effet, soit vous jetez votre journal préféré après l'avoir lu dans le train, le métro, votre salon ou votre lit, et dans ce cas il n'en reste rien de précis dans votre mémoire trois semaines ou trois mois plus tard. Soit vous vous infligez chaque semaine ou chaque mois une corvée de découpage qui, en ce début de XXIe siècle, apparaît singulièrement fastidieuse.

Si vous recherchez l'efficacité, visitez régulièrement le **site internet** d'un quotidien (*Le Monde*, *Libération* ou *Le Figaro*) ou, mieux encore, le site Google Actualités (*www.google-actualites.fr* : voir notamment les rubriques Santé et France), afin de parcourir les titres des articles mis en ligne, de lire et éventuellement d'imprimer ceux qui paraissent mériter une étude.

Conseil au candidat

Si vous voulez être parfaitement à jour sur des questions précises, par exemple la loi relative à la bioéthique, n'hésitez pas à créer des **alertes Google** sur ces sujets. Vous serez alerté par courriel de la publication sur la Toile de tout nouveau contenu intéressant les termes que vous avez sélectionnés.

11. Enfant de la télé ?

Votre manuel, même dans sa version abrégée, vous tombe des mains ? La lecture vous ennuie ou vous fatigue ? Vous êtes décidément un enfant de la télé ou de la radio ? Sans doute, l'intérêt pour les thèmes d'actualité peut aussi se nourrir d'**émissions de radio ou de télévision** consacrées aux questions de santé ou aux débats de société, ou tout simplement du journal télévisé.

Mais, en l'absence de notes rédigées tout de suite après ces émissions, vous en aurez tout oublié quelques semaines ou mois plus tard. Et vous n'impressionnerez pas les examinateurs en invoquant comme un argument d'autorité un propos tenu par un directeur d'agence régionale de santé dont vous avez oublié le nom lors d'une émission sur M6 il y a quatre ou cinq mois !

Donc, pour préparer le concours, rien ne peut remplacer la lecture.

12. Seul l'écrit reste

Il faut impérativement prendre conscience que toute lecture ne laissant pas de trace écrite se montre vaine. Trois semaines ou trois mois après l'avoir faite, il ne vous reste plus assez de matière pour nourrir des développements précis et argumentés.

Après avoir lu, surligné et annoté chaque document, vous devez passer à la **prise de notes**.

Par exemple, un article de presse contient rarement plus de deux ou trois idées exploitables le jour du concours. Prenez la peine de les résumer et, le cas échéant, de noter deux ou trois chiffres, dates, citations, etc., susceptibles de les étayer. Ce travail de réécriture favorise la mémorisation et l'appropriation des informations. Avec les documents plus ambitieux, dégagez et notez leur plan détaillé.

Et si vous êtes pressé par le temps, faites au moins l'effort de surligner les points essentiels.

Dans les jours précédant l'entretien, quand il devient trop tard pour entreprendre de longues lectures, vous lirez, relirez, apprendrez toutes ces fiches que vous aurez progressivement rangées dans des **dossiers thématiques**.

Pour choisir les thèmes de vos dossiers, vous pouvez partir du plan de l'ouvrage de référence que vous étudiez. Attention à éviter les intitulés trop étroits (« Obligations des fonctionnaires » sera préféré à « Obligation de réserve ») ou trop larges (« La décentralisation »). La constitution de 30 à 50 dossiers paraît un objectif raisonnable.

Chapitre 2

Le travail d'auto-promotion

13. Connais-toi toi-même

Lors de tout entretien, le candidat doit s'attendre à de **nombreuses questions personnelles** relevant d'un entretien d'embauche classique : études poursuivies, emplois exercés, compétences acquises, motivations pour devenir fonctionnaire / fonctionnaire territorial / auxiliaire de soins territorial principal de 2e classe, projections de carrière…

Ces questions doivent permettre de sonder les motivations réelles, d'évaluer les aptitudes et le potentiel, d'apprécier une personnalité. Même les questions de connaissances deviennent des moyens d'évaluer non pas tant le savoir que le savoir-faire et le savoir-être, pour employer le jargon des jurys.

Exemples de questions personnelles susceptibles d'être posées au cours de l'entretien avec le jury

- Quelles études avez-vous faites / auriez-vous aimé faire ?
- Depuis quand voulez-vous devenir fonctionnaire ?
- Pourquoi vouloir devenir auxiliaire de soins territorial principal de 2e classe après tant d'années dans le secteur privé ?
- Pourquoi voulez-vous quitter le secteur privé ?
- Pourquoi ne passez-vous pas le concours d'auxiliaire de puériculture territorial principal de 2e classe ?
- Quelles sont, pour vous, les principales difficultés de vos futures fonctions ?
- Que représente pour vous le travail ?
- Que veut dire « responsable » pour vous ?
- Avez-vous envisagé d'autres carrières ?
- En cas de réussite au concours, quel poste souhaiteriez-vous occuper ?
- En cas d'échec au concours, que ferez-vous ?
- Quelle est la dernière initiative importante que vous ayez prise, en dehors de l'inscription à ce concours ?
- Quel est votre principal défaut (en dehors du perfectionnisme !) ?
- Quelle est votre principale qualité ?
- Quelles sont les valeurs sur lesquelles vous vous montrez intransigeant(e) ?
- Comment vous imaginez-vous dans 10 / 20 / 30 ans ?
- Que faites-vous de votre temps libre ?

Ces questions personnelles doivent être anticipées et préparées. Pour cela, vous commencerez, dans le droit fil du conseil réinterprété par Socrate, par un travail d'introspection aussi sincère que possible.

Quel est votre principal défaut ? Oubliez le perfectionnisme qui représente surtout une façon de répondre à la question en se lançant un compliment ! Et le procédé s'accompagne de morgue quand vous expliquez que votre soif de perfection peut parfois compliquer vos relations de travail avec des collègues ainsi accusés d'être, dans leur majorité, approximatifs, négligents ou paresseux.
Il faut un réel travail de réflexion pour identifier des défauts que l'on a réellement et qui, en même temps, n'enlèvent pas aux membres du jury toute envie de vous recruter comme subordonné ou collaborateur. Et pensez aussi à évoquer le travail que vous faites sur vous-même pour atténuer ces défauts et les rendre socialement ou professionnellement acceptables.

Dans le cadre de cette exploration de votre personnalité, vous interrogerez aussi vos **proches, parents, amis, condisciples, collègues**. Il est en effet si facile – si humain, trop humain – de se bercer d'illusions, de se prêter des qualités invisibles à nos proches ou au contraire d'occulter des défauts qu'ils constatent quotidiennement. Le monde est ainsi rempli d'individus qui se croient volontaires et énergiques malgré les reproches d'indécision et de procrastination de leurs parents ou amis.

En croisant votre autoportrait et les portraits, sans doute contradictoires, de vos proches, vous réussirez à dégager un portrait relativement réaliste, auquel le jury pourra croire. Car la tricherie, avec soi-même ou avec les autres, est toujours payée au prix fort dans l'entretien avec le jury.

Conseil au candidat

En principe, les questions personnelles d'ordre politique, religieux, syndical ou sexuel sont proscrites dans le cadre de l'épreuve d'entretien avec le jury. C'est ainsi que le Conseil d'État annule la délibération d'un jury qui a posé à un candidat « plusieurs questions sur son origine et sur ses pratiques confessionnelles ainsi que sur celles de son épouse » (section, M. B., 10 avril 2009).
Si une question de cet ordre vous est malencontreusement posée, surtout ne suffoquez pas d'indignation. Mais, très posément, rappelez que les fonctionnaires sont tenus de respecter une obligation de réserve et de neutralité qui a notamment pour fonction de garantir le traitement égal des usagers.

Lors de l'entretien, le jury entend évaluer les compétences et aptitudes correspondant aux **missions exercées par un auxiliaire de soins territorial principal de 2e classe**. Attention : l'évaluation ne porte pas seulement sur les missions que vous exercez actuellement ou que vous avez exercées dans le passé. Elle concerne l'ensemble des missions qu'est susceptible de remplir un auxiliaire de soins territorial tout au long de sa carrière.

Point de vue des jurys

- « Il est dommage que les candidats restent très centrés sur leurs pratiques quotidiennes. »

Rapport du concours 2019, CDG59

- « Le jury tient également à attirer l'attention des candidats des sessions à venir que le concours doit permettre, dans chaque spécialité, d'apprécier leur aptitude à prendre en compte des situations qu'ils peuvent rencontrer dans l'exercice des missions dévolues au cadre d'emplois, même lorsqu'elles n'ont pas trait aux fonctions qui leur sont actuellement confiées. »

Rapport du concours 2012, CIG de la petite couronne

Les missions des auxiliaires de soins territoriaux principaux de 2e classe sont définies dans leur statut particulier (voir Introduction générale, « 1. Définition de l'auxiliaire de soins territorial ») et précisées dans les fiches métiers du CNFPT ou de Pôle emploi (voir Annexes 3 et 4).

La **note de cadrage nationale** des centres de gestion propose également, à titre indicatif, une description des missions et/ou domaines de compétence relevant des trois spécialités. Cela ne saurait en aucun cas constituer un programme réglementaire dont pourrait se prévaloir le candidat.

Aide-soignant

L'aide-soignant dispense, dans le cadre du rôle propre de l'infirmier, en collaboration avec lui et sous sa responsabilité, des soins de prévention, de maintien, de relation et d'éducation à la santé pour préserver et restaurer la continuité de la vie, le bien-être et l'autonomie de la personne.

Plus précisément, le rôle de l'aide-soignant consiste à :

- dispenser des soins d'hygiène et de confort à la personne ;
- observer la personne et mesurer les principaux paramètres liés à son état de santé ;
- aider l'infirmier à la réalisation de soins ;
- assurer l'entretien de l'environnement immédiat de la personne et la réfection des lits ;
- utiliser les techniques d'entretien des locaux et du matériel spécifiques aux établissements sanitaires, sociaux et médico-sociaux ;
- transmettre ses observations par oral et par écrit pour maintenir la continuité des soins ;
- accueillir, informer et accompagner les personnes et leur entourage ;
- accueillir et accompagner des stagiaires en formation ;
- accompagner une personne dans les actes essentiels de la vie quotidienne en tenant compte de ses besoins et de son degré d'autonomie ;
- apprécier l'état clinique d'une personne ;
- réaliser des soins adaptés à l'état clinique de la personne ;
- utiliser les techniques préventives de manutention et les règles de sécurité pour l'installation et la mobilisation des personnes ;
- établir une communication adaptée à la personne et à son entourage ;
- rechercher, traiter et transmettre les informations pour assurer la continuité des soins ;
- organiser son travail au sein d'une équipe pluriprofessionnelle.

Aide médico-psychologique

L'aide médico-psychologique (AMP) exerce une fonction d'accompagnement et d'aide dans la vie quotidienne. À ce titre, il intervient auprès d'enfants, d'adolescents, d'adultes en situation de handicap (que la déficience soit physique, sensorielle, mentale, cognitive, psychique, résulte d'un polyhandicap ou d'un trouble de santé invalidant). Il peut également intervenir auprès de personnes dont la situation nécessite une aide au développement ou au maintien de l'autonomie sur le plan physique, psychique ou social.

Le rôle de l'AMP se situe à la frontière de l'éducatif et du soin. Il prend soin des personnes par une aide de proximité permanente durant leur vie quotidienne, en les accompagnant tant dans les actes essentiels de ce quotidien que dans les activités de vie sociale et de loisirs.

À travers l'accompagnement et l'aide concrète qu'il apporte, l'AMP établit une relation attentive et sécurisante pour prévenir et rompre l'isolement des personnes et essayer d'appréhender leurs besoins et leurs attentes afin de leur apporter une réponse adaptée.

Il a un rôle d'éveil, d'encouragement et de soutien de la communication et de l'expression, verbales ou non.

Par le soutien dans les gestes de la vie quotidienne, l'aide médico-psychologique participe donc au bien-être physique et psychologique de la personne. Il contribue également à la prévention de la rupture et/ou à la réactivation du lien social par la lutte contre l'isolement, le maintien des acquis et la stimulation des potentialités.

L'AMP intervient au sein d'équipes pluriprofessionnelles. Selon les situations, il travaille sous la responsabilité d'un travailleur social ou d'un professionnel paramédical. C'est ainsi qu'il seconde, suivant les structures ou au domicile et selon les circonstances, un éducateur, un animateur, un infirmier, un kinésithérapeute...

Domaines de compétence de l'aide médico-psychologique :

- connaissance de la personne ;
- accompagnement éducatif et aide individualisée dans les actes de la vie quotidienne ;
- animation de la vie sociale et relationnelle ;
- soutien médico-psychologique ;
- participation à la mise en place et au suivi du projet personnalisé ;
- communication professionnelle et vie institutionnelle.

Assistant dentaire

L'assistant dentaire exerce son activité sous la responsabilité du praticien au sein d'un cabinet dentaire (individuel ou de groupe) ou d'un centre de soins. Il est soumis au secret professionnel et tenu de respecter les mêmes règles déontologiques que le praticien.

L'assistant dentaire met en œuvre des compétences techniques, administratives et relationnelles afin de mener à bien les activités qui composent sa mission :

- gestion des stocks du cabinet dentaire ;
- assistance du praticien au fauteuil ;
- organisation des rendez-vous et accueil des patients ;
- établissement et suivi des dossiers de prise en charge ;
- suivi des travaux de prothèse (assure le suivi avec le laboratoire de prothèse) ;
- manipulation et stérilisation de l'instrumentation.

Capacités attestées :
- organiser les rendez-vous et accueillir les patients ;
- manipuler et stériliser l'instrumentation ;
- maîtriser les outils informatiques et le logiciel professionnel du cabinet ;
- assurer le montage et le suivi des dossiers des patients ;
- assurer l'assistance opératoire du praticien ;
- assurer une assistance technique aux travaux prothétiques ainsi que le suivi administratif ;
- assurer les gestes de première urgence ;
- développer, identifier et classer les clichés radiologiques.

14. Pourquoi vouloir devenir fonctionnaire ?

La passion des Français pour les emplois publics ne date pas d'hier, même si la « crise économique » la rend sans doute plus vive. Pourtant, si l'on en croit les candidats, leur première motivation à l'entrée dans la fonction publique est l'amour de l'intérêt général, du service public, de l'action locale, etc.

Mais la plupart de ces candidats philanthropes se montrent incapables de définir ces notions qui, malgré leurs différences, sont souvent employées de façon indistincte. En entendant ces proclamations convenues, les membres des jurys peuvent avoir l'impression d'être pris pour des sots, ce qui ne les prédispose pas à une appréciation favorable.

Lorsque le candidat expose les raisons pour lesquelles il veut devenir fonctionnaire, il veille à mettre en avant les plus « nobles ». Au lieu de détailler l'attrait de la sécurité de l'emploi dans la fonction publique, il insistera sur sa volonté d'exercer des fonctions variées au service de collectivités de proximité, de travailler en équipe…

Les motivations seront présentées dans un ordre décroissant d'importance, en commençant par les principales afin de les mettre en valeur. Mais les moins « glorieuses » ne seront pas pour autant passées sous silence.

Pourquoi voulez-vous vraiment devenir fonctionnaire ?

- **Par amour du service public ?** Dans ce cas, assurez-vous de bien définir cette notion et de ne pas la confondre avec l'intérêt général par exemple (les aides-soignantes en poste dans les cliniques privées servent aussi l'intérêt général). Et soyez prêt à expliquer au jury pourquoi, malgré cet amour, vous avez commencé votre carrière dans un grand groupe privé d'EPHAD.
- **Par reproduction du modèle familial ?** Il n'y a rien d'infamant à être fils ou fille de fonctionnaires territoriaux, il y a d'ailleurs une surreprésentation des enfants de fonctionnaires parmi les candidats aux concours de la fonction publique. Au demeurant, cette influence familiale peut se retrouver dans presque tous les milieux professionnels. Mais elle ne saurait tenir lieu de motivation.
- **Par peur de la concurrence, de l'insécurité, du chômage qui sévissent dans le secteur privé ?** Contrairement aux salariés du secteur privé, les fonctionnaires territoriaux bénéficient effectivement du système de la carrière. À l'issue de leur recrutement, ils

sont intégrés dans un cadre d'emplois au sein duquel ils peuvent accomplir toute leur vie professionnelle en occupant des emplois différents. S'ils ne sont pas propriétaires de leur emploi qui appartient à l'administration, ils sont titulaires d'un grade qui leur donne le droit d'occuper un certain type d'emploi. En principe définitivement acquis, ce grade les protège contre les aléas administratifs, politiques et économiques. Mais la raison souvent première dans la tête des candidats – la recherche d'un emploi assuré du recrutement à la retraite – est précisément celle qu'il faut éviter de mettre en avant devant un jury de concours. La recherche de la sécurité, qui est un des premiers besoins de l'humanité, n'est pas honteuse, mais les examinateurs ne peuvent que se montrer réservés à l'égard des candidats par défaut ou par peur.

- **Par attachement à la logique de méritocratie républicaine ?** Sans doute les concours comportent-ils des limites voire des insuffisances. Mais il ne faut pas non plus oublier qu'ils représentent un procédé garantissant le principe constitutionnel d'égal accès aux emplois publics : « Tous les citoyens étant égaux [aux yeux de la loi], ils sont également admissibles à toutes dignités, places et emplois publics, selon leur capacité, et sans autre distinction que celle de leurs vertus et de leurs talents. » (Déclaration des droits de l'homme et du citoyen de 1789, article 6). Lors de l'entretien, les jurys veillent au respect du principe d'égalité et excluent toute discrimination illégale, par exemple en fonction du sexe, de l'origine, de l'apparence…
- **Par ambition professionnelle ?** Le statut général de la fonction publique assure à tous les fonctionnaires une progression de carrière. L'avancement d'échelon qui est accordé de plein droit en fonction de l'ancienneté a pour effet l'augmentation de leur traitement. Quant à l'avancement de grade, il se traduit par une élévation du rang hiérarchique au sein du cadre d'emplois.
- **Par envie de concilier réussite professionnelle et épanouissement personnel ou familial ?** Des sociologues assurent que nous allons ou aspirons à aller *Vers une civilisation du loisir*, pour reprendre le titre d'un livre publié par Joffre Dumazedier dès 1962. De fait, le temps libre est en augmentation, en raison notamment de la législation sur l'âge de la retraite et sur la durée des vacances ou du temps de travail. Or l'aménagement du temps de travail se montre plus facile dans la fonction publique territoriale, où plus du quart des femmes (contre 10 % des hommes) sont employés à temps partiel, que dans le monde des entreprises.
- **Par envie de mobilité professionnelle ou privée ?** La fonction publique territoriale ne constitue pas une prison : si l'administration est normalement tenue de vous employer jusqu'à votre départ en retraite, rien ne vous interdit de la quitter en démissionnant. Son statut général prévoit même des positions qui, pour des raisons de mobilité professionnelle ou privée, vous placent momentanément hors de votre cadre d'emplois d'origine. C'est ainsi que, tout en continuant à bénéficier dans ce cadre d'emplois de vos droits à l'avancement et à la retraite, le détachement peut vous permettre, par exemple, d'exercer un mandat syndical ou électif. Si vous perdez ce mandat, vous réintégrez tout simplement votre administration, ce qui explique la surreprésentation des fonctionnaires parmi les élus nationaux ou locaux. Si vous avez envie d'aller cultiver votre jardin du Larzac pendant trois ans ou de faire l'expérience du monde de l'entreprise, vous pouvez demander une disponibilité pour convenances personnelles. Quant au congé parental, il vous permettra de vous consacrer pleinement à l'éducation de votre ou de vos enfants.

À vous de savoir quelles sont, pour vous, les raisons principales de votre inscription à un concours d'entrée dans la fonction publique territoriale. Mais vous convaincrez surtout les membres du jury en détaillant votre intérêt pour les postes auxquels ce concours vous donnera accès et en montrant que vous possédez les compétences et les aptitudes pour remplir ces fonctions. Cette exigence s'impose particulièrement aux candidats qui ont commencé leur vie professionnelle dans le secteur privé.

15. Projetez-vous !

Tout au long de l'entretien, le jury cherche à évaluer si le candidat est réellement motivé et prêt à exercer les responsabilités confiées aux auxiliaires de soins territoriaux principaux de 2e classe, s'il a un intérêt pour le monde qui l'entoure, par exemple à travers des qualités de comportement telles que le dynamisme, la curiosité intellectuelle et l'ouverture d'esprit.

Les **questions posées** permettront notamment d'évaluer :

- la conception du métier et la perception des contraintes de son exercice ;
- les raisons qui conduisent le candidat à vouloir l'exercer dans le cadre de la fonction publique territoriale ;
- le projet professionnel du candidat.

Pour les jurys, une manière privilégiée de tester la motivation des candidats à intégrer le cadre d'emplois correspondant au concours consiste à les interroger sur les **postes qu'ils souhaiteraient occuper en cas d'admission**. Bien que de nombreux candidats soient de « faux externes », déjà en poste dans une structure territoriale, ils méconnaissent la variété des postes que la réussite du concours leur permettra d'exercer.

Lorsqu'on les interroge sur les postes qu'ils souhaiteraient occuper en cas d'admission, les candidats doivent faire preuve à la fois d'une **capacité de choix et d'adaptabilité**. En effet, les jurys n'apprécient guère ceux qui se disent intéressés par « tout type de poste », soit par ignorance des postes offerts, soit par crainte de déplaire aux membres du jury.

À l'inverse, il y a beaucoup de danger à se focaliser sur tel poste particulier à l'exclusion de tout autre. D'une part, contrairement au secteur privé, la fonction publique ne recrute pas ses agents pour leur capacité à occuper un emploi déterminé, mais pour leur aptitude à exercer un ensemble de fonctions correspondant à une spécialité. D'autre part, en cas de réussite au concours, l'état des postes vacants ou le choix des autorités territoriales ne permettra peut-être pas la satisfaction de ce souhait.

En revanche, de manière spontanée ou, *a fortiori*, à l'invitation du jury, chaque candidat doit être capable de préciser quel serait son poste de prédilection ou de mettre deux postes en balance, et de justifier ces choix avec des arguments relatifs à la nature des fonctions, aux perspectives de carrières, etc.

16. Présenter son parcours

L'entretien avec le jury commence en principe par une présentation rapide et succincte du parcours du candidat, de sa formation initiale, des fonctions qu'il a exercées et des compétences qu'il a acquises…

Contrairement à ce qui existe dans de nombreux autres concours territoriaux, l'**intitulé réglementaire de l'épreuve** ne prévoit pas de temps d'exposé.

C'est donc le jury qui choisit une des **deux formules** suivantes :

- poser aux candidats des questions leur permettant de mettre en valeur leur parcours, leurs expériences et leur projet professionnels ;
- accorder à tous les candidats une durée comprise entre 3 et 5 minutes pour exposer leur parcours, leurs expériences et leur projet professionnels.

Important

La pratique suivie lors des précédents concours organisés par le centre de gestion est un indice utile. Mais les jurys ne sont pas tenus de respecter la « loi du précédent ». La solution la plus sûre consiste à prendre contact avec le centre de gestion organisateur pour savoir si vous devez ou non préparer un exposé présentant votre parcours.

En tout état de cause, le candidat qui ne peut utiliser aucun document du type CV ou fiche de présentation doit donc mémoriser son exposé comme les éléments personnels qu'il produira en réponse aux questions du jury.

Voici une **structure possible** pour un exposé de 5 minutes. Devant le jury, le candidat doit veiller à marquer la structuration de ses développements au moyen des annonces et des rappels de plan (« Voilà quelle est ma formation initiale. Je passe maintenant au deuxième point de ma présentation, à savoir mon expérience professionnelle. »).

Les **30 premières secondes** permettent au candidat de se présenter : nom, prénom, âge et activité professionnelle actuelle.

Les **3 minutes et demie suivantes** constituent le cœur de la présentation. Le candidat détaille les différentes étapes de son parcours scolaire / universitaire et professionnel. L'ordre le plus simple est celui de la chronologie, en allant de l'expérience la plus ancienne à la plus récente. Un plan plus ambitieux consiste à structurer la présentation autour des compétences acquises.

Le candidat doit aussi exposer les raisons pour lesquelles il veut réussir le concours. Les motivations seront présentées dans un ordre décroissant d'importance, en commençant par les principales afin de les mettre en valeur.

Le candidat doit par ailleurs s'efforcer d'anticiper les questions que les points faibles de son curriculum ne manqueraient pas de soulever. Par exemple, il donnera les raisons pour lesquelles, malgré l'ancienneté de sa vocation, il a commencé sa vie professionnelle dans un secteur tout à fait différent.

La **dernière minute** permet d'élargir la perspective et de préparer la conclusion. Le candidat, qui vient de résumer sa vie passée, se projette dans l'avenir en précisant les postes qu'il souhaiterait occuper en cas de réussite au concours. Il peut aussi montrer que sa vocation est cohérente avec les autres facettes de sa personnalité et de sa vie, par exemple avec ses responsabilités extraprofessionnelles.

Une fois son curriculum exposé, le candidat indique clairement qu'il est achevé. Cette **conclusion** prend la forme d'une phrase qui « ferme la boucle » sans équivoque, telle que : « Voilà donc quelles sont les principales étapes de mon parcours pédagogique et professionnel dont l'inscription au concours constitue un prolongement naturel. »

Si le candidat a le sentiment d'avoir manqué d'ordre et de clarté, il peut en profiter pour résumer synthétiquement les principales étapes de l'exposé, avec des mots si possible nouveaux. De même, s'il prend conscience qu'il a oublié un point essentiel, sans doute sous l'effet du stress, il peut réparer cet oubli.

17. Faites du sur-mesure

La structuration et le minutage proposés pour la présentation du parcours personnel sont bien sûr purement indicatifs. Loin de les suivre à la lettre, vous les adapterez aux particularités de votre parcours.

Les candidats les plus jeunes seront peut-être contraints de développer davantage leur parcours de formation et leurs motivations. Mais ils peuvent bien sûr évoquer les stages ou les jobs d'été qu'ils ont effectués, les activités associatives qu'ils ont assurées ou d'autres expériences plus originales dans le domaine culturel, sportif, etc. Le sens des responsabilités, l'animation d'une équipe, la gestion des relations humaines peuvent aussi s'apprendre dans une colonie de vacances, à MacDo ou, si l'on en croit Albert Camus, sur un terrain de football.

En tout état de cause, il est de l'intérêt du candidat de réussir à utiliser pleinement le temps qui lui est donné, sans tomber dans le remplissage, pour se faire connaître et convaincre de sa motivation. Car dans le cas contraire, il laisse au jury le champ libre pour multiplier les questions.

18. Le salaire de la tricherie

Comme dans un entretien d'embauche, il est entendu que le candidat se met en valeur et insiste davantage sur ses qualités que sur ses défauts. Mais il lui faut paraître authentique et convaincre les examinateurs de sa sincérité. À chaque candidat, par conséquent, de trouver un juste équilibre entre la forfanterie et le dénigrement.

Les jurys constatent chez certains candidats une propension à enjoliver les fonctions et les missions qu'ils ont assumées dans leur carrière professionnelle, en particulier en matière de responsabilités. Or cette survalorisation résiste rarement aux questions des examinateurs.

Il va de soi que tout **mensonge** relatif à la vie passée ou présente doit être prohibé. Si par leurs questions les examinateurs découvrent la tricherie, leur sanction, c'est-à-dire la notation, sera sévère : ce sera une note de fait ou en droit éliminatoire. En effet, comment envisager d'embaucher un futur collaborateur et un futur auxiliaire de soins territorial principal de 2e classe alors même que l'on doute de son honnêteté lors de la première rencontre ? La probité est une qualité attendue d'un fonctionnaire de la filière médico-sociale territoriale.

Dans le même ordre d'idées, les candidats doivent avoir la maturité et la force nécessaire pour assumer les **échecs** qu'ils ont connus dans leur vie scolaire ou universitaire, professionnelle, associative, etc. En expliquant comment ils les ont analysés et surmontés, ils convaincront le jury qu'ils possèdent la détermination et la maturité dont ils auront besoin pour affronter les difficultés et les aléas de toute carrière administrative.

19. Attention au droit de suite

En présentant leur parcours personnel, les candidats doivent avoir conscience que leurs propos vont orienter les questions des examinateurs.

En principe, les jurys d'entretien ont pour consigne de ne pas poser des questions techniques trop pointues, notamment en dehors de la spécialité choisie par les candidats. Sauf bien sûr si elles sont en relation directe avec les connaissances ou les savoir-faire qu'ils affirment détenir. Finalement, ces questions ont pour effet de mettre vraiment en valeur les connaissances de candidats sincères, mais aussi de démasquer facilement ceux qui affirmaient sans avoir la matière pour étayer.

20. Entraînez-vous

Pour réussir à exposer en 3/5 minutes, de manière structurée et dynamique, sans aucun document sous les yeux, les principaux éléments de son parcours, le candidat doit préparer chez lui son intervention.

Il ne faut surtout pas en rédiger puis en apprendre le texte intégral, car les examinateurs auraient presque inévitablement l'impression d'une récitation. Il s'agit d'en arrêter le plan détaillé et, à partir de ce plan, de s'entraîner à faire l'exposé sur le ton de la conversation, avec ce que cela suppose d'improvisation et de spontanéité, tout en respectant la limite de 3/5 minutes.

Les premiers essais, qui ne seront sans doute pas très bons, peuvent être effectués sans témoin, mais face à une **webcam**.

L'exercice se montre souvent cruel, mais il est efficace du point de vue pédagogique. Le choc peut venir tout simplement du son de notre voix enregistrée ou de notre apparence pas si photogénique que nous l'imaginions. De toute façon, en nous regardant et en nous écoutant présenter notre parcours personnel, nous pouvons prendre conscience des mimiques, des tics de langage, de l'affaissement de nos épaules, de notre regard fuyant, de cette mèche que nous ne laissons jamais tranquille ou de ce nez que nous aimons frotter… Autant que ce soit sur un écran d'ordinateur plutôt que dans les yeux des membres du jury !

Albert Mehrabian est célèbre pour ses travaux sur l'importance des **messages verbaux et non verbaux** qui l'ont conduit à la fameuse règle des 7 % – 38 % – 55 % (*Silent Messages: Implicit Communication of Emotions and Attitudes*, 1981). Selon lui, dans une conversation, 7 % seulement du message seraient communiqués par les mots, 38 % par le métalangage, c'est-à-dire par la dimension non verbale de la parole (l'intonation de la voix, la vitesse du débit, les pauses…) et 55 % par le langage corporel (expressions faciales, regard, gestes, postures). Ces pourcentages ont été fortement critiqués car ils minimiseraient l'importance des mots. Du moins, de nombreux spécialistes considèrent que plus de la moitié de la communication est de nature non verbale. Par ailleurs, lors d'un entretien de motivation et d'aptitude, les éléments non verbaux se montrent particulièrement importants pour l'évaluation de la personnalité, de l'aptitude à accompagner, de la capacité à gérer des conflits…

Ensuite, il est souhaitable de faire plusieurs fois la présentation de son parcours devant **un ami ou un parent** qui pourra poser ensuite des questions et enfin donner un jugement sur la forme et sur le fond. L'idéal est bien sûr que cet ami ou ce parent appartienne au secteur médico-social et/ou à la fonction publique territoriale.

De cette façon, si vous n'avez pas l'habitude des discours publics, vous pourrez progressivement régler les problèmes éventuels de hauteur de voix, d'articulation, etc.

De même, le candidat préparera une liste détaillée des **questions** qu'est susceptible de susciter sa présentation et s'entraînera à donner des réponses convaincantes. Pour ce travail, une aide extérieure – d'un ami ou d'un parent, surtout s'il appartient au secteur médico-social et/ou à la fonction publique territoriale – sera précieuse.

Sans ces entraînements réguliers, qui deviennent intensifs à l'approche du jour J, il est presque impossible de gérer efficacement le temps. Par ailleurs, la répétition de l'exposé constitue un moyen efficace de diminuer le stress qu'il peut provoquer.

Chapitre 3

La rencontre avec le jury

21. Cool...

Après avoir préparé l'épreuve pendant plusieurs mois, il faut savoir **cesser de réviser**.

Consacrez le jour ou les deux jours précédant l'entretien à vous reposer et à vous décontracter en allant au cinéma, à la piscine, à la plage ou en forêt, au lieu de relire fébrilement vos fiches jusqu'au dernier moment. C'est le plus sûr moyen d'être en forme le jour J.

Le **jour de l'épreuve**, le candidat s'efforce d'arriver 30 minutes au moins avant l'heure indiquée sur sa convocation : c'est le seul moyen d'éviter tout retard ou toute précipitation, sources de stress. Dans cette perspective, le repérage du lieu d'épreuve la veille de l'oral favorise la tranquillité d'esprit. Et calculez largement le temps de transport. Même en France, il arrive que les trains aient du retard !

Enfin, si votre épreuve est programmée à une heure matinale ou si vous habitez très loin du lieu où elle se déroule, l'option la plus judicieuse peut consister à passer la nuit précédente dans un **hôtel situé à proximité**. Assurez-vous avant toute réservation qu'il n'est pas situé au bord d'une autoroute ou d'un grand carrefour et n'oubliez pas d'emporter des bouchons d'oreille.

Conseil au candidat

Dans son **sac ou cartable**, le candidat doit emporter :

- la convocation à l'épreuve et des papiers d'identité ;
- si elle n'est pas à votre poignet, une montre ;
- des feutres ou stylos en bon état de marche (évitez le stylo-plume qu'on vous a offert pour votre baccalauréat et qui a une fâcheuse tendance à fuir) ;
- de l'argent (pensez à la monnaie pour les distributeurs éventuels de boissons) ;
- une bouteille d'eau (s'il n'y a pas de distributeur de boissons ou si celui-ci est vide) ;
- quelque chose de sucré en cas de fringale (barre de céréales ou chocolatée) ;
- s'il est sujet à des problèmes de santé (migraine, asthme, etc.), le médicament dont il a l'habitude (en revanche, même s'il n'y a pas de contrôle lors des concours, évitez les stimulants et autres produits dopants dont les effets peuvent facilement se montrer contre-productifs).

Dès votre arrivée, vous devez impérativement éteindre votre **téléphone mobile**. Une sonnerie ou même des vibrations intempestives perturberaient l'épreuve, vous déstabiliseraient, indisposeraient les examinateurs et influenceraient sans doute leur notation.

Enfin, en attendant votre tour, résistez à la tentation de lire une dernière fois vos **fiches**. Ce survol de la dernière chance a toutes les chances de se révéler inutile et même nocif, les informations revues dans le stress ayant une fâcheuse tendance à se mélanger.

Ce que vous pouvez faire de plus intelligent et de plus efficace est de vous concentrer sur votre **respiration**, de l'observer, de l'approfondir, de la ralentir : votre esprit et vos émotions s'aligneront sur ce rythme. Si vraiment vous n'êtes pas fait pour la relaxation, imaginez vos prochaines vacances !

L'important est d'affronter l'épreuve et les examinateurs avec le plus grand calme possible, même si le temps d'attente se montre plus long que prévu pour des raisons d'organisation (il ne faut pas confondre l'heure de convocation avec l'heure de passage).

22. « Tailleur » ou « survêt » ?

Certain(e)s candidat(s) se posent des questions relatives à l'habillement. Il est certain que les candidats – féminins comme masculins – doivent adopter une tenue classique et sobre.

Dans leur choix vestimentaire, ils considéreront **deux éléments** :

- ils se rendent à un entretien d'embauche, puisque le concours est vraiment considéré comme la première étape d'une procédure de recrutement ;
- ce choix est censé traduire leur personnalité.

Important

Comme l'ensemble des personnes en charge d'une mission de service public, les candidats doivent respecter le principe de laïcité et son corollaire, l'obligation de neutralité, inscrits par la loi du 20 avril 2016 dans le statut général de la fonction publique. Le **port de signes d'appartenance religieuse** (par exemple d'une kippa ou d'un foulard islamique) leur est donc interdit.

Il est incontestable que la tenue vestimentaire, et la présentation physique en général (la coiffure, les boucles d'oreille ou les piercings par exemple), constitue un élément d'appréciation et influence la notation des examinateurs.

Mais il est également important que le candidat porte des vêtements dans lesquels il n'apparaisse pas emprunté et endimanché. Et qu'il ne donne pas l'impression de compter sur ses atouts de séduction.

Pour les hommes, les variations vestimentaires sont relativement limitées. Quant au port de bijoux ou d'autres ornements corporels, il n'est pas encore de mise.

Les candidates ont plus de choix : pantalon et chemisier, jupe-tailleur, robe… Mais elles veilleront à faire un effort de discrétion dans l'élégance vestimentaire et de sobriété dans le choix du maquillage comme des bijoux.

Les **personnes dont le trac se manifeste par des symptômes corporels** en tiennent compte dans le choix de leurs vêtements ou de leur coiffure. Par exemple, si, dans les situations de stress, vous avez des plaques rouges au niveau du décolleté, choisissez un vêtement qui vous couvre jusqu'au cou. Si ce sont vos oreilles qui deviennent rouges, laissez vos cheveux les recouvrir. Si vous avez tendance à beaucoup transpirer au niveau des aisselles, vous opterez pour un vêtement dont l'étoffe absorbe la sueur, sans laisser de marques.

Enfin, adaptez votre tenue aux **données climatiques**. Si vous devez passer un entretien dans une ville du sud de la France, au début d'un bel après-midi du mois d'octobre, n'oubliez pas que les salles de concours sont rarement climatisées. Car le fait de dégouliner vous déconcentrera certainement et amènera peut-être le jury à juger que vous manquez de sens d'anticipation et d'adaptation.

23. Dites bonjour !

Une fois en face du jury, le candidat ne fonce pas sur la chaise pour commencer la présentation de son parcours.

Il commence par saluer les examinateurs d'une manière qui ne doit être ni trop formelle ni trop familière (le premier excès étant toutefois préférable au second). À vous de trouver un juste milieu entre « Bonjour Mesdames et Messieurs les membres du jury » et « B'jour Msieudam » !

Le candidat attend qu'on l'invite à s'asseoir puis à se présenter, c'est-à-dire à décliner son nom et son prénom. Il est important de prendre le temps de s'installer confortablement, en général derrière une table. Ce point est notamment essentiel pour votre confort psychologique, respiratoire et vocal.

Puis le candidat pose calmement sa montre en face de lui afin de gérer méthodiquement le temps d'épreuve. Il prépare également un instrument d'écriture si des feuilles vierges sont mises à sa disposition.

L'entretien n'a pas encore officiellement débuté mais l'évaluation, elle, a commencé dès l'entrée du candidat dans la salle. Car les examinateurs observent sa présentation physique et vestimentaire, sa manière de saluer (hésitante, assurée, arrogante…) ou son absence de salut, sa façon de bien s'asseoir ou au contraire de s'avachir sur sa chaise…

Par ailleurs, le candidat doit bien mesurer la **retenue** que lui impose sa qualité de candidat face à un jury souverain : la familiarité ou la connivence et l'agressivité sont évidemment proscrites.

24. Top chrono

Adaptations imposées par le contexte sanitaire

Dans le cadre de la crise sanitaire provoquée par la pandémie de COVID-19, le respect des gestes barrières s'impose aux autorités organisatrices comme aux candidats pendant les épreuves orales. Tous les candidats et les examinateurs doivent ainsi porter un masque à l'occasion de l'entretien. Les candidats sont autorisés à porter leur masque personnel s'il est conforme aux normes applicables. Ils doivent apporter un stylo personnel pour signer la feuille d'émargement. Des écrans plexiglas ou hygiaphones peuvent être placés devant le candidat et, le cas échéant, devant les membres du jury.
Même lorsqu'il n'a pas été envisagé lors de l'ouverture de la procédure, le recours à la visioconférence est possible pour les candidats dont la situation le nécessite sur simple décision de l'autorité organisatrice, sous réserve de l'information de l'ensemble des candidats concernés et de la mise en œuvre des garanties requises (contrôle de l'identité et de l'« isolement » du candidat, disponibilité d'une assistance technique, transmission de la voix et de l'image en temps simultané, réel et continu, sécurité et confidentialité des données transmises...).

En tout début d'épreuve, **hors temps réglementaire**, les membres du jury peuvent brièvement se présenter (Madame Untelle, adjointe au maire déléguée aux personnes âgées dans une commune de 12000 habitants ; Monsieur Untel, directeur du CIAS d'une communauté de communes ; etc.). Puis l'un d'eux rappelle quelques règles relatives au déroulement de l'épreuve comme par exemple la durée maximale de l'exposé, avant que soit déclenché le minuteur.

Pour gérer le temps d'épreuve, le candidat doit, de temps en temps mais pas trop souvent, jeter un coup d'œil sur la **montre** qu'il a posée sur la table en s'installant. Car il ne voit pas le minuteur des examinateurs.

Lorsque le jury a retenu la formule de l'exposé, les examinateurs commencent par écouter – en principe sans l'interrompre – cet exposé. Mais ils peuvent intervenir pour guider un candidat en train de se fourvoyer ou relancer un autre en panne d'inspiration. En tout état de cause, ils signalent aux candidats quand le temps imparti est épuisé ou sur le point de l'être.

En effet, il n'est pas permis au candidat d'occuper la moitié ou la totalité du temps d'épreuve avec la présentation de son parcours et ainsi d'esquiver les questions variées, peut-être déstabilisantes, des examinateurs. L'épreuve n'est pas un monologue, mais un entretien. Tout exposé interrompu au terme des 3/5 minutes imparties sera considéré comme inachevé et donc pénalisé.

Dans les faits, les examinateurs sont plutôt confrontés au problème inverse. Nombreux sont les présentations qui ne durent que 3 minutes au lieu des 5 autorisées. Cette brièveté, qui peut également être pénalisée, impose alors aux candidats et à leurs examinateurs une longue et fatigante session de questions.

25. Soyez clair et structuré

Le candidat ne doit jamais oublier que le jury évalue, entre autres choses, ses **qualités de communication**. Des plans sont-ils annoncés et suivis ? La langue est-elle respectée ? La parole est-elle maîtrisée ? Le discours est-il argumenté ? intéressant ? convaincant ?

Certains procédés ayant pour objet de marquer la **structuration** des développements se montrent plus essentiels encore à l'oral qu'à l'écrit. Il s'agit des annonces et des rappels de plan (« Voilà quelles sont les principales obligations des auxiliaires de soins territoriaux principaux de 2e classe pendant leur temps de service. Je passe maintenant aux obligations qui s'imposent à eux-mêmes en dehors du service. ») ; des transitions ; des *d'une part, d'autre part, d'abord, ensuite, enfin* ; des numérotations…

Un moyen simple et efficace d'ordonner les développements consiste à **dénombrer** les causes, les conséquences, les attributions, etc., que l'on s'apprête à détailler. « Le centre communal d'action sociale exerce deux types d'attributions. D'une part… D'autre part… Enfin… » « En matière santé, les départements interviennent dans deux / trois / quatre secteurs principaux. Le premier, etc. »

Lorsqu'une réponse comporte plusieurs arguments, le candidat commence par évoquer **les plus importants**. En effet, comme dans les conversations de la vie quotidienne, il sera peut-être interrompu par une autre question. S'il a commencé par des arguments secondaires, ce qu'il pense ou sait vraiment d'une question ne sera jamais connu des examinateurs.

Et lorsqu'il a fini son exposé ou un développement, le candidat l'indique clairement soit par une intonation appropriée, soit par une phrase qui « **ferme la boucle** » sans équivoque, telle que : « Voilà quelles sont, pour moi, les principales difficultés des missions exercées par les auxiliaires de soins territoriaux. »

26. Moi je…

Le caractère oral de l'épreuve impose des exigences spécifiques. Ainsi, l'usage de la **1re personne du singulier** s'impose. Pour annoncer son plan, le candidat n'hésite pas à dire : « Je commencerai par évoquer les obligations du fonctionnaire pendant le service ; puis celles qui s'imposent à lui en dehors du service. » « Pour conclure, je soulignerai… »

En revanche, la **1re personne du pluriel** – le *nous* dit de majesté ou de modestie – doit être bannie (« Dans une première partie, nous présenterons… Puis, dans une seconde partie, nous étudierons… »). Caractéristique du style officiel des autorités et des administrations, elle paraît d'une solennité vraiment déplacée dans la bouche d'un candidat à une épreuve orale.

Pensez aussi à éviter tous ces **tics de langage** – *euh, ben, voilà, bref, autrement dit…* – qui polluent le discours.

Enfin évitez le **jargon**, les sigles, les raccourcis, etc.

27. N'oubliez pas de respirer !

Dans un devoir écrit, le candidat, pour matérialiser la structuration des développements, s'efforce d'aérer sa copie en jouant avec les espaces. À l'oral, le procédé équivalent consiste dans la **pause de respiration**. Trop de candidats, en effet, « débitent » toute leur intervention sans reprendre leur souffle, qui parfois finit par leur manquer. Un concours administratif n'est pas un championnat d'apnée !

Il est au contraire important, pour le confort du candidat comme pour la structuration du discours, de marquer un bref temps d'arrêt – de bien respirer – entre les différentes parties et sous-parties, ou simplement entre les idées essentielles.

D'une façon générale, le candidat doit s'efforcer de montrer qu'il maîtrise non seulement les questions qu'on lui soumet, mais aussi ses nerfs, sa voix, son souffle. Un peu de stress en début d'épreuve est compréhensible, à condition de ne jamais paralyser et d'être rapidement surmonté.

28. Regardez les examinateurs

Des candidats timides ou stressés gardent le regard obstinément fixé sur leurs mains ou la table. L'effet produit est désastreux. Vous devez au contraire vous exprimer en regardant **le plus possible** les examinateurs, même si, de temps en temps, vous allez bien sûr jeter un coup d'œil sur votre montre.

Un examinateur vous paraît plus sympathique, compréhensif, débonnaire, intelligent que les autres ? Ce n'est sûrement pas une raison pour ne regarder que lui. Les **3, 6 ou 9 examinateurs** doivent recevoir une égale attention. D'ailleurs, tous participeront à la détermination de votre note. Même en répondant à une question, évitez de ne regarder que l'auteur de celle-ci. L'épreuve consiste dans un entretien avec le jury, pas dans une succession de dialogues.

29. Restez attentif

Même s'ils disposent d'une grille d'entretien, c'est-à-dire d'une liste de rubriques et de questions, de manière à favoriser un traitement égal des candidats, les examinateurs possèdent une grande **liberté** dans le choix des questions qui dépendent notamment de leur personnalité et de celle des candidats.

Le plus souvent, les questions obéissent à une **logique de cercles concentriques**. À la fin de l'exposé, les examinateurs commencent par approfondir la présentation du parcours au moyen de questions sur l'environnement professionnel passé et actuel du candidat ou sur son projet professionnel. Puis ils évaluent ses compétences professionnelles au moyen de questions pouvant prendre la forme de mises en situation professionnelles. Enfin, ils posent des questions sur la culture territoriale que doit posséder tout fonctionnaire territorial.

Pendant toute la durée de l'épreuve, le candidat se montre **attentif aux questions des examinateurs** et s'efforce d'en appréhender la teneur exacte, l'intention ou la complexité éventuelle. Trop de candidats tendent à réduire chaque question à un mot-clé correspondant à une idée reçue ou à une partie de cours qu'il suffirait de réciter, comme si toutes les questions sur l'euthanasie ou sur le droit de retrait se confondaient.

La concentration doit être maintenue pendant toute la durée de l'entretien, ce qui peut être intellectuellement et physiquement épuisant. On constate souvent, en fin d'épreuve, une **tendance au relâchement**. Mis en confiance, des candidats oublient qu'ils sont en train de passer une audition dans le cadre d'une procédure de recrutement. De manière totalement inadaptée, ils adoptent un vocabulaire, un comportement et des attitudes qui caractérisent les échanges informels entre collègues ou amis. La bienveillance du jury ne constitue jamais une invitation à la connivence ni à la familiarité.

Pendant que l'examinateur pose sa question, le candidat peut noter les premiers éléments de réponse sur une feuille de brouillon éventuellement mise à sa disposition. S'il n'a pas compris la portée exacte de la question, il peut, à une ou deux reprises au cours de l'épreuve, prier son auteur de la préciser.

En ce qui concerne la **durée**, le candidat doit trouver un juste milieu entre la réponse monosyllabique (« oui », « non », « 12 », etc.) et un exposé de 2 minutes. Que la question paraisse largement ouverte (« Selon vous, faut-il réformer le statut général de la fonction publique ? ») ou relativement fermée (« Combien existe-t-il d'auxiliaires de soins territoriaux principaux de 2e classe en France aujourd'hui ? »), il lui faut étoffer, développer, expliquer, préciser, nuancer, illustrer…

Une réponse peut prendre une trentaine de secondes. Au demeurant, l'examinateur posant la question peut préciser la durée souhaitée de la réponse : « Pouvez-vous, en 30 secondes, nous rappeler les principales fonctions d'un auxiliaire de soins territorial principal de 2e classe ? »

30. Des surprises, mais peu de pièges

L'épreuve permet de noter les qualités de communication du candidat, c'est-à-dire sa capacité à justifier une opinion, à affronter **des questions imprévues**, à surmonter des objections, tout en restant cohérent et maître de soi.

En effet, les jurys aiment à éprouver les qualités d'adaptation des candidats en leur posant des questions inattendues dont la forme ou le fond vient rompre le rythme de l'interrogation.

Le style des questions dépend bien sûr de la personnalité des examinateurs. Mais les candidats doivent se persuader que rares sont les **pièges tendus** (et ils sont tendus aux meilleurs d'entre eux pour les pousser dans leurs derniers retranchements). Les questions peuvent aussi constituer des invitations ou des incitations à se corriger, à se compléter, à se reprendre.

En revanche, le candidat doit veiller à ne pas se piéger lui-même. Il garde à l'esprit qu'en évoquant un point dans son exposé ou dans une réponse, il suscite les questions. Il s'abstient donc d'évoquer un thème secondaire qu'il sait mal maîtriser.

31. L'art de « rebondir »

Un candidat ne doit surtout pas se montrer déstabilisé parce qu'il ignore la réponse à une question, relative à sa spécialité professionnelle ou à la culture territoriale par exemple. D'une part, il s'efforce toujours de « rebondir » sur un thème voisin, le jury n'attendant pas qu'il sache tout. D'autre part, plus qu'un contrôle de connaissances, l'épreuve constitue un entretien de personnalité. Il est vrai que l'absence d'un minimum de culture technique ou territoriale peut apparaître comme un manque de motivation. Que penser en effet d'un candidat ignorant le nom du ministre chargé de la santé ou n'ayant jamais entendu parler de la loi de transformation de la fonction publique du 6 août 2019 ?

S'il ignore vraiment la réponse à une question, le candidat le reconnaît simplement, mais en mettant le plus d'habileté possible dans cet aveu. Il s'interdit les « j'ignore tout à fait », « j'sais pas », etc. (les examinateurs ne pouvant sans doute s'empêcher de penser qu'il n'a jamais su). En revanche, il peut commencer par admettre qu'il ne se souvient plus exactement de l'information demandée (sous-entendant donc qu'il l'a connue), pour enchaîner sur des connaissances voisines et pertinentes. Cet art de « rebondir » constitue un ingrédient important de la réussite lors de l'entretien.

Exemple

Un examinateur demande à un candidat quel est le nombre moyen d'habitants par commune en France. Si le candidat ignore ce nombre (environ 1 900), il pourra néanmoins satisfaire le jury par cette réponse : « Je ne me souviens plus du nombre d'habitants que compte en moyenne une commune française. Mais ce nombre doit être assez faible, notamment par rapport à celui d'une commune allemande, espagnole ou italienne. En effet, la France se caractérise par le nombre élevé de ses communes (34 965) qui représentent près de 37 % des communes de l'Union européenne. Et 84,6 % des communes françaises possèdent moins de 2 000 habitants. C'est d'ailleurs cette faiblesse d'un point de vue démographique mais surtout financier et technique qui rend essentiel l'achèvement et le renforcement de l'intercommunalité programmés par les lois du 16 décembre 2010 et du 27 janvier 2014, ainsi que par la loi du 7 août 2015 portant nouvelle organisation territoriale de la République. »

Il faut bien sûr éviter de recourir systématiquement à la première partie du procédé : un jury ne saurait prendre au sérieux un candidat qui, pour la dixième fois, lui assurerait ne plus se souvenir !

Au demeurant, la variété des questions ne signifie pas qu'une érudition tous azimuts et sans faille soit attendue du candidat. Elle vise à évaluer sa capacité à comprendre des questions diverses, à les aborder méthodiquement (par exemple en ayant toujours le réflexe de définir les termes difficiles), à élaborer des éléments de réflexion, à gérer un débat contradictoire, à s'adapter à des demandes inattendues…

En revanche, **la malhonnêteté intellectuelle ou le bluff** doivent être proscrits. Si vous ne maîtrisez pas un sujet, vous vous abstenez de lancer des chiffres ou d'imaginer des règles de droit, que ce soit dans un style dubitatif ou péremptoire. Le jury se rendra inévitablement compte de la supercherie et vous sanctionnera pour avoir essayé de le tromper. Qui a en effet envie de recruter un subordonné ou un collaborateur qui, en cas d'ignorance, inventera les informations qu'on lui demande ? De même, évitez les propos généraux qui donneront surtout l'impression que vous cherchez à gagner du temps ou que vous espérez un oubli de la question.

32. Les fameuses « mises en situation professionnelle »

La volonté de professionnaliser l'entretien conduit le jury à proposer aux candidats des « mises en situation professionnelle » pour évaluer leurs connaissances mais aussi leurs aptitudes, leurs qualités et leurs défauts, leur personnalité.

L'évaluation porte à la fois sur les savoirs, les savoir-faire et les savoir-être du candidat. Même lorsqu'une question paraît très technique, elle vise aussi à mesurer les savoir-être, notamment la qualité du rapport à la personne, de la relation avec le patient.

Définitions

- La **compétence** résulte d'une combinaison de savoirs, savoir-faire et savoir-être mobilisés pour agir de manière adaptée face à une situation professionnelle donnée. Cette qualification professionnelle est évaluable.
- Les **connaissances** sont les savoirs théoriques et techniques qui s'acquièrent par formation, expérience professionnelle ou extra-professionnelle.
- Un **savoir-faire** est une compétence, acquise par l'expérience et/ou par l'apprentissage, qui nécessite de l'habileté intellectuelle et/ou manuelle dans un domaine déterminé pour la maîtriser pleinement (exemples : « Accompagner une personne, un groupe », « Communiquer », « Reformuler une demande », « Rendre compte », « Travailler en équipe »)
- Le **savoir-être** s'applique aux capacités utiles pour savoir se comporter / se conduire dans un contexte professionnel donné.

  Les savoir-être sont regroupés au sein de trois sous-ensembles :
  - les savoir-être conceptuels axés sur la posture de l'agent (exemples : « Curiosité intellectuelle », « Esprit d'initiative », « Être autonome ») ;
  - les savoir-être relationnels axés sur le rapport et le lien avec autrui (exemples : « Avoir l'esprit d'équipe », « Aptitude à l'écoute », « Capacité à communiquer ») ;

– les savoir-être contextuels axés sur la prise en compte d'un environnement ou d'une situation et sur la réaction de l'agent (exemples : « Faculté d'adaptation », « Réactivité », « Sens du service public »).

Les examinateurs peuvent proposer des situations susceptibles d'être rencontrées par tout auxiliaire de soins territorial, quelle que soit sa spécialité, ou au contraire spécifiques à la spécialité choisie par le candidat.

Définies de façon succincte, ces situations se montrent le plus souvent délicates en raison des problèmes de légalité, de sécurité, d'organisation, de déontologie, de relations humaines, etc., qu'elles soulèvent (difficulté liée au secret professionnel, problème d'hygiène ou de sécurité au sein de la collectivité, manque de probité ou de loyauté d'un collègue, ordre illégal d'un supérieur, etc.).

Certaines situations – ou certains de leurs éléments comme les noms des personnes impliquées (quelques examinateurs ne détestent pas l'humour potache) – peuvent avoir l'air cocasse ou invraisemblable. Loin de se déconcentrer, le candidat doit alors rechercher les enjeux et les problèmes très sérieux qu'elles posent.

- L'infirmière avec qui vous travaillez, Mme Vodka, arrive chaque matin dans le service en sentant fortement l'alcool et en tenant des propos incohérents. Que faites-vous ?
- Vous venez d'être affecté dans un nouveau service où vous constatez que les fournitures décroissent avec une rapidité suspecte. Vous nourrissez de forts soupçons à l'égard d'un collègue en poste depuis une quinzaine d'années dans ce service. Que faites-vous ?
- À la veille des vacances de Noël, vous entrez dans le bureau de l'infirmière avec qui vous travaillez et vous découvrez un collègue en train de subtiliser du matériel informatique. Il vient de divorcer, il a trois enfants à charge, vous savez que la période est difficile pour lui... Quelle attitude adoptez-vous ?
- Votre chef de service vous fait tous les jours des compliments appuyés sur votre ligne, votre maintien, votre élégance, votre sourire, etc. Comment réagissez-vous ?
- Un recours juridictionnel a été intenté contre une décision impliquant votre service. Son directeur vous ordonne de détruire certaines pièces du dossier. Que faites-vous ?
- À son retour de congé de maternité, une de vos collègues commence à porter le voile sur le lieu de travail. Comment réagissez-vous ?
- Vos collègues du service Espaces verts vous invitent à l'apéritif qu'ils organisent tous les vendredis à 11h30 (les bureaux de votre service ferment à 12h). Acceptez-vous l'invitation ?
- L'entreprise Bistouri vient de remporter le marché des dispositifs médicaux de votre CCAS. Son directeur passe dans votre bureau et vous propose, en vous remerciant, une caisse de bouteilles de champagne et des invitations à un spectacle. Comment réagissez-vous ?
- Après avoir été agressé par un usager, un agent d'accueil du CCAS, imité par trois de ses collègues, refuse de reprendre le travail en invoquant son droit de retrait. Que leur conseilleriez-vous ?
- Une de vos collègues semble consacrer près de la moitié de son temps de travail à un usage privé de son ordinateur et de sa connexion à l'internet. Que pouvez-vous faire ?
- Vous apprenez que sur sa page FaceBook, votre collègue se répand en propos agressifs et insultants à votre endroit. Comment réagissez-vous ?

Pour traiter ces questions, les connaissances professionnelles et administratives sont nécessaires, mais insuffisantes. Le candidat doit également se montrer capable de les exploiter pour analyser une situation délicate et proposer des solutions opérationnelles tout à la fois conformes aux règles sanitaires ou juridiques et adaptées aux réalités des collectivités territoriales. On lui demande d'assumer ses responsabilités avec discernement, sans jamais oublier sa position dans la hiérarchie administrative et les prérogatives ou les obligations qu'elle implique.

L'exercice représente un moyen privilégié pour apprécier la personnalité du candidat, ses traits de caractère, ses qualités, ses réflexes, son aptitude à accompagner et soigner, ainsi que son intérêt pour les techniques et outils utilisés dans son domaine.

Il doit aussi permettre d'évaluer la réactivité, la vivacité d'esprit des candidats et leur aptitude à agir de manière pertinente et adaptée.

On peut distinguer **trois types de réponses problématiques**.

D'abord, sans une bonne connaissance du secteur sanitaire et du monde territorial, de leurs règles, de leurs réalités, de leurs contraintes, les solutions proposées par les candidats ne peuvent être qu'inadaptées, irréelles voire fantaisistes.

Ensuite, les candidats ont souvent du mal à prendre leurs responsabilités et à trancher en proposant des solutions opérationnelles précises.

Enfin, les candidats les mieux préparés, qui ont étudié de nombreuses mises en situation professionnelle, notamment dans les structures de préparation collective du type CNFPT, tendent à restituer des solutions toutes faites comme ils réciteraient un chapitre de cours.

Point de vue des jurys

- « [Les membres du jury] ont ainsi décidé que, après une brève présentation, chacun des candidats devrait répondre à 1 ou 2 mises en situation professionnelle afin de voir notamment les comportements, les réactions des candidats s'ils se trouvaient confrontés à une telle situation.
  À partir des réponses apportées par chaque candidat, les examinateurs ont été attentifs à apprécier à la fois :
  – les connaissances professionnelles : la pratique professionnelle, les compétences respectives des différents professionnels, le plan de soins, l'approche globale de la personne ;
  – les connaissances complémentaires : la sécurité, la confidentialité etc. ;
  – la capacité du candidat à analyser les situations professionnelles proposées ;
  – la capacité du candidat à dire "comment il fait" et "pourquoi il fait".
  Il convenait notamment de juger de la qualité du rapport à la personne (relation avec le patient). »

Rapport du concours 2019, CDG59

- « Quatre mises en situation étaient ensuite proposées aux candidats afin d'évaluer leurs aptitudes et leurs connaissances, deux portant sur des situations de nature à être rencontrées par tout auxiliaire de soins territorial quelle que soit sa spécialité et deux dans la spécialité choisie par le candidat.
Dans les réponses apportées par les candidats, les jurys ont été particulièrement attentifs à apprécier à la fois leurs savoirs, leur savoir-faire technique, leur savoir-être et leur capacité à analyser les situations professionnelles proposées. Ces réponses doivent prouver la capacité du candidat non seulement à savoir dire comment il fait mais aussi pourquoi il fait. Il convient en outre de souligner que, même lorsqu'elle peut paraître très technique, une question vise à mesurer non seulement le savoir-faire mais aussi le savoir-être, et notamment la qualité du rapport à la personne (relation avec le patient). »

Rapport du concours 2012, CIG de la petite couronne

33. Prenez vos responsabilités

Si la question consiste à donner une **opinion**, le candidat peut s'exprimer librement et sincèrement. Les examinateurs n'attendent pas ces réponses stéréotypées dans lesquelles se réfugient des candidats trop prudents, bien que cela ne corresponde pas vraiment à leur opinion.

Quel que soit le point de vue soutenu par le candidat, s'il n'est pas outrancier ni fantaisiste, les examinateurs apprécieront les qualités de raisonnement. Il convient donc avant tout d'étayer sa démonstration, de démontrer que son jugement s'appuie sur des arguments solides et non sur des idées reçues.

Dans ses réponses, le candidat se tient éloigné de l'humilité et de l'arrogance. Lorsqu'un jugement personnel lui est demandé (« Que pensez-vous de la faible proportion d'hommes dans la filière médico-sociale territoriale ? »), il prend ses responsabilités, comme il aurait à le faire dans ses futures fonctions.

Si la réponse doit être claire, elle peut aussi être nuancée. Elle doit en effet reposer sur des arguments rationnels et des informations exactes qui montrent une capacité à appréhender un problème dans toute sa complexité.

Bref, un jury ne saurait se satisfaire ni d'opinions arbitraires, ni d'une prudente abstention. En cas de contradiction avec un examinateur, le candidat peut maintenir sa position initiale, après l'avoir reconsidérée et étayée.

34. Pas d'états d'âme

D'une manière qui peut surprendre lors d'une épreuve de concours, des candidats finalement assez nombreux commentent leur prestation pour la critiquer ou pour se dénigrer : « je suis bête », « je ne connais vraiment rien au sujet », « je perds tous mes moyens »…

Dans ces conditions, comment voulez-vous que vos examinateurs vous trouvent « intelligent », « savant » ou « brillant » ?! D'autant que le fait que vous vous sentiez mal à l'aise, limité dans les connaissances, maladroit dans les raisonnements, ne signifie pas que le jury vous perçoit ainsi et vous juge aussi sévèrement. Vous avez peut-être beaucoup plus de connaissances, d'idées et d'aisance que les candidats qui vous ont précédé.

Donc, **pas d'états d'âme ni d'autocritique** devant vos examinateurs.

En 1941, tandis que le Royaume-Uni poursuit la guerre contre l'Allemagne, le Premier ministre britannique Winston Churchill prononce dans une école un discours comportant cette célèbre « leçon » : « *Never give in. Never, never, never, never.* » (« Ne renoncez jamais. Jamais, jamais, jamais, jamais. »)

Certes, un concours n'est pas une guerre ! Mais il ne faut jamais baisser les bras en cours d'épreuve parce qu'on a le sentiment de ne pas réussir sa prestation et ainsi risquer une note éliminatoire. Il faut **croire à ses chances** jusqu'au bout.

D'abord, toute notation est comparaison, et le candidat ignore tout des prestations de ses concurrents. Par ailleurs, les examinateurs les plus sévères dans le questionnement ne sont pas nécessairement les moins généreux dans la notation.

35. Dites au revoir !

Tout candidat dispose de la totalité du temps réglementaire de l'épreuve – 15 minutes – qui ne peut éventuellement être interrompue qu'à sa demande expresse.

À la fin de l'épreuve, il ne faut pas oublier de saluer les examinateurs, même s'ils se sont montrés moins attentifs, intelligents ou bienveillants que vous ne l'espériez !

En résumé

L'épreuve permet au candidat de faire la preuve de sa capacité à :

- **Gérer son temps :**
  - en étant capable de ne pas se perdre dans les détails, de distinguer l'essentiel de l'accessoire ;
  - en étant à même d'adapter le type de réponse (brève, développée) à une question ;
  - le cas échéant, en inscrivant l'exposé sur son parcours dans le temps imparti et en équilibrant le contenu de cet exposé.
- **Être cohérent :**
  - en se montrant capable d'organiser, même sommairement, ses réponses ;
  - en veillant à ne pas dire une chose puis son contraire ;
  - en sachant défendre ses idées et ne pas donner systématiquement raison à un contradicteur ;
  - en sachant convenir d'une absurdité ;
  - le cas échéant, en annonçant un plan d'exposé réellement suivi.
- **Gérer son stress :**
  - en adoptant, pendant l'épreuve, un comportement physique révélant une capacité certaine à maîtriser son stress ;
  - en apportant des réponses sans précipitation excessive, sans hésitations préoccupantes ;
  - en sachant garder, même s'il se trouve en difficulté sur une question, une confiance en lui suffisante pour la suite de l'entretien.
- **Communiquer :**
  - en faisant preuve des qualités d'écoute, de patience, d'empathie inhérentes au métier d'auxiliaire de soins ;
  - en prenant suffisamment de temps pour comprendre une question avant d'y répondre ;
  - en ayant réellement le souci d'être compris grâce à une expression claire ;
  - en s'exprimant à haute et intelligible voix ;
  - en adoptant une élocution ni trop rapide, ni trop lente ;
  - en s'adressant à l'ensemble du jury sans privilégier abusivement un seul interlocuteur.
- **Apprécier justement sa hiérarchie :**
  - en adoptant un comportement adapté à sa « condition » de candidat face à un jury ;
  - en sachant ne pas être péremptoire, excessivement sûr de soi ni contester les questions posées ;
  - en sachant argumenter en cas de désaccord avec le jury.
- **Mettre en œuvre curiosité intellectuelle et esprit critique :**
  - en manifestant un réel intérêt pour l'actualité ;
  - en sachant opposer des arguments fondés à ceux du jury ;
  - en sachant profiter d'une question pour valoriser des connaissances pertinentes.

Note de cadrage nationale

50 fiches et 100 définitions de culture territoriale

Chapitre 1

50 fiches

Fiche 1

Définition de la décentralisation

A. Principe de libre administration

1. Valeur constitutionnelle

Si en 1958 la Constitution ignore la notion de décentralisation, son article 72 consacre le principe de libre administration des collectivités territoriales.

En 1979, le Conseil constitutionnel reconnaît une **valeur constitutionnelle** à ce principe pour en imposer le respect au législateur.

Le contenu de ce principe résulte principalement de la **jurisprudence du Conseil constitutionnel** :

- toute collectivité territoriale doit être administrée par un conseil élu au suffrage universel direct ou indirect et « doté d'attributions effectives » ;
- la collectivité librement administrée doit disposer de moyens humains et financiers lui permettant d'être autonome, notamment par rapport à l'État.

2. Portée pratique

Le Conseil constitutionnel atténue toutefois la portée pratique du principe de libre administration.

Ainsi il insiste sur la nécessité de le concilier avec d'autres principes à valeur constitutionnelle tels que le principe d'indivisibilité de la République et les prérogatives de l'État qui en résultent ou le principe d'égalité des citoyens devant la loi.

La **loi constitutionnelle du 28 mars 2003** relative à l'organisation décentralisée de la République réforme et étoffe le cadre constitutionnel applicable aux collectivités territoriales (voir Fiche 3).
De manière symbolique, le principe selon lequel l'organisation de la France est décentralisée figure désormais dans l'article 1er de la Constitution qui ne propose toutefois aucune définition de la décentralisation.

B. Quatre éléments de définition

1. Personnalité juridique

Les collectivités territoriales ont une personnalité juridique distincte de l'État : elles possèdent des moyens matériels (biens), humains (agents), juridiques (actes unilatéraux et contractuels) et financiers (budget) propres ; elles agissent en leur nom dans la vie juridique, en engageant leur responsabilité.

2. Administration par des conseils élus

Les collectivités territoriales sont administrées par des conseils élus. Cette élection exigée par l'article 72 de la Constitution apparaît en effet comme le meilleur garant de leur indépendance et constitue une exigence de la démocratie.

3. Compétence pour les affaires locales

Les collectivités territoriales sont compétentes pour les affaires locales qui, en raison de leur nature ou de leur dimension, sont plus efficacement traitées par des autorités locales. La constitutionnalisation en 2003 du principe de subsidiarité (voir Fiche 3) conforte la reconnaissance d'intérêts locaux par de nombreux textes législatifs (par ex. clause de compétence générale des communes).

Le 9 décembre 2010, le Conseil constitutionnel valide la loi du 16 décembre 2010 retirant au département et à la région, après 2015, la **clause de compétence générale** qui ne constitue donc pas une exigence constitutionnelle. Mais la loi du 27 janvier 2014 redonne à ces collectivités le bénéfice de cette clause que la loi NOTRE du 7 août 2015 leur retire à nouveau.

4. Autonomie

Les autorités décentralisées disposent d'une **autonomie** par rapport au pouvoir étatique qui ne peut exercer sur elles un pouvoir hiérarchique.

Toutefois, dans un État unitaire comme la France, les autorités étatiques ont l'obligation constitutionnelle d'exercer un **contrôle** sur les collectivités territoriales dans les conditions définies par la loi. Le Conseil constitutionnel veille à ce que la libre administration ne se transforme pas en administration souveraine.

Élaborée au sein du Conseil de l'Europe, la **Charte européenne de l'autonomie locale** est signée en 1985 mais ratifiée le 17 janvier 2007 par la France. Elle constitue le premier instrument juridique multilatéral de référence qui définit et protège les conditions de cette autonomie locale en Europe, tout en respectant le principe de la souveraineté de l'État dans l'organisation de l'autonomie locale. Selon son préambule, le degré d'autonomie politique, administrative et financière accordé aux collectivités territoriales constitue un élément fondamental d'une démocratie véritable.

Fiche 2

Catégories de collectivités territoriales

Depuis 2003, l'article 72 de la Constitution distingue **cinq catégories** de collectivités territoriales :
- 34 965 communes ;
- 95 départements (dont 2 d'outre-mer) ;
- 14 régions (dont 2 d'outre-mer) ;
- 5 collectivités d'outre-mer ;
- 3 collectivités à statut particulier en métropole.

A. Trois catégories de droit commun

1. Communes

Créée par la loi du 14 décembre 1789, la commune représente la catégorie de collectivités territoriales la plus ancienne et la forme d'identité locale la plus enracinée (elles remplacent les paroisses de l'Ancien Régime).

2. Départements

La loi du 22 décembre 1789 crée de toutes pièces les départements selon une méthode principalement géométrique.

3. Régions

Les régions sont des collectivités territoriales relativement récentes :
- circonscriptions administrative de l'État depuis 1964 ;
- établissements publics locaux compétents pour les investissements nécessaires au développement économique et social entre 1972 et 1986 ;
- collectivités territoriales depuis 1986.

B. Trois collectivités à statut particulier en métropole

1. Collectivité de Corse

Depuis la loi du 13 mai 1991, la Corse est une collectivité à statut particulier qui, depuis 2018, bénéficie d'un statut réformé en tant que « collectivité de Corse ».

2. Métropole de Lyon

Depuis le 1er janvier 2015, la métropole de Lyon exerce sur son territoire, non seulement les compétences d'une métropole, mais aussi l'ensemble des compétences précédemment reconnues au département du Rhône ainsi que celles déléguées par la région (en matière de développement économique notamment) ou par l'État (en matière de logement).

3. Ville de Paris

Paris était depuis 1964 une « ville-département » administrée par le conseil et le maire de Paris. La loi du 28 février 2017 décide la fusion, à compter du 1er janvier 2019, de la commune et du département de Paris dans une collectivité unique, la Ville de Paris.

C. Collectivités territoriales situées en outre-mer

La Constitution distingue deux catégories de collectivités territoriales, auxquelles le législateur a ajouté les collectivités territoriales uniques.

1. Départements et régions d'outre-mer

Les **DROM** se caractérisent par le principe d'identité législative : les lois et les règlements nationaux s'appliquent de plein droit, même s'ils font l'objet d'adaptations aux caractéristiques particulières de ces collectivités.

> Depuis 2015, ce statut ne concerne plus que la Guadeloupe et la Réunion.

2. Collectivités d'outre-mer

Les **COM** possèdent chacune un statut tenant compte de ses intérêts propres au sein de la République et défini par une loi organique adoptée après avis de son assemblée délibérante. Les lois et les règlements nationaux s'y appliquent seulement s'ils comportent une mention expresse à cette fin.

> Cette catégorie comprend Saint-Pierre-et-Miquelon, Wallis-et-Futuna, la Polynésie française ainsi que, depuis 2007, l'île de Saint-Barthélemy et la partie française de l'île franco-hollandaise de Saint-Martin (précédemment rattachées à la Guadeloupe).

3. Collectivités territoriales uniques

La Constitution permet à la loi de créer d'**autres collectivités territoriales**.

C'est ainsi que des lois organiques de 2010 et 2011 font de Mayotte, puis de la Martinique et de la Guyane des collectivités territoriales uniques (**CTU**) exerçant les compétences des départements et des régions d'outre-mer.

> La qualification de collectivité territoriale doit être écartée pour la **Nouvelle-Calédonie**. Ce « pays d'outre-mer » est doté d'un statut constitutionnel spécifique qui reconnaît sa vocation à accéder à l'indépendance.

Fiche 3

Actes I et II de la décentralisation

A. Acte I de la décentralisation

Même si les débuts de la décentralisation remonte à la première moitié du XIXe siècle, la **loi du 2 mars 1982** sur les droits et libertés des communes, des départements et des régions et la quarantaine de lois nécessaires à la mise en œuvre de ses principes sont souvent présentées comme l'Acte I de la décentralisation.

1. Réformes communes à toutes les collectivités territoriales

- La loi du 2 mars 1982 annonce une nouvelle **répartition des compétences** entre l'État et les collectivités territoriales. « Dans la mesure du possible », chaque collectivité doit recevoir « en totalité » – en bloc – les compétences relatives aux domaines transférés (par ex. aide sociale au département et urbanisme à la commune).

Mais la loi du 7 janvier 1983 reconnaît également aux collectivités territoriales la **clause de compétence générale** et donc la capacité juridique de s'intéresser à presque tous les aspects de la vie locale, même en dehors des blocs de compétences légales.

- En application du **principe de compensation** des charges transférées par l'État, chaque collectivité devait recevoir les moyens financiers et humains nécessaires à l'exercice de ses nouvelles compétences (par ex. transfert des services et des personnels pour les affaires sanitaires et sociales).
- La loi du 2 mars 1982 supprime les **tutelles administrative et financière** de l'État sur les collectivités territoriales pour les remplacer par un double système de contrôle administratif et budgétaire.

2. Réformes spécifiques à collectivités territoriales

- La loi du 2 mars 1982 pose le principe de la transformation de l'**établissement public régional** en collectivité territoriale lorsque les régions disposeront d'une assemblée élue au suffrage universel direct, ce qui intervient en mars 1986.
- La loi du 2 mars 1982 confie l'**exécutif des départements et de régions**, exercé par les préfets, à un président élu par le conseil départemental ou régional en son sein. Ainsi ces collectivités se détachent-elles enfin complètement de l'État.

Depuis 1996, le **code général des collectivités territoriales** (**CGCT**) regroupe les textes applicables aux collectivités territoriales et à leurs groupements en matière institutionnelle et financière.

B. Acte II de la décentralisation

L'Acte II de la décentralisation désigne la loi constitutionnelle du 28 mars 2003 relative à l'organisation décentralisée de la République ainsi que l'ensemble des lois imposées, impliquées ou autorisées par les nouvelles règles constitutionnelles.

1. Organisation des collectivités territoriales

- La loi constitutionnelle ajoute à l'article 1er de la Constitution le principe selon lequel la France a une **organisation décentralisée**.
- Elle actualise la présentation des collectivités territoriales de la République en distinguant **cinq catégories** (voir Fiche 2).
- Un nouvel article de la Constitution donne un cadre constitutionnel à la **démocratie participative locale**. Notamment il permet aux organes des collectivités territoriales de soumettre à un référendum décisionnel les projets de délibération ou d'acte relevant de leurs compétences.

2. Action des collectivités territoriales

- L'article 72 de la Constitution donne aux collectivités territoriales « vocation à prendre les décisions pour l'ensemble des compétences qui peuvent le mieux être mises en œuvre à leur échelon » (**principe de subsidiarité**).
- La révision de 2003 favorise le recours à l'**expérimentation** dans le transfert et l'exercice des compétences.
- L'article 72 donne une valeur constitutionnelle à l'interdiction législative de toute **tutelle** d'une collectivité territoriale sur une autre. Mais il prévoit aussi que, pour l'exercice d'une compétence nécessitant le concours de plusieurs collectivités territoriales, la loi peut autoriser l'une d'entre elles à organiser leur action commune. Or cette procédure de collectivité « **chef de file** » présente un risque de tutelle.

Fiche 4

Réformes territoriales entre 2010 et 2017

Promulguée par Nicolas Sarkozy, la **loi de réforme des collectivités territoriales (RCT) du 16 décembre 2010** vise deux principaux objectifs :

- simplifier le « millefeuille territorial » en créant un bloc départements-régions (création de nouveaux élus locaux, les conseillers territoriaux, siégeant dans l'assemblée de leur département comme de leur région) et en consolidant le bloc communes-intercommunalités (achèvement de l'intercommunalité à fiscalité propre et création d'une nouvelle catégorie d'EPCI, les métropoles) ;
- clarifier le « maquis des compétences territoriales » en spécialisant les compétences des départements et des régions.

Si la modernisation de l'intercommunalité se montre relativement consensuelle, l'institution d'un nouvel élu et la spécialisation des compétences départementales et régionales sont contestées par l'**opposition parlementaire** qui promet une abrogation en cas de victoire électorale en 2012.

A. Loi MAPTAM du 27 janvier 2014

1. Notion de métropole

La loi MAPTAM donne le nom de **métropole** à des structures juridiques très différentes :

- elle réforme le statut des métropoles de droit commun et institue autoritairement neuf de ces métropoles (Bordeaux, Lille, Toulouse...) ;
- elle crée la métropole du Grand Paris (MGP), métropole à statut particulier regroupant Paris et 130 communes ;
- elle crée la métropole de Lyon qui est une collectivité territoriale à statut particulier (voir Fiche 2) ;
- soumise en principe aux mêmes règles que les autres métropoles, la métropole d'Aix-Marseille-Provence présente quelques spécificités, notamment la division en territoires dotés d'un conseil et d'un président du conseil.

2. Répartition des compétences territoriales

▪ La loi MAPTAM rétablit la **clause de compétence générale** des départements et des régions. Dans les domaines nécessitant le concours de plusieurs collectivités territoriales, elle définit le **rôle de chef de file** de chaque catégorie en faisant la part belle à la région.

- Dans chaque région, la **conférence territoriale de l'action publique** (CATP) est chargée de favoriser un exercice concerté des compétences des collectivités territoriales, de leurs groupements et de leurs établissements publics. Sous la présidence du président de conseil régional, elle réunit les exécutifs ou les représentants des collectivités territoriales de la région.

B. Simplification de l'organisation territoriale

1. Simplification de la carte régionale

La loi du 16 janvier 2015 fait passer, en métropole, le nombre des régions de 21 à 12 en fusionnant des régions existantes. Les limites de cinq régions – Bretagne, Centre-Val de Loire, Île-de-France, Pays de la Loire et Provence-Alpes-Côte d'Azur – demeurent inchangées.

Les assemblées de quatre nouvelles régions votent en faveur d'un nouveau nom :

- Alsace, Champagne-Ardenne et Lorraine : Grand Est ;
- Aquitaine, Limousin et Poitou-Charentes : Nouvelle-Aquitaine ;
- Languedoc-Roussillon et Midi-Pyrénées : Occitanie ;
- Nord-Pas-de-Calais et Picardie : Hauts-de-France.

Les conseils des régions Auvergne-Rhône-Alpes ainsi que Bourgogne-Franche-Comté se prononcent pour la pérennisation de leurs noms provisoires. Le nom de la Normandie résultait de la loi.

2. Loi du 16 mars 2015

Cette loi vise à relancer le dispositif de communes nouvelles mis en place par la loi du 16 décembre 2010 (voir Fiche 19).

C. Loi NOTRE du 7 août 2015

1. Renforcement de l'intercommunalité à fiscalité propre

La loi relative à l'organisation territoriale de la République renforce les établissements publics de coopération intercommunale (EPCI) à fiscalité propre qui doivent en principe disposer au 1er janvier 2017 d'une taille critique – 15 000 habitants – organisée autour de bassins de vie.

2. Clarification des compétences territoriales

La loi NOTRE supprime la clause de compétence générale restituée aux **régions** et aux départements par la loi MAPTAM. Mais elle renforce leurs compétences légales des premières au service du développement économique et de l'aménagement du territoire.

Fiche 5

Réformes territoriales depuis 2017

A. Acte 1 du quinquennat

1. Programme du quinquennat

▪ En juillet 2017, Emmanuel Macron installe la Conférence nationale des territoires, conçue comme un lieu d'échanges et de concertation entre l'État et les collectivités territoriales. À cette occasion, il écarte toute modification des **grands équilibres institutionnels** pour se déclarer favorable aux démarches de regroupement portées par des collectivités territoriales.

▪ En ce qui concerne les **compétences territoriales**, il entend surtout développer la différenciation territoriale et les expérimentations, ce qui semblait impliquer une révision de la Constitution.

2. Premières réformes

▪ Quelques **lois** mettent en œuvre ces réformes :

- loi du 22 juillet 2019 créant une Agence nationale de la cohésion des territoires, établissement public de l'État chargé de conseiller et soutenir les collectivités territoriales et leurs groupements dans la mise en œuvre de leurs projets ;
- loi du 1er août 2019 visant à favoriser le développement des communes nouvelles (voir Fiche 19) ;
- loi du 2 août 2019 fusionnant, au 1er janvier 2021, les départements du Bas-Rhin et du Haut-Rhin dans une « collectivité européenne d'Alsace ».

▪ Les **réformes financières et fiscales**, comme la suppression progressive de la taxe d'habitation sur les résidences principales, constituent la principale pierre d'achoppement avec les associations d'élus locaux qui dénoncent leur caractère « autoritaire » et « recentralisateur ».

Les **événements politiques de 2018-2019** conduisent Emmanuel Macron à revoir en profondeur son programme de réformes territoriales. L'affaire Benalla conduit à l'abandon de la révision constitutionnelle qui consacrait trois articles aux collectivités territoriales (droit à la différenciation territoriale des collectivités de droit commun, spécificités de la Corse, régime de différenciation des normes propre à l'outre-mer). La crise des Gilets jaunes amène le président de la République à redécouvrir les vertus de la démocratie locale, notamment municipale, et à annoncer un « **nouvel acte de décentralisation** ».

B. Actes 2 et 3 du quinquennat

1. Acte 2

▪ Promulguée à l'approche des élections municipales de mars 2020, la **loi Engagement et proximité du 27 décembre 2019** (dite loi Lecornu) vise notamment à revaloriser la commune :

- renforcement du rôle des maires au sein des intercommunalités à fiscalité propre (voir Fiche 21) ;
- renforcement des pouvoirs de police du maire dans différents domaines (urbanisme par ex.) ainsi que de son rôle d'agent de l'État (par ex. remise d'une carte d'identité tricolore en début de mandat) :
- simplification de l'exercice quotidien des compétences territoriales (par ex. mise en place d'un « rescrit normatif » : voir Fiche 40) ;
- amélioration des droits constitutifs du statut de l'élu local, notamment municipal (crédits d'heures, indemnités de fonction, formation…).

▪ Le **projet de loi Décentralisation, différenciation et déconcentration** dit 3D est annoncé pour la fin du premier semestre 2020.

2. Acte 3

▪ En conséquence de l'abandon de la révision constitutionnelle de 2018-2019, la **loi organique du 19 avril 2021** simplifie le cadre juridique des expérimentations (par ex. participation par une simple délibération au lieu d'une autorisation par décret) qui peuvent désormais déboucher, non seulement sur l'abandon ou la généralisation de l'expérimentation, mais sur une différenciation durable des normes, notamment dans les collectivités territoriales ayant participé à une expérimentation.

▪ Délibéré le 12 mai 2021, le **projet de loi dénommé 3D puis 4D** (en raison de l'ajout d'un volet relatif à la « décomplexification »), vise notamment à :

- conforter les compétences des collectivités territoriales dans les domaines de la mobilité, du logement, de l'insertion, de la transition écologique ou de la santé ;
- réaffirmer la capacité d'adaptation de l'organisation et de l'action des collectivités aux particularités de leur territoire ;
- simplifier le fonctionnement des collectivités territoriales et des établissements de l'État au bénéfice du citoyen.

Le Sénat adopte le projet de loi le 21 juillet 2021 en le modifiant sur des questions sensibles comme le RSA ou les compétences intercommunales. En raison d'un report décidé par le Gouvernement, l'Assemblée nationale doit examiner début décembre un texte rebaptisé 3DS (« simplification » se substituant au néologisme « décomplexification »), ce qui fait peser une incertitude sur l'adoption du texte d'ici la fin du quinquennat.

Fiche 6

Composition du conseil municipal

Malgré des populations et des moyens très inégaux, les 34965 communes sont administrées selon un **modèle unique**, même si les trois villes les plus peuplées sont en partie soumises à des règles dérogatoires (voir Fiche 15).

A. Élection des conseillers municipaux

1. Conditions préalables à l'élection

▪ Sont éligibles comme conseillers municipaux tous les électeurs inscrits sur la **liste électorale** de la commune, notamment parce qu'ils ont leur domicile réel dans la commune ou y habitent depuis six mois au moins, ainsi que les citoyens inscrits au rôle des impôts directs de la commune.

D'après la Constitution, le droit de vote et d'éligibilité est réservé aux « **nationaux français** majeurs des deux sexes qui jouissent de leurs droits civils et politiques ».

> La loi organique du 25 mai 1998 permet aux **ressortissants étrangers de l'Union européenne** ayant leur domicile réel ou résidant de manière continue en France d'être électeurs et éligibles dans le cadre des élections municipales. Pour exercer ces droits, ils doivent demander à être inscrits sur une liste électorale complémentaire.

▪ La loi définit de nombreuses situations d'inéligibilité et d'incompatibilité.

L'**inéligibilité** interdit d'être valablement candidat à l'élection :

- les inéligibilités absolues produisent leurs effets dans toutes les communes et pour toutes les élections (par ex. la personne que le juge pénal a interdite de droits civiques ne peut être candidate à aucune élection) ;
- les inéligibilités relatives ne produisent leurs effets que dans certaines communes et pour certaines élections (par ex. certains hauts fonctionnaires de l'État comme les préfets et les magistrats ne peuvent devenir des élus locaux sur le territoire d'exercice de leurs fonctions).

L'**incompatibilité** n'interdit pas à la personne concernée de se présenter et d'être régulièrement élue. Mais, en cas d'élection, elle doit, soit renoncer aux mandats, fonctions ou activités incompatibles, soit démissionner de son mandat de conseiller municipal. La loi peut aussi décider du sens de la régularisation.

> Depuis 1985, le législateur a institué des incompatibilités en vue de limiter le **cumul des mandats électoraux**. Il est actuellement interdit de cumuler plus de deux mandats électifs locaux.

2. Mode de scrutin

Dans les **communes de moins de 1 000 habitants**, le scrutin majoritaire laisse une grande liberté de choix aux électeurs qui peuvent panacher les listes. Et les candidats peuvent se présenter de façon isolée ou groupée.

Sont déclarés élus au **1er tour** les candidats ayant réuni à la fois la majorité absolue des suffrages exprimés et un nombre de suffrages égal au quart des électeurs inscrits.

Au **2e tour** de scrutin, la majorité relative suffit : sont élus les candidats ayant obtenu le plus grand nombre de suffrages.

Dans les **communes de 1 000 habitants et plus**, le scrutin mixte combine majorité et proportionnalité. Les listes sont complètes (elles comprennent au moins autant de noms que de sièges à pourvoir et, au plus, deux candidats supplémentaires) et bloquées (l'électeur ne peut les modifier). Elles alternent des candidats de chaque sexe, sous peine de ne pas être enregistrées.

La **répartition des sièges** se fait en deux étapes :

- on commence par attribuer la moitié des sièges à la liste ayant obtenu la majorité absolue (1er tour) ou relative (2e tour) ;
- on répartit la seconde moitié des sièges à la représentation proportionnelle, c'est-à-dire au prorata des suffrages, entre toutes les listes ayant obtenu au moins 5 % des suffrages exprimés (y compris la liste majoritaire).

Ce **mode de scrutin mixte** permet donc à la fois de dégager une majorité municipale, grâce à la prime majoritaire, et d'assurer la représentation proportionnelle des listes d'une certaine importance.

Décrété le 23 mars 2020, soit huit jours après le 1er tour des élections municipales, l'**état d'urgence sanitaire** conduit à reporter le 2e tour au 28 juin 2020. Dans les plus de 30 000 communes ayant élu tous leurs conseillers dès le 1er tour, les nouveaux conseils municipaux sont installés entre le 23 et le 28 mai 2020.

Fiche 7

Préparation des séances du conseil municipal

A. Convocation du conseil municipal

1. Lieu et périodicité

▪ En principe, le conseil municipal se réunit et délibère à la mairie de la commune.

▪ Il doit se réunir au moins une fois par trimestre, même s'il n'a aucune affaire à délibérer.

D'autres réunions peuvent se tenir à chaque fois que le maire le juge utile.

Enfin, le maire a l'obligation de convoquer le conseil municipal dans un délai maximal de 30 jours quand une demande motivée émane, soit du nombre requis de conseillers municipaux (la majorité dans les communes de moins de 1 000 habitants, un tiers au moins dans les autres communes), soit du préfet.

2. Information des conseillers

▪ Le maire est compétent pour convoquer le conseil municipal. La **convocation** écrite est transmise de manière dématérialisée (courrier électronique notamment) ou, si les conseillers municipaux en font la demande, adressée par écrit à leur domicile ou à une autre adresse.

▪ Dans les communes de moins de 3 500 habitants, la convocation écrite est transmise trois jours francs au moins avant celui de la réunion. Le délai est porté à cinq jours francs dans les communes de 3 500 habitants et plus. Dans toutes les communes, le maire peut, en cas d'urgence, abréger le délai qui ne peut cependant être inférieur à un jour franc.

> Un **jour franc** est un jour plein de 24 heures. Dans une petite commune, par exemple, pour qu'une séance puisse légalement se tenir le 15 mai, la convocation doit au plus tard être envoyée le 11 mai (les trois jours francs étant les 12, 13 et 14 mai).

▪ Outre certaines mentions (date, heure, lieu), la convocation doit indiquer les questions portées à l'**ordre du jour** qui seules pourront faire l'objet d'une délibération. Dans la pratique, les ordres du jour comportent souvent un point intitulé « questions diverses » : ces affaires mineures seront évoquées sans pouvoir faire l'objet d'une décision.

Dans les communes de 3 500 habitants et plus, une note explicative de synthèse informe les conseillers sur chaque affaire de l'ordre du jour.

■ Toute convocation irrégulière (par ex. inobservation des délais, ordre du jour absent, note explicative de synthèse insuffisante) entraîne l'**illégalité** des délibérations votées et, en cas de recours, leur annulation par le juge administratif.

La loi Engagement et proximité veut favoriser une meilleure circulation de l'information entre chaque EPCI à fiscalité propre et les communes qui en font partie. Cet EPCI doit ainsi transmettre à tous les conseillers municipaux – ou mettre à leur disposition de manière dématérialisée – les convocations, notes, rapports et procès-verbaux relatifs aux **affaires faisant l'objet d'une délibération intercommunale**.

B. Commissions municipales

1. Composition des commissions municipales

Avant de passer en conseil, le dossier est en général examiné par une commission municipale. Ce groupe restreint de conseillers est constitué par le conseil municipal soit de façon permanente (commissions des finances, des affaires scolaires, des personnes âgées, etc.), soit pour un dossier spécifique (élaboration d'un plan local d'urbanisme par ex.).

Le nombre des membres est fixé par le conseil municipal. Dans les communes de plus de 1 000 habitants, la composition doit respecter le principe de la représentation proportionnelle pour permettre l'expression pluraliste des élus. Les commissions municipales sont présidées de droit par le maire qui peut déléguer cette fonction.

2. Fonction des commissions municipales

Les commissions municipales ont pour fonction d'étudier les questions qui seront soumises au conseil municipal et de donner des avis. En aucun cas, elles ne peuvent décider à la place de l'assemblée, toute « délégation » étant illégale.

Le code des relations entre le public et l'administration permet de remplacer l'avis de la commission municipale par une **consultation ouverte sur internet** pendant une durée de 15 jours minimum. La synthèse des observations recueillies lors de cette consultation est publiée au plus tard à la date de la délibération du conseil.

Fiche 8

Tenue des séances du conseil municipal

A. Déroulement des séances

1. Attributions du maire

■ En principe, le maire **préside** le conseil municipal. Il ouvre la séance, fait l'appel, constate le quorum, fait approuver le procès-verbal de la réunion précédente et désigner un ou plusieurs conseillers comme secrétaires de séance, introduit les questions inscrites à l'ordre du jour, dirige les débats, met aux voix les délibérations, décompte les suffrages et prononce la clôture de la séance.

■ Pour assurer le bon ordre de la réunion et la sérénité des débats, le maire dispose d'un ensemble de pouvoirs, appelé **police de l'assemblée**, qui visent le public.

Il peut ainsi interdire l'accès de la salle aux personnes ayant l'intention de perturber les travaux du conseil et faire expulser de l'auditoire ou arrêter un fauteur de troubles. En cas de crime ou de délit, il en dresse un procès-verbal dont le procureur de la République est immédiatement saisi.

> Dans les communes de 1000 habitants et plus, le **règlement intérieur** adopté dans les six mois suivant l'installation du conseil municipal a pour objet de déterminer les modalités de fonctionnement de l'assemblée, par exemple les règles relatives à la discussion des textes. Dans les autres communes, un règlement intérieur peut être établi si le conseil le juge opportun.

2. Condition de quorum

■ Après avoir déclaré la séance ouverte, le maire fait l'appel des conseillers et s'assure que le **quorum** est réuni. Celui-ci se définit comme le nombre de membres devant être physiquement présents pour qu'une assemblée puisse valablement délibérer. Pour un conseil municipal, il s'agit de la majorité des membres en exercice.

Dans le calcul du quorum, les procurations ne sont pas prises en compte. En effet, un conseiller municipal empêché d'assister à une séance peut donner pouvoir écrit de voter en son nom à un collègue de son choix (celui-ci ne pouvant recevoir qu'une seule délégation de vote). Si le quorum n'est pas atteint, le conseil municipal est de nouveau convoqué à trois jours au moins d'intervalle. Il délibère alors valablement sans condition de quorum.

▪ Le maire doit également s'assurer que le quorum est réuni :

- à la reprise de la séance après une suspension, c'est-à-dire une courte interruption ;
- lors de la mise en discussion de chaque point de l'ordre du jour (mais le quorum n'est pas nécessaire au moment du vote).

3. Publicité des séances

▪ En principe, les séances sont **publiques**. Toute personne, même étrangère à la commune, peut assister aux délibérations du conseil municipal dans la limite des places disponibles. En aucun cas, elle ne peut participer aux débats, sous peine de rendre illégales les délibérations concernées.

▪ Le CGCT prévoit cependant qu'à la demande de trois membres ou du maire, le conseil municipal peut décider, sans débat, à la majorité absolue des membres présents ou représentés, de siéger à **huis clos**.

▪ À l'inverse, les séances peuvent être enregistrées et **retransmises**, en direct ou en différé, par tous moyens de communication audiovisuelle.

B. Trois types de scrutin

1. Scrutin ordinaire

Le scrutin ordinaire consiste à voter à main levée (ou par assis et debout, en cas de scrutin serré dans une assemblée nombreuse).

2. Scrutin public

Le scrutin public se fait soit par appel nominal, chaque conseiller indiquant le sens de son vote, soit par bulletins nominatifs. Il a lieu sur la demande du quart des conseillers présents. Le nom des votants et le sens de leur vote sont inscrits sur le registre des délibérations.

3. Scrutin secret

Le scrutin secret peut être demandé par le tiers des conseillers présents. Il est en principe obligatoire pour toutes les désignations individuelles (élection du maire ou d'un adjoint par ex.).

> Dans le cadre de l'**état d'urgence sanitaire** déclaré pour faire face à l'épidémie de COVID-19, de nombreuses règles de caractère dérogatoire et temporaire visent à assurer la continuité du fonctionnement des institutions locales : définition du quorum, modalités de réunion, régime des délégations... La loi du 10 novembre 2021 portant diverses dispositions de vigilance sanitaire proroge leur application jusqu'au 31 juillet 2022.

Fiche 9

Attributions du conseil municipal

A. Compétence générale

1. Organe essentiel

▪ Le CGCT fait de l'assemblée municipale l'organe essentiel de la commune : « le conseil municipal règle par ses délibérations les affaires de la commune ».

Contrairement au maire qui est compétent lorsqu'un texte le prévoit, il possède une **compétence de principe ou de droit commun** : si aucun texte ne précise quelle est l'autorité communale compétente, il revient au conseil de prendre la décision.

▪ Toutefois, le conseil municipal peut autoriser le maire à exercer à sa place, par des **décisions municipales**, tout ou partie des 29 attributions énumérées par le CGCT, par exemple la fixation, dans les limites déterminées par le conseil municipal, des tarifs des services publics municipaux et les actions en justice au nom de la commune (voir Fiche 12). Le conseil municipal, à qui le maire doit rendre compte de ses décisions, peut à tout moment mettre fin à sa délégation.

2. Organe délibérant

▪ Le mot « **délibération** » possède deux sens : il désigne l'acte voté par une assemblée locale à la majorité absolue des suffrages exprimés, mais aussi les débats précédant cette adoption.

▪ Un conseil municipal peut voter **trois catégories d'actes** :

- des délibérations au sens strict qui constituent des décisions modifiant l'état du droit (par ex. délibération créant un emploi) ;
- des avis imposés par les textes (par ex. en cas de modification des limites du territoire communal) ou demandés par d'autres personnes juridiques (une commune limitrophe sur son plan local d'urbanisme par ex.) ;
- des vœux sur tous les objets d'intérêt local, même s'ils ne relèvent pas de sa compétence (par ex. il peut demander au préfet de fermer une installation polluante).

B. Principales attributions

Les nombreuses attributions du conseil municipal se rapportent, pour l'essentiel, à **trois pouvoirs**.

1. Pouvoir de désignation

- Aussitôt installé, le conseil municipal procède à l'élection du maire et des adjoints. S'il décide de constituer des commissions municipales, il en élit les membres.
- Il lui appartient également de désigner ses représentants pour siéger au sein d'organismes extérieurs tels que par exemple des syndicats intercommunaux, des syndicats mixtes ou des établissements publics locaux d'enseignement.

2. Pouvoir financier

Chaque année le conseil municipal examine et adopte le **budget**, ses recettes et ses dépenses de fonctionnement comme d'investissement.

> Si la commune compte 3 500 habitants et plus, il débat, dans les deux mois précédant l'examen du budget, d'un rapport présenté par le maire sur les orientations générales du budget, les engagements pluriannuels envisagés ainsi que sur la structure et la gestion de la dette. Dans les communes de plus de 10 000 habitants, ce rapport comporte, en outre, une présentation de la structure et de l'évolution des dépenses et des effectifs.

- Le conseil municipal est seul compétent pour fixer, depuis la loi du 10 janvier 1980, le taux des **impôts** communaux et pour décider du recours à l'emprunt.
- Il lui appartient enfin de délibérer sur le **compte administratif** qui, établi par le maire, présente les résultats de l'exécution du budget de l'exercice précédent.

3. Pouvoir de détermination des moyens humains, matériels et juridiques

- Seul le conseil municipal peut créer et supprimer les **services** publics, dont il définit les règles générales d'organisation, ainsi que les emplois de la commune.
- Il statue sur les grandes décisions relatives au **patrimoine** de la collectivité, sur les achats et les ventes d'immeubles par exemple.
- Il autorise le maire à agir en **justice** au nom de la commune (soit en demande, soit en défense).

> Le conseil municipal prend les décisions essentielles dans les **domaines de compétences** de la commune (voir Fiche 36). Par exemple, il adopte le plan local d'urbanisme (PLU) ou décide de créer une école maternelle ou élémentaire publique.

Fiche 10

Élection du maire

Il existe dans chaque commune un maire et un ou plusieurs adjoints (appelés adjoints au maire ou maires-adjoints) élus parmi les membres du conseil municipal. L'ensemble formé par le maire et les adjoints constitue la **municipalité**.

A. Conditions préalables à l'élection

Pour être maire (ou adjoint), un conseiller municipal ne doit pas être concerné par le régime des inéligibilités et des incompatibilités.

1. Régime des inéligibilités

La loi définit certaines inéligibilités, c'est-à-dire certaines situations qui interdisent à un conseiller d'être valablement candidat à cette élection.

Un ressortissant étranger de l'Union européenne élu comme conseiller municipal ne peut ainsi être élu maire (ou adjoint), ni en exercer même temporairement les fonctions.

2. Régime des incompatibilités

L'incompatibilité n'interdit pas au conseiller municipal de se présenter à l'élection et d'être régulièrement élu. Mais, en cas d'élection, il doit soit renoncer aux mandats, fonctions ou activités incompatibles, soit démissionner de ses fonctions de maire (ou d'adjoint). La loi peut aussi décider du sens de la régularisation.

Depuis 1985, le législateur a institué des incompatibilités en vue de limiter le **cumul des mandats** électoraux et des fonctions électives :

- incompatibilité entre les fonctions de maire et de président de conseil départemental ou régional ;
- depuis 2017, incompatibilité entre une fonction exécutive locale comme celle de maire, maire d'arrondissement ou adjoint au maire et un mandat de député ou de sénateur.

Aucune disposition constitutionnelle n'interdit aux **membres du Gouvernement** d'exercer une fonction exécutive locale, même si le Premier ministre peut leur enjoindre de renoncer à une telle fonction (« jurisprudence Jospin » instituée entre 1997 et 2007 et réactivée depuis 2012).

B. Modalités de l'élection

1. Règles relatives à la séance

■ Pour procéder à l'élection du maire (et des adjoints), le conseil municipal doit être **réputé complet** : tous les sièges doivent être pourvus. S'il est incomplet, il faut en principe commencer par pourvoir les sièges vacants, en faisant appel aux suivants de liste dans les communes d'au moins 1 000 habitants ou en organisant des élections complémentaires dans les plus petites communes.

> La **loi Engagement et proximité** permet toutefois l'élection de l'exécutif par un conseil municipal incomplet dans les communes de moins de 500 habitants ou pendant la dernière année du mandat.

Peu importe ensuite si tous les conseillers municipaux ne participent pas à la séance d'installation. Conformément à la règle de droit commun en matière de **quorum**, il suffit que la majorité d'entre eux soit physiquement présente au début de la séance.

■ Après un renouvellement intégral, c'est le **maire sortant** qui, même s'il n'a pas été réélu au conseil municipal, convoque les nouveaux conseillers, en fait l'appel et les déclare installés dans leurs fonctions.

Le **doyen d'âge**, c'est-à-dire le conseiller le plus âgé, prend alors la présidence de la séance et fait procéder à l'élection du maire.

2. Règles relatives au scrutin

■ Contrairement à celui des adjoints, le mode de scrutin est, pour les maires, **identique dans toutes les communes**.

■ L'élection du maire se fait à bulletins secrets et au **scrutin majoritaire à trois tours** :

- pour être élu au 1er ou au 2e tour, un candidat doit obtenir la majorité absolue des suffrages exprimés ;
- lors du 3e tour, la majorité relative suffit : le candidat qui obtient le plus grand nombre de suffrages devient maire ;
- en cas d'égalité des suffrages au 3e tour, le candidat le plus âgé est déclaré élu.

Dès qu'il est élu, le nouveau maire prend la présidence du conseil et organise l'élection des adjoints.

Fiche 11

Attributions étatiques du maire

A. Attributions de nature administrative

1. Trois attributions administratives

D'après le CGCT, le maire est chargé, sous l'autorité du préfet, de trois attributions administratives essentielles :

- publication et exécution des lois et règlements ;
- exécution des mesures de sûreté générale ;
- fonctions spéciales attribuées par les lois.

Le maire doit prendre toutes les **mesures locales** nécessaires à ces missions.

Dans le cadre de son **pouvoir hiérarchique**, le préfet peut lui adresser des instructions ou des injonctions et, en cas de carence, se substituer à lui.

Le maire est le **correspondant** dans la commune des administrations étatiques. Il peut avoir à leur égard une obligation d'information (ministère de la défense, services fiscaux, INSEE par ex.).

2. Principales fonctions spéciales

Parmi les principales fonctions spéciales attribuées par les lois, on peut retenir :

- la préparation et l'organisation des élections politiques nationales et locales ;
- la légalisation des signatures, c'est-à-dire la procédure par laquelle le maire authentifie la signature apposée à un acte par un de ses administrés ;
- la délivrance d'attestations et de certificats relatifs à la situation des administrés (par ex. attestation d'accueil pour les étrangers sollicitant un visa de court séjour).

La **loi du 1er août 2016** décide la mise en place en 2019 d'un répertoire électoral unique (REU) géré par l'INSEE, à partir duquel les listes électorales sont extraites avant chaque scrutin. La révision régulière des listes relève de la responsabilité des maires sous le contrôle d'une commission communale.

B. Attributions de nature judiciaire

1. Officier de police judiciaire

En tant qu'officiers de police judiciaire, le maire et les adjoints peuvent être amenés à participer au fonctionnement de la justice.

En droit, ils sont compétents pour recevoir des plaintes, constater des infractions, en rassembler les preuves et en rechercher les auteurs. Faute de posséder les connaissances juridiques, les compétences techniques et les moyens matériels nécessaires, les maires exercent cependant peu ces fonctions. Quant aux procureurs de la République, ils ont pour instruction de ne les solliciter que pour des missions de renseignements.

2. Officier d'état civil

L'**état civil** constitue au contraire un service public essentiel. En tant qu'officier d'état civil, le maire enregistre au nom de l'État les événements qui modifient l'état ou la capacité des personnes. Il reçoit les déclarations de naissance, il célèbre les mariages, il dresse les actes de décès. Enfin, il délivre aux usagers les actes d'état civil correspondants.

La **loi de modernisation de la justice du XXIe siècle** du 18 novembre 2016 prévoit que le recueil et l'enregistrement des déclarations conjointes de pacte civil de solidarité (PACS), précédemment effectués au greffe du tribunal d'instance, sont transférés aux officiers d'état civil à compter du 1er novembre 2017.

Dans l'exercice de ses attributions, le maire est tenu de respecter les instructions du **procureur de la République**.

Depuis la promulgation de la loi du 17 mai 2013, le **refus de marier deux personnes de même sexe** expose le maire ou l'adjoint à des sanctions disciplinaires.

Officiers d'état civil eux aussi, les **adjoints** n'ont pas besoin de délégation pour exercer ces fonctions, contrairement aux conseillers municipaux.

Enfin, le maire peut déléguer toute ou partie des fonctions d'officier de l'état civil à des **fonctionnaires titulaires de la commune**, à l'exception de la célébration du mariage et de la signature de l'acte de mariage qui demeurent un monopole des élus.

La **loi du 27 décembre 2019** comporte plusieurs dispositions destinées à améliorer l'exercice des attributions étatiques. Après chaque renouvellement général des conseils municipaux, le préfet et le procureur de la République reçoivent les maires du département pour leur présenter ces attributions. Par ailleurs, les maires et leurs adjoints reçoivent une carte d'identité tricolore.

Fiche 12

Attributions communales du maire

A. Attributions « exécutives »

1. Principales attributions

▪ Sous le contrôle du conseil municipal, le maire « est seul chargé de l'administration ». En tant qu'organe exécutif, il doit préparer et exécuter toutes les décisions de l'assemblée, même s'il ne les approuve pas.

▪ Voici les principales attributions « exécutives » du maire :

- il prépare, propose et exécute le budget ;
- il gère les biens et les revenus de la commune ;
- il prépare, négocie et, après « autorisation » du conseil (« injonction » serait plus exact), signe les contrats ;
- il représente la commune en justice.

Il appartient également au maire d'assurer l'entrée en vigueur des délibérations en les transmettant au contrôle de légalité et en prenant les mesures de publicité imposées par la loi (voir Fiche 40).

Dans le cadre de son **contrôle**, le conseil municipal peut prescrire au maire des mesures d'exécution et juger ou blâmer celles qu'il a prises.

2. Délégations du conseil municipal

▪ Le conseil municipal peut déléguer au maire le pouvoir d'exercer à sa place tout ou partie des **29 attributions** limitativement énumérées par le CGCT, telles que :

- la fixation, dans les limites déterminées par le conseil municipal, des tarifs des droits n'ayant pas un caractère fiscal (par exemple ceux des services publics municipaux) ;
- la préparation, la passation, l'exécution et le règlement des marchés et des accords-cadres lorsque les crédits sont inscrits au budget ;
- l'aliénation de gré à gré de biens mobiliers jusqu'à 4600 euros ;
- les actions ou les défenses en justice au nom de la commune.

▪ Le maire prend en principe personnellement les **décisions municipales** (apparentées à des délibérations et non à des arrêtés) et en rend compte au plus proche conseil municipal qui peut à tout moment mettre fin à la délégation.

La loi du 13 août 2004 autorise cependant la subdélégation du maire à un adjoint ou à un conseiller municipal en l'absence de disposition contraire de la délibération d'habilitation.

B. Attributions « exclusives »

1. Chef du personnel

Le maire est seul chargé de l'organisation interne des services municipaux et de la gestion des agents communaux. Il détient une compétence exclusive pour nommer, avancer, promouvoir, sanctionner, bref pour prendre toutes les mesures individuelles relatives au personnel.

Toutefois, le maire doit respecter le cadre juridique et budgétaire décidé par le conseil municipal qui est seul compétent pour créer ou supprimer un service ou un emploi et pour définir les règles générales d'organisation des services existants.

> Un maire ne peut recruter un agent si le conseil municipal n'a pas préalablement créé l'emploi correspondant.

2. Sécurité

Le maire est seul chargé de l'exercice des pouvoirs de **police administrative** générale ou spéciale dans le cadre de la commune (voir Fiche suivante).

> Le juge administratif annule ainsi pour incompétence une délibération du conseil municipal réglementant le stationnement des véhicules sur les voies publiques.

Le maire anime sur le territoire de sa commune la **politique de prévention de la délinquance**. Ainsi, il préside le conseil local de sécurité et de prévention de la délinquance (CLSPD). Par ailleurs, la législation lui reconnaît des prérogatives propres comme le rappel à l'ordre ou la création d'un conseil pour les droits et devoirs des familles.

> La **loi du 27 décembre 2019** renforce les échanges d'informations entre le maire et le procureur de la République ou les responsables locaux de la police ou de la gendarmerie nationales.

3. Urbanisme

Dans les **communes couvertes par un plan local d'urbanisme** adopté au niveau communal ou intercommunal (PLU ou PLUI), il délivre au nom de la commune les autorisations d'utilisation du sol (permis de construire, d'aménager ou de démolir).

Dans les **autres communes**, ces autorisations sont délivrées au nom de l'État par le maire ou dans certains cas par le préfet.

Fiche 13

Pouvoirs de police du maire

A. Définition des pouvoirs de police

1. Police administrative générale

■ En tant qu'autorité de police administrative générale, le maire est chargé de la police municipale et rurale, c'est-à-dire de prévenir les troubles à un ordre public concrétisé par une trilogie :

- la sécurité publique comprend la prévention des accidents, calamités, pollutions (par ex. incendies ou inondations) ainsi que la police des voies publiques ;
- la tranquillité publique consiste à assurer le repos des habitants en prévenant les risques de désordres, qu'ils résultent de tapages nocturnes ou d'une manifestation sur la voie publique ;
- la salubrité publique regroupe les mesures relatives à l'hygiène des personnes, des animaux et des choses.

Dans un arrêt du 27 octobre 1995, Commune de Morsang-sur-Orge, le **Conseil d'État** admet que le respect de la dignité de la personne humaine justifie l'arrêté municipal interdisant un spectacle de « lancer de nain » dans une discothèque et donc représente une quatrième composante de l'ordre public.

■ Dans ces domaines, le maire doit prendre toutes les mesures nécessaires. Les **mesures matérielles** peuvent consister à faire poser des barrières à l'occasion d'une manifestation ou à assurer la distribution de secours aux victimes d'une catastrophe naturelle.

Le maire peut également prendre des **actes juridiques**, soit des règlements (arrêté réglementant la mendicité sur la voie publique par ex.), soit des décisions individuelles (par ex. arrêté interdisant la tenue d'une réunion).

2. Polices spéciales

■ Les polices spéciales se rapportent, comme l'adjectif l'indique, à des aspects particuliers de l'ordre public (par ex. moralité) et/ou à certaines catégories d'administrés (étrangers par ex.), de situations (par ex. édifices menaçant ruine) ou d'activités (baignades par ex.). Elles résultent en principe de textes particuliers qui leur aménagent des règles spécifiques.

Le maire exerce ces pouvoirs de police spéciale au nom de l'État (par ex. délivrance de l'attestation d'accueil pour les étrangers sollicitant un visa de court séjour familial ou privé) et surtout de la commune (police de la circulation et du stationnement par ex.).

La **loi du 27 décembre 2019** renforce les pouvoirs de police du maire dans différents domaines (établissements recevant du public ou menaçant ruine, urbanisme...). Dans certains cas, il peut assortir ses décisions d'astreintes dont le produit revient à la commune.

B. Limites des pouvoirs de police

1. Limites spécifiques

Dans les **communes où la police est étatisée**, le soin de réprimer les atteintes à la tranquillité publique, à l'exception des bruits de voisinage, incombe à l'État qui a aussi la charge du bon ordre quand il se fait occasionnellement de grands rassemblements d'hommes. Le maire demeure compétent pour toutes les autres mesures.

À **Paris**, l'autorité de droit commun est le préfet de police agissant au nom de la commune ou de l'État. Le maire exerce toutefois des pouvoirs de police de proximité (par ex. bruits de voisinage, circulation et stationnement).

En matière d'assainissement, de collecte des déchets ménagers, d'accueil des gens du voyage ou de voirie, les pouvoirs de police peuvent être transférés au président de l'**EPCI à fiscalité propre compétent**. Mais les maires concernés possèdent un droit d'opposition.

2. Limites générales

Le maire doit respecter les **règlements nationaux et préfectoraux** qu'il peut toutefois aggraver (mais non assouplir) dès lors que cette aggravation est justifiée par des circonstances locales particulières.

Le **préfet de département** possède un pouvoir propre et un pouvoir de substitution en matière de police :

- il est seul compétent pour édicter les mesures dont le champ d'application excède le territoire d'une commune ;
- en cas de carence des autorités municipales, il peut prendre, pour toutes les communes du département, plusieurs ou une seule d'entre elles, toutes les mesures nécessaires. Si une seule commune est concernée, ce pouvoir de substitution ne peut intervenir qu'après une mise en demeure du maire restée sans résultat.

Fiche 14

Adjoints au maire

A. Élection des adjoints au maire

1. Fixation du nombre d'adjoints

L'assemblée détermine le nombre des adjoints qui ne doit pas dépasser 30 % de l'effectif légal du conseil municipal (par ex. pas plus de 16 adjoints pour un conseil municipal de 55 membres).

2. Modalités de l'élection

Ensuite l'assemblée procède à l'élection des adjoints :

- dans les communes de moins de 1 000 habitants, elle désigne dans les mêmes conditions que le maire le 1er adjoint, le 2e adjoint, etc., l'ordre de désignation déterminant le rang dans le tableau du conseil municipal ;
- dans les communes de 1 000 habitants et plus, les adjoints sont élus au scrutin de liste majoritaire à trois tours, le rang dans le tableau reprenant l'ordre de présentation dans la liste.

> En application de la loi du 27 décembre 2019, chaque liste est composée alternativement d'un candidat de chaque sexe. Par ailleurs, en cas de vacance d'un poste d'adjoint, l'élu est choisi parmi les conseillers de même sexe que celui auquel il succède.

B. Attributions des adjoints

1. Attributions reconnues par les textes

■ Les lois et les règlements se bornent à reconnaître aux **adjoints** la qualité d'officier d'état civil et d'officier de police judiciaire, ainsi qu'à les faire intervenir dans la présidence des bureaux de vote et dans le mécanisme de la suppléance.

■ Si le maire est suspendu, révoqué, absent ou empêché d'exercer ses fonctions (par ex. pendant une hospitalisation pour une opération grave), il est provisoirement remplacé par un adjoint dans l'ordre du tableau et, à défaut d'adjoint, par un conseiller municipal désigné par le conseil. Cet élu exerce alors toutes les fonctions du maire, qu'elles soient étatiques ou communales. Ce **mécanisme de la suppléance** détaillé par le CGCT ne doit pas être confondu avec celui de la délégation.

▪ Les lois n'attribuent à la **municipalité** aucune compétence juridique. Toute décision qu'elle prendrait collégialement, à la place du maire par exemple, serait inexistante. Toutefois, les réunions de municipalité (dites de bureau municipal) jouent souvent un rôle important dans l'élaboration des décisions qui sont juridiquement prises par le maire ou par les adjoints.

2. Fonctions déléguées par le maire

▪ Le CGCT permet au maire de déléguer une partie de ses fonctions à un ou plusieurs adjoints et à d'autres membres du conseil municipal. La loi du 27 décembre 2019 supprime le droit de priorité dont bénéficiaient les adjoints en cette matière.

Dans l'attribution des délégations, le maire n'est pas tenu par l'ordre du tableau (par exemple, il peut déléguer des fonctions à tous les adjoints autres que le 1er adjoint). Concrètement, il prend et publie un arrêté de délégation qui définit précisément les fonctions transférées.

▪ Le maire peut continuer d'intervenir dans le domaine délégué à l'adjoint ou au conseiller qui agit sous sa **surveillance et responsabilité**.

À tout moment, le maire peut **retirer sa délégation**. En cas de recours contentieux, le juge administratif s'assure que les motifs du maire concernent la bonne marche de l'administration communale.

Ainsi le Conseil d'État admet-il qu'un désaccord politique, s'il est exprimé publiquement par le délégataire ou s'il porte sur un point important de la gestion communale (par ex. le budget), justifie le retrait de délégation.

Différents textes permettent également au maire de donner des **délégations de signature** à des agents communaux. Celles accordées aux agents d'autorité (directeur général ou directeur général adjoint des services de mairie, directeur général ou directeur des services techniques, responsable de service) portent sur des actes librement définis par le maire dans ses arrêtés. Celles qui sont reconnues aux autres agents concernent des actes limitativement énumérés par des textes réglementaires (par ex. certification de la conformité et de l'exactitude des pièces justificatives produites à l'appui des mandats de paiement) ainsi que toutes les attributions relatives à l'état civil, à l'exception de la célébration du mariage et de la signature de l'acte de mariage.

Fiche 15

Statut de Paris, Lyon, Marseille

Comme les autres communes, Paris, Lyon et Marseille possèdent un conseil (de 163, 73 et 101 membres) et un maire. Mais la **loi PLM du 31 décembre 1982** institue dans ces trois villes les plus peuplées de France un statut dérogatoire pour rapprocher l'administration municipale des habitants.

La principale spécificité consiste dans la **division en arrondissements** (20 à Paris, 9 à Lyon et, à Marseille, 16 arrondissements regroupés 2 par 2 dans 8 secteurs) qui sont administrés par un maire et un conseil d'arrondissement.

> Au motif de corriger d'importants écarts de représentativité, la **loi du 28 février 2017** décide la fusion des 4 premiers arrondissements parisiens en un secteur unique (Paris Centre) à compter des élections de 2020.

A. Conseil d'arrondissement

1. Composition

Le conseil d'arrondissement comprend **deux catégories** de membres élus au suffrage universel direct dans le cadre de l'arrondissement selon le mode de scrutin mixte applicable aux communes de 1 000 habitants et plus :

- les conseillers municipaux ou conseillers de Paris, correspondant aux candidats les mieux placés des différentes listes électorales ;
- un nombre double de conseillers d'arrondissement, correspondant aux candidats suivants sur les listes.

2. Attributions

Contrairement au conseil municipal (dénommé conseil de Paris dans la capitale), dont le CGCT consacre la compétence de droit commun, le conseil d'arrondissement n'exerce que « certaines attributions limitativement définies » par les textes.

■ Certaines attributions n'emportent aucun pouvoir de décision. Sur toutes les affaires intéressant l'arrondissement, le conseil possède le **droit de s'informer et de s'exprimer**, notamment en adressant des questions écrites ou orales aux autorités communales, en demandant au conseil municipal de débattre d'une affaire et en émettant des vœux.

Dans l'autre sens, avant leur examen par le conseil municipal, le conseil d'arrondissement est saisi pour avis des dossiers dont l'exécution est prévue dans les limites de l'arrondissement.

Mais le CGCT attribue aussi au conseil d'arrondissement des **compétences décisionnelles**.

D'abord, il délibère sur l'implantation et le programme d'aménagement des équipements de proximité qui comprennent notamment les équipements à vocation éducative, sociale, culturelle, sportive et d'information de la vie locale (crèches, gymnases, etc.) destinés aux seuls habitants de l'arrondissement. Toutefois, la réalisation de ces équipements est subordonnée à une décision du conseil municipal.

Ensuite, il gère les équipements de proximité situés dans l'arrondissement et, avec son accord, tout équipement ou service de la commune dont la gestion est déléguée par le conseil municipal.

B. Maire et adjoints d'arrondissement

1. Désignation

Le **maire** d'arrondissement est élu au sein du conseil d'arrondissement, parmi les membres du conseil municipal, au scrutin majoritaire à trois tours. Cette fonction est incompatible avec celle de maire de la commune.

Le conseil d'arrondissement désigne, parmi l'ensemble de ses membres, des **adjoints** (entre 4 et le nombre correspondant à 30 % de l'effectif légal de l'assemblée). L'un des adjoints au moins doit être conseiller municipal. Les adjoints peuvent recevoir des délégations de fonctions de la part du maire d'arrondissement ou, s'il est absent ou empêché, le suppléer.

2. Attributions

Comme **agent de l'État**, le maire d'arrondissement exerce les attributions normales d'un maire en matière d'état civil, de recensement militaire et de respect de l'obligation scolaire. Comme ses adjoints, il possède la qualité d'officier d'état civil dans l'arrondissement. En revanche, il n'est pas officier de police judiciaire.

Comme **autorité décentralisée**, il préside le conseil d'arrondissement dont il prépare et exécute les délibérations.

Pour faire participer les associations à la vie locale, il existe dans chaque arrondissement un **comité d'initiative et de consultation d'arrondissement** réunissant les représentants des associations situées ou actives dans l'arrondissement qui le demandent.

Fiche 16

Établissements publics communaux

Les établissements publics communaux sont des organismes publics dotés de la personnalité morale et de l'autonomie financière, mais rattachés à une commune qui les subventionnent et qui contrôlent partiellement leur organisation et leurs activités.

A. Création facultative ou obligatoire

Certains établissements publics comme le centre communal d'action sociale (CCAS) peuvent résulter d'une obligation légale. D'autres comme les offices publics de l'habitat (OPH) traduisent une volonté du conseil municipal.

1. CIAS / CIAS

Les **CCAS** sont régis par le code de l'action sociale et des familles. En 1986, le législateur impose la création de plein droit de cet établissement public dans toutes les communes.

Toutefois, plusieurs communes peuvent se grouper dans un établissement public de coopération intercommunale afin de créer un centre intercommunal d'action sociale (**CIAS**) compétent pour mettre en œuvre tout ou partie de leurs attributions dans ce domaine. Par ailleurs, la loi du 7 août 2015 permet à la communauté de communes ou d'agglomération compétente en matière d'action sociale d'intérêt communautaire de créer un CIAS.

> En raison des nombreuses petites communes dépourvues de CCAS ou possédant un CCAS inactif ou peu actif, la **loi du 7 août 2015** limite la création obligatoire du CCAS aux communes de 1 500 habitants et plus qui représentent moins de 20 % des communes. Dans les autres communes, cette création devient facultative et une procédure permet de dissoudre un centre existant. En 2019, on dénombre 13 511 CCAS / CIAS.

2. OPH

Depuis 2007, les établissements publics compétents en matière d'habitations à loyer modéré (HLM) sont dénommés **offices publics de l'habitat** et soumis à un statut unique intégré dans le code de la construction et de l'habitation.

Un OPH est créé et dissous par décret à la demande de l'organe délibérant d'un EPCI compétent en matière d'habitat, d'une commune dès lors qu'elle n'est pas membre d'un EPCI compétent en matière d'habitat, d'un département ou d'un syndicat mixte.

> En 2019, il existe 232 offices publics de l'habitat.

B. Statut des établissements publics communaux

1. Principe d'autonomie

Chaque établissement est un sujet de droit doté d'une autonomie juridique (il possède la personnalité morale) et financière (il dispose d'un budget propre).

Dans l'ordre juridique, l'établissement dispose de la capacité patrimoniale (propriété et disposition de son patrimoine), de la capacité délictuelle (responsabilité) et de celle d'agir en justice. Il peut aussi recruter ses propres agents.

2. Nature administrative ou industrielle et commerciale

Les établissements publics administratifs (**EPA**) sont principalement soumis aux règles de la comptabilité et du droit publics, tandis que les établissements publics industriels et commerciaux (**ÉPIC**) sont surtout régis par les règles de la comptabilité et du droit privés. Les CCAS / CIAS ont une nature administrative et les OPH une nature industrielle et commerciale.

Selon la nature et le texte constitutif de l'établissement public, les **agents** qu'il recrute sont soumis au droit public (comme fonctionnaires ou contractuels), par exemple les auxiliaires de soins territoriaux employés dans les CCAS / CIAS, ou au code du travail, comme c'est le cas pour les agents recrutés depuis 2007 par les OPH.

3. Principe de spécialité

Contrairement aux communes, les établissements publics communaux ne bénéficient pas de la clause de compétence générale. Ils sont soumis au principe de spécialité.

Fondés pour gérer un service public déterminé, ils doivent s'en tenir aux compétences qui leur sont attribuées par les textes. Ainsi un CCAS ne saurait prendre en charge l'exploitation d'un cinéma ou d'un théâtre municipal (voir Fiche 18). Toute intervention en dehors de cette sphère est illégale et annulée par le juge.

Fiche 17

Organes du CCAS

A. Conseil d'administration

1. Organisation et fonctionnement

L'organe délibérant du CCAS est le conseil d'administration.

■ En plus du maire qui le préside, il comprend un **nombre** pair de membres fixé par le conseil municipal et compris entre 8 et 16.

La composition est paritaire. La moitié des membres sont des **conseillers municipaux** élus à la représentation proportionnelle par leur assemblée dans les deux mois suivant son renouvellement.

Les autres membres sont nommés par le maire, après appel à candidatures, parmi les **personnalités extérieures** actives dans le domaine social, avec l'obligation de représenter quatre secteurs associatifs : handicapés, personnes âgées et retraitées, associations familiales et lutte contre les exclusions.

■ En matière de convocation, de quorum, de vote ou de règlement intérieur, le **fonctionnement** du conseil d'administration ressemble beaucoup à celui du conseil municipal.

Il existe cependant des spécificités précisées par le code de l'action sociale et des familles. De plus, les séances du conseil d'administration ne sont pas publiques.

2. Attributions

Le conseil d'administration règle par ses **délibérations** les affaires du CCAS. Comme celles du conseil municipal, ses délibérations sont soumises au contrôle administratif et budgétaire de l'État.

Comme un conseil municipal, le conseil d'administration est donc chargé de prendre les **décisions essentielles** :

- il vote chaque année le budget ;
- il crée et supprime les emplois et les services dont il définit les règles générales d'organisation ;
- il décide de la passation de contrats comme des actions en justice…

Il lui appartient enfin de définir les différentes prestations sociales ainsi que leurs critères et conditions d'octroi.

Toutefois, certaines de ses délibérations exigent de la part du **conseil municipal** un avis conforme, en cas de recours à l'emprunt, ou un accord préalable dans l'hypothèse d'une modification de l'affectation ou d'une mise à disposition des locaux.

Le conseil d'administration peut **déléguer** une partie de ses pouvoirs au président ou au vice-président dans les huit matières limitativement énumérées par le CASF : attribution des prestations sociales, conclusion de divers contrats, action en justice…

Le délégataire doit rendre compte, à chacune des réunions du conseil d'administration, des décisions qu'il a prises personnellement en vertu de la délégation.

> Contrairement à une délégation de fonctions ou de signature, la **délégation de pouvoirs** dessaisit le délégant : le conseil d'administration perd son pouvoir de décision dans les matières déléguées pour le retrouver seulement en cas d'absence ou d'empêchement du délégataire.

Le conseil d'administration peut aussi prévoir dans son règlement intérieur la constitution et l'organisation d'une **commission permanente** présidée par le maire ou par un conseiller municipal désigné par lui. Il désigne les autres membres dans le respect de la parité entre membres élus et nommés. Libre de définir les compétences de la commission permanente dans le règlement intérieur, il peut lui déléguer le pouvoir de prendre des décisions dans des matières importantes comme l'attribution de prestations sociales.

B. Président du conseil d'administration

1. Organisation

- Le maire est **président** de droit du CCAS.
- Le conseil d'administration doit par ailleurs élire un **vice-président** qui remplace le président lorsque celui-ci est absent ou empêché.

2. Attributions

- Le président du CCAS a **compétence** pour préparer et exécuter les délibérations de l'organe délibérant, ordonnancer les dépenses et les recettes, diriger les services, nommer les agents, signer les contrats…
- Sous sa surveillance et sa responsabilité, il peut **déléguer** une partie de ses fonctions ou sa signature au vice-président et au directeur du centre d'action sociale.

> Le **directeur** est un agent territorial nommé par le président. Il assiste aux séances du conseil d'administration et, le cas échéant, de la commission permanente dont il assure le secrétariat. Par délégation du maire, il peut prononcer l'admission d'urgence à l'aide sociale.

Fiche 18

Compétences du CCAS

A. Compétences obligatoires

Malgré les compétences importantes reconnues aux départements ou aux organismes de sécurité sociale, le CCAS continue d'exercer des compétences obligatoires.

1. Aide sociale légale

Même si les lois de décentralisation attribuent une compétence de principe aux départements, le CCAS demeure un acteur important :

- il établit et transmet les dossiers dont l'instruction incombe à une autre autorité, notamment au département (aide sociale générale, aide sociale à l'enfance, aide sociale aux personnes âgées…) ;
- il participe à l'instruction des demandes d'aide sociale légale.

2. Revenu de solidarité active

La mise en œuvre du RSA généralisé par la loi du 1er décembre 2008 relève de la responsabilité de l'État et des départements. Mais les CCAS sont chargés d'apporter leur concours. Ils sont organismes de dépôt et instructeurs des demandes de RSA s'ils décident d'exercer cette compétence. Le projet de loi 4D du 12 mai 2021 permet, dans le cadre d'une expérimentation de cinq ans, la recentralisation partielle du RSA, l'État assurant et finançant l'instruction des demandes et l'attribution des prestations dans les départements volontaires (expérimentation en cours en Guyane, à Mayotte et à La Réunion, avec une extension programmée en Seine-Saint-Denis dès 2022).

> Le CCAS exerce, le cas échéant, les compétences que le département confie à la commune par convention, en matière de protection maternelle et infantile par exemple. Mais cette possibilité est rarement utilisée.

3. Protection universelle maladie

Depuis la loi du 27 juillet 1999, les caisses primaires d'assurance-maladie sont chargées de gérer les dossiers de la couverture maladie universelle remplacée en 2016 par la protection universelle maladie (PUMA). Selon le code de la sécurité sociale, les CCAS apportent leur concours aux intéressés dans leur demande d'affiliation et, avec leur accord, transmettre les documents à l'organisme compétent.

4. Lutte contre les exclusions

Les CCAS font partie des organismes que la loi charge de poursuivre une politique destinée à lutter contre les exclusions. Ils doivent ainsi procéder aux domiciliations des personnes sans domicile stable ou en habitat mobile ou précaire, afin qu'elles aient une adresse pour faire valoir leurs droits, notamment sociaux (RSA, PUMA, etc.).

5. Données et analyses sociales

■ Les CCAS constituent et tiennent à jour un **fichier** des habitants de la commune bénéficiaires d'une prestation d'aide sociale légale ou facultative.

■ Tous les six ans, les CCAS doivent procéder à une **analyse des besoins sociaux** de l'ensemble de leur population (suppression du caractère annuel de l'ABS par le décret du 21 juin 2016).

■ L'ABS fait l'objet d'un **rapport** présenté au conseil d'administration dans l'année civile suivant chaque renouvellement général des conseils municipaux. Les années suivantes, des analyses complémentaires, notamment thématiques, peuvent être présentées.

B. Compétences facultatives

1. Liberté d'action

Sur la base de ce rapport, chaque CCAS met en œuvre une **action générale** de prévention et de développement social ainsi que des **actions spécifiques** en direction de certains publics. Le contenu de ces compétences facultatives est laissé à la libre appréciation du CCAS.

2. Variété des actions

■ Le CCAS a la faculté de créer et de gérer les **établissements et services** à caractère social ou médico-social les plus divers : crèche, établissements d'hébergement pour personnes âgées dépendantes (ÉHPAD), dispensaire, service d'aide à domicile, SAMU social…

■ Le CCAS peut également intervenir au moyen de **prestations** prenant des formes variées :

- prestations remboursables (prêts aux particuliers incapables de payer une facture ou un loyer par ex.) ;
- prestations non remboursables en espèces (par ex. secours exceptionnel pour payer une facture ou allocation régulière comme une bourse d'étude), en nature (colis alimentaire, distribution de vêtements…) ou en bons d'achat (par ex. bons alimentaires, carte de transport).

Chaque CCAS définit librement les **conditions d'attribution** de ces prestations sous réserve de respecter le principe d'égalité des usagers devant le service public et de non-discrimination entre les Français et les étrangers.

> En 1989, le Conseil d'État juge illégale l'allocation de congé parental d'éducation que le bureau d'aide sociale de Paris verse aux seuls parents de nationalité française.

Fiche 19

Groupements et regroupements de communes

La France correspond à 15-16 % de la population et du territoire de l'Union européenne, mais ses 34465 communes représentent près de 37 % des communes européennes. 84,6 % des communes françaises comprennent moins de 2000 habitants et 889 micro-communes moins de 50 habitants. Nombre de ces petites communes ne possèdent pas les moyens financiers et techniques d'assurer seules les services publics imposés par la loi ou attendus par les administrés.

A. Lois de regroupement communal

1. Loi du 16 décembre 2010 créant le régime juridique des communes nouvelles

■ La loi du 16 juillet 1971 relative aux **fusions de communes** se solde par un échec avec seulement 1 100 communes réellement supprimées entre 1971 et 2009. À titre de comparaison, depuis 1950 le nombre des communes a diminué de 79 % au Royaume-Uni et de 41 % en Allemagne.

■ C'est pourquoi la loi du 16 décembre 2010 met en place un dispositif de création de communes nouvelles qui se veut plus simple, plus souple et plus incitatif. Mais en trois ans, cette réforme permet seulement la création d'une douzaine de communes nouvelles.

2. Loi du 16 mars 2015 améliorant le régime juridique des communes nouvelles

■ La commune nouvelle demeure une collectivité territoriale soumise au même régime juridique que les communes. Mais la loi de 2015 renforce les **mécanismes de stabilité électorale et d'identité administrative** au bénéfice des communes fondatrices. En l'absence de délibérations contraires et concordantes des conseils municipaux, les communes fondatrices deviennent automatiquement des communes déléguées dont le rôle correspond à celui des arrondissements de Paris, Lyon, Marseille, avec notamment un maire délégué, qui peut être assisté d'un conseil et d'un ou plusieurs adjoints, et une annexe de la mairie.

■ Dans un contexte de baisse des dotations étatiques, la mesure phare est la **garantie d'avantages financiers** précisés par les lois de finances ultérieures puis pérennisés dans celle de 2020.

Entre 2010 et 2019, 2 508 communes se sont regroupées pour créer 774 communes nouvelles (dont 97 % depuis 2016). Ce succès représente une « révolution territoriale silencieuse » de notre organisation territoriale.

B. Développement de la coopération intercommunale

1. Coopération conventionnelle

Les communes peuvent conclure entre elles des conventions qui, relevant de la liberté contractuelle, sont innombrables et variées (par ex. convention pour assurer la création ou le maintien d'un service nécessaire à la satisfaction des besoins de la population en milieu rural).

2. Coopération structurelle

▪ La coopération peut aussi déboucher sur la création d'une **structure juridique autonome** qui peut être de droit privé (association, société d'économie mixte locale, société publique locale) ou surtout de droit public avec les établissements publics de coopération intercommunale (EPCI).

▪ L'**intercommunalité associative** permet à des communes de gérer ensemble des activités ou des services publics qu'elles déterminent librement et dont elles assurent le financement. Cette forme traditionnelle d'intercommunalité correspond aux deux catégories des syndicats intercommunaux à vocation unique (SIVU) ou multiple (SIVOM).

▪ L'**intercommunalité fédérative** correspond à un degré d'intégration plus poussé : elle tend à regrouper les communes autour d'un projet de développement et se caractérise par des compétences obligatoires ainsi que par une fiscalité propre. Au 1er janvier 2021, ces 1 253 EPCI intègrent la quasi-totalité de la population.

Au 1er janvier 2021, on compte **7 369 EPCI répartis en 6 catégories** :
- 4 872 syndicats intercommunaux à vocation unique (SIVU) ;
- 1 233 syndicats intercommunaux à vocation multiple (SIVOM), auxquels peuvent être assimilés les 11 établissements publics territoriaux (EPT) de la métropole du Grand Paris ;
- 14 communautés urbaines (CU) ;
- 995 communautés de communes (CC) ;
- 223 communautés d'agglomération (CA) ;
- 21 métropoles.

Fiche 20

Vie juridique des EPCI

A. Création des EPCI

1. Procédure ordinaire

■ La procédure de création des EPCI comprend **quatre étapes**:

- l'initiative appartient soit à un ou plusieurs conseils municipaux, soit au préfet (sauf pour une métropole);
- par un arrêté, le préfet dresse de manière discrétionnaire la liste des communes incluses dans le projet de périmètre intercommunal. Quand l'initiative vient de lui, il doit demander l'avis de la commission départementale de coopération intercommunale (CDCI) composée d'élus locaux, sans toutefois être tenu de le suivre;
- les conseils municipaux concernés par l'arrêté de périmètre disposent de trois mois pour se prononcer sur la création et sur les statuts du nouvel EPCI. À défaut de délibération dans ce délai, leur accord est réputé acquis;
- si les conseils municipaux approuvent le projet d'EPCI à la majorité qualifiée, le préfet peut prendre un arrêté créant l'EPCI, mais cette création relève de sa compétence discrétionnaire, le juge limitant son contrôle à l'erreur manifeste d'appréciation.

La **majorité qualifiée** correspond aux deux tiers au moins des conseils municipaux représentant plus de la moitié de la population totale ou à la moitié au moins des conseils municipaux représentant les deux tiers de la population totale. Pour un EPCI à fiscalité propre, cette majorité doit comprendre la commune dont la population est la plus nombreuse et représente plus du quart de la population totale concernée.

■ En cas de création, les **communes ayant émis un vote défavorable** sont incorporées au nouvel EPCI.

2. Procédures dérogatoires

■ La **loi du 16 décembre 2010** dote les préfets, à partir de l'adoption des schémas départementaux de coopération intercommunale (SDCI), de pouvoirs temporaires et contraignants en vue d'achever et de rationaliser l'intercommunalité. Avec une condition de majorité intercommunale allégée ou même en l'absence de majorité, ils peuvent créer un EPCI à fiscalité propre ou modifier son périmètre et dissoudre un syndicat intercommunal ou mixte.

- La **loi MAPTAM du 27 janvier 2014** transpose cette procédure à la région Île-de-France.
- La **loi NOTRE du 7 août 2015** relance le processus de refonte de la carte intercommunale en relevant à 15 000 habitants le seuil de création des EPCI à fiscalité propre (avec des dérogations notamment pour les départements les moins denses et les zones de montagne).

La mise en œuvre de la loi NOTRE diminue de près de 40 % le nombre des EPCI à fiscalité propre. En raison des problèmes soulevés par les intercommunalités dites XXL, la **loi du 27 décembre 2019** instaure une procédure de « divorce à l'amiable » en permettant à une communauté d'agglomération ou de communes de se scinder en deux ou plusieurs EPCI.

B. Modifications statutaires

1. Définition des statuts

Les statuts consistent dans l'ensemble des dispositions approuvées lors de la procédure de création en vue de définir les règles essentielles de l'EPCI. Le CGCT leur impose quatre mentions : liste des communes membres, siège, durée, compétences transférées.

Depuis 2010, les statuts sont soumis aux conseils municipaux en même temps que la liste des communes intéressées, avant d'être approuvés par arrêté préfectoral.

2. Procédure de modification

Toutes les **modifications statutaires** – extension de périmètre ou de compétences, retrait, dissolution – exigent également un arrêté préfectoral. En principe, elles sont subordonnées à l'accord des conseils municipaux des communes membres dans les conditions requises en matière de création.

La procédure de **retrait** n'existe ni pour les communautés urbaines ni pour les métropoles.

Fiche 21

Administration des EPCI

A. Organe délibérant

1. Composition

Dénommé comité dans les syndicats et conseil dans les communautés et les métropoles, l'organe délibérant est composé de **représentants des communes membres** dont le mode de désignation dépend de la nature juridique de l'EPCI.

▪ Dans un **syndicat**, le comité est composé de délégués élus en leur sein par les conseils municipaux des communes membres. Le mode de scrutin est celui en vigueur pour les maires, c'est-à-dire secret et majoritaire à trois tours. Le mandat des délégués est lié à celui du conseil municipal qui peut cependant les remplacer à tout moment.

▪ Dans les **EPCI à fiscalité propre**, le mode de scrutin du conseil dépend de la strate démographique de la commune :

- dans les **communes de 1 000 habitants et plus**, la liste des candidats aux sièges de conseiller communautaire figure de manière distincte sur le même bulletin que la liste des candidats au conseil municipal. La composition de la première liste, qui comprend alternativement des candidats de chaque sexe, obéit à des règles assez complexes ;
- dans les **communes de moins de 1 000 habitants**, les conseillers communautaires représentant les communes au sein des organes délibérants des EPCI sont les membres du conseil municipal désignés dans l'ordre du tableau (le maire, le 1er adjoint, le 2e adjoint, etc.).

2. Fonctionnement

▪ Réuni une fois par trimestre au moins, l'organe délibérant est compétent pour prendre les **décisions essentielles** de l'ECPI : vote du budget, création et suppression des services et des emplois, conclusion des conventions…

▪ Le CGCT lui reconnaît la possibilité de **déléguer** une partie de ses attributions soit personnellement au président ou aux vice-présidents ayant reçu délégation, soit au bureau collégialement. Certaines compétences ne peuvent cependant faire l'objet de délégation, notamment les décisions budgétaires, les modifications statutaires et les délégations de service public.

B. Organe exécutif

1. Président

Le **président**, élu au scrutin secret et majoritaire à trois tours, est l'organe exécutif de l'EPCI. Il prépare et exécute les délibérations du comité ou du conseil. Il est le chef des services de l'EPCI qu'il représente en justice.

2. Bureau

En plus du président, le bureau comprend des vice-présidents et éventuellement un ou plusieurs autres membres du comité ou du conseil, tous élus au scrutin secret et majoritaire à trois tours. L'effectif des vice-présidents est en principe limité à 15 membres (20 pour les métropoles) et à 20 % de l'effectif total de l'organe délibérant.

3. Délégations

- S'il est seul chargé de l'administration, le président peut **déléguer**, sous sa surveillance et sa responsabilité, une partie de ses fonctions aux **vice-présidents** ou leur subdéléguer une délégation d'attribution reçue de l'organe délibérant. En cas d'absence ou d'empêchement de ces derniers ou s'ils sont tous titulaires d'une délégation, il peut donner délégation à d'autres membres du bureau.
- Il peut également donner, sous sa surveillance et sa responsabilité, par arrêté, délégation de signature à des **agents** de l'EPCI : directeur général (adjoint) des services, directeur (général) des services techniques, responsable de service.

> Pour renforcer le dialogue entre l'EPCI et ses communes membres, la **loi du 27 décembre 2019** permet l'élaboration d'un pacte de gouvernance en début de mandature et impose la création d'une conférence qui réunit sur un ordre du jour déterminé, à la demande de son président ou d'un tiers des maires dans la limite de quatre fois par an, l'ensemble des maires de l'intercommunalité. Pour mieux partager l'information intercommunale, elle rend tous les conseillers municipaux destinataires des documents relatifs aux affaires délibérées par le conseil ou le comité.

Fiche 22

Catégories d'EPCI

A. Intercommunalité associative

1. Catégories

Cette forme traditionnelle d'intercommunalité correspond à deux catégories d'EPCI : syndicats à vocation unique appelés SIVU et syndicats à vocation multiple ou SIVOM. Leur nombre a diminué de moitié depuis 2010.

Dans les statuts, les communes définissent librement la **compétence** (SIVU) ou les compétences (SIVOM) déléguées à l'EPCI. En cas de compétences multiples, les SIVOM possèdent depuis 1988 la faculté de mettre en place un « syndicalisme à la carte » : les communes peuvent adhérer pour une partie seulement des compétences syndicales, sans être tenues d'adopter les autres.

Les 11 **établissements publics territoriaux** (EPT) de la métropole du Grand Paris sont une forme particulière de syndicat intercommunal.

2. Caractéristiques

Correspondant à une forme peu intégrée d'intercommunalité, le syndicat possède un budget principalement alimenté par les **contributions communales** en fonction de critères définis par les statuts (nombre d'habitants ou d'élèves, tonnage d'ordures collectées, etc.). En revanche, il ne détient aucun pouvoir en matière de fiscalité locale directe.

Les 2 800 **syndicats mixtes** représentent une forme d'établissement public de coopération proche du syndicat de communes mais caractérisée par la présence de membres de nature juridique différente. Le syndicat mixte « ouvert » permet de réunir des communes, des départements, des régions, des EPCI ainsi que d'autres établissements publics (ententes interrégionales, chambres d'agriculture...). Le syndicat mixte « fermé » associe des communes et des EPCI ou seulement des EPCI, comme c'est le cas pour les 25 pôles métropolitains issus de la loi RCT.

B. Intercommunalité fédérative

1. Catégories

a. Métropoles

La loi du 16 décembre 2010 proposait, sauf en Île-de-France, la métropole aux agglomérations de plus de 500000 habitants. Une seule métropole ayant été instituée, la loi du 27 janvier 2014 décide autoritairement la création, à partir du 1er janvier 2015, de neuf métropoles de droit commun (Bordeaux, Lille, Strasbourg, Toulouse…) que peuvent rejoindre volontairement des ensembles urbains ou des zones d'emplois de plus de 400000 habitants. La loi du 28 février 2017 assouplit les conditions de création pour permettre à de nouveaux EPCI de se transformer en métropoles.

b. Communautés urbaines

Pour créer une **communauté urbaine**, le regroupement de communes d'un seul tenant et sans enclave doit depuis la loi MAPTAM constituer une agglomération de plus de 250000 habitants. Pas plus que les seuils précédemment fixés par le législateur (de 20000 selon la loi du 6 février 1992 à 500000 dans la loi du 12 juillet 1999), ce seuil ne s'applique aux communautés urbaines déjà existantes, la moins peuplée, celle d'Alençon, comptant moins de 58000 habitants.

c. Communauté d'agglomération

Pour créer une communauté d'agglomération, le regroupement de communes d'un seul tenant et sans enclave doit former un ensemble de plus de 50000 habitants autour d'une ou plusieurs communes centre de plus de 15000 habitants.

Mais des dérogations existent pour ces deux seuils démographiques. Par exemple, celui de 15000 habitants ne s'applique pas lorsque la CA comprend le chef-lieu du département ou la commune la plus importante du département. Et le seuil de 50000 habitants est réduit à 30000 lorsque la CA comprend le chef-lieu du département.

d. Communauté de communes

La loi impose seulement aux communautés de communes nouvellement créées d'être d'un seul tenant et sans enclave. Les lois RCT de 2010 et NOTRE de 2015 visaient la constitution d'EPCI comptant au moins 5000 et 15000 habitants, tout en aménageant des dérogations qui, en 2021, bénéficient à 28 % des EPCI (dont 4 regroupent moins de 5000 habitants).

2. Caractéristiques

Dotés de compétences légales, les EPCI de type fédératif ne peuvent être financés par les contributions des communes membres : ils possèdent obligatoirement une **fiscalité propre**. Ce mode de financement les dote d'un pouvoir fiscal comparable à celui des collectivités territoriales.

Fiche 23

Compétences des EPCI

A. Principes

Tout EPCI reçoit des compétences régies par les principes de spécialité et d'exclusivité.

1. Principe de spécialité

En application du principe de spécialité, l'EPCI ne peut intervenir que dans le champ des compétences qui lui ont été transférées par les communes (spécialité fonctionnelle) et à l'intérieur de son périmètre (spécialité territoriale).

2. Principe d'exclusivité

En vertu du principe d'exclusivité, les EPCI sont les seuls à pouvoir agir dans les domaines se rattachant aux compétences qui leur ont été transférées : les communes sont dessaisies de ces compétences et doivent transférer les services et les agents qui leur étaient affectés.

B. Compétences légales

Depuis la suppression des compétences optionnelles par la loi Engagement et proximité, les **compétences légales** sont obligatoires.

Les communautés et les métropoles peuvent également exercer des **compétences supplémentaires** traditionnellement dénommées facultatives qui sont librement transférées par les communes.

1. Définition des compétences obligatoires

- Les **métropoles** représentent la forme la plus intégrée d'intercommunalité. D'une part, elles bénéficient d'un élargissement des compétences obligatoires reconnues aux communautés urbaines (voir plus bas). D'autre part, la métropole de droit commun exerce des compétences normalement dévolues aux départements (action sociale, routes, collèges…) et aux régions (lycées et développement économique). L'État peut lui déléguer des compétences en matière de logement ou lui transférer la propriété de grands équipements et infrastructures.
- Les **communautés urbaines** se caractérisent par sept blocs de compétences obligatoires : développement et aménagement économique, social et culturel ; aménagement de l'espace (urbanisme, transports urbains, voirie) ; équilibre social de l'habitat (politique du logement notamment social par ex.) ; politique de la ville ; gestion des

services d'intérêt collectif (par ex. assainissement et eau) ; protection et mise en valeur de l'environnement et politique du cadre de vie (collecte et traitement des déchets ménagers par ex.) ; aménagement, entretien et gestion des aires d'accueil des gens du voyage.

- Les compétences obligatoires de la **communauté d'agglomération** concernent 10 domaines : développement économique ; aménagement de l'espace ; équilibre social de l'habitat ; politique de la ville ; aménagement, entretien et gestion des aires d'accueil des gens du voyage ; collecte et traitement des déchets ménagers ; gestion des milieux aquatiques et prévention des inondations (GEMAPI) ; eau ; assainissement des eaux usées ; gestion des eaux pluviales urbaines.

- La **communauté de communes** exerce de plein droit des compétences relevant de sept groupes : actions de développement économique ; aménagement de l'espace pour la conduite d'actions d'intérêt communautaire (par ex. plan local d'urbanisme) ; aménagement, entretien et gestion des aires d'accueil des gens du voyage ; collecte et traitement des déchets ménagers ; GEMAPI ; eau ; assainissement des eaux usées (possibilité de reporter au 1er janvier 2026 le transfert de ces deux dernières compétences).

2. Notion d'intérêt communautaire

La définition des compétences obligatoires repose souvent sur la notion d'intérêt communautaire (ou métropolitain) qui constitue la ligne de partage, au sein d'une compétence, entre les domaines transférés à l'EPCI et ceux restant à la commune.

Il appartient au conseil intercommunal de déterminer l'intérêt communautaire à la majorité des deux tiers des suffrages exprimés. Cette détermination doit intervenir dans les deux ans suivant le transfert de compétence. À défaut, l'intégralité de la compétence est transférée à l'EPCI.

La **loi du 27 décembre 2019** vise à donner plus de libertés dans la répartition des compétences. Ainsi elle clarifie la procédure permettant à un EPCI de restituer aux communes membres une compétence supplémentaire et renforce le rôle des communes dans l'élaboration, l'évaluation ou la modification du plan local d'urbanisme intercommunal (PLUI).

Fiche 24

Composition du conseil départemental ou régional

Le département et la région sont administrés par un organe délibérant, le conseil départemental ou régional, et par un organe exécutif, le président de conseil départemental ou régional. Les **règles applicables** à leurs organes sont globalement identiques, à l'exception notamment du mode de scrutin de l'assemblée et d'une structure consultative obligatoire propre à la région.

A. Élection des conseillers départementaux

1. Nature du scrutin

- Les départements sont divisés en 2 054 **cantons** entre lesquels existent des inégalités démographiques que la législation récente vise à réduire.
- Depuis les élections de mars 2015, les conseillers départementaux sont renouvelés intégralement tous les **six ans**.
- Ils sont élus au **scrutin majoritaire binominal** à deux tours. Les deux candidats de sexe différent figurent dans l'ordre alphabétique sur le bulletin de vote qui mentionne également, pour chaque candidat, la personne de même sexe normalement appelée à le remplacer comme conseiller départemental en cas de vacance du siège.

2. Modalités du scrutin

- Pour être élu dès le **1er tour**, le binôme doit réunir à la fois la majorité absolue des suffrages exprimés et un nombre de suffrages égal au quart des électeurs inscrits.
- Sinon, les binômes obtenant un score représentant au moins 12,5 % des électeurs inscrits peuvent se maintenir au **2e tour** où la majorité relative suffit : est élu celui qui obtient le plus grand nombre de suffrages. En cas d'égalité, l'élection est acquise au binôme qui comporte le candidat le plus âgé.

> La mise en œuvre du nouveau mode de scrutin en mars 2015 fait des conseils départementaux les seules assemblées locales où la **parité** est parfaitement assurée.

B. Élection des conseillers régionaux

1. Nature du scrutin

- La loi du 2 mars 1982 décide l'élection au suffrage universel direct des conseillers régionaux qui intervient pour la première fois en 1986. Ils sont intégralement renouvelés tous les **six ans**.
- La loi du 19 janvier 1999 corrigée en 2003 instaure un **mode de scrutin mixte** combinant majorité et proportionnalité comme dans les communes pratiquant le scrutin de liste. Élaborées dans le cadre régional, les listes sont complètes et bloquées (sans panachage). Toutefois, les candidats de chaque liste sont répartis dans des sections départementales. Dans chaque section, la liste est composée alternativement d'une personne de chaque sexe.

2. Modalités du scrutin

La **répartition des sièges** se fait en deux temps.

- Dans un **premier temps**, les sièges sont attribués aux différentes listes en fonction du nombre de suffrages obtenus dans la région par chacune.

Si au **1er tour** une liste obtient la majorité absolue des suffrages exprimés, on commence par lui attribuer le quart des sièges. Puis on répartit les trois autres quarts à la représentation proportionnelle entre toutes les listes ayant obtenu au moins 5 % des suffrages exprimés.

Sinon, les listes créditées d'au moins 10 % des suffrages exprimés peuvent se présenter au **2e tour**. Elles peuvent modifier leur composition pour s'adjoindre des candidats issus des listes éliminées ayant reçu au moins 5 % des suffrages exprimés. Après le scrutin, la répartition des sièges se fait comme au 1er tour, la prime majoritaire bénéficiant à la liste arrivée en tête.

- Dans un **second temps**, les sièges attribués à chaque liste sont répartis entre ses sections départementales au prorata des voix obtenues par la liste dans les départements correspondants selon la règle de la proportionnelle. L'objectif d'ancrage territorial donne ainsi naissance à un mode de scrutin dont le Conseil constitutionnel a reconnu la complexité.

> Dans les conseils régionaux, le **taux de féminisation** est de 48,1 % au 1er janvier 2021.

Fiche 25

Organisation du conseil départemental ou régional

A. Système des commissions

Les assemblées départementales et régionales créent **deux catégories** de commissions :

- la commission permanente, qui ne possède pas d'équivalent à l'échelon communal, est obligatoire ;
- les commissions chargées de préparer les délibérations du conseil, qui sont comparables aux commissions municipales (voir Fiche 7), sont facultatives.

1. Constitution de la commission permanente

■ Composée du président du conseil, de vice-présidents et, éventuellement, d'autres membres, la commission permanente reflète la pluralité politique du conseil.

Le conseil fixe un **nombre** de vice-présidents compris entre 4 et 15, sans que ce nombre puisse être supérieur à 30 % de son effectif. Celui des autres membres est librement défini par l'assemblée.

■ La **désignation** de la commission permanente prend place tout de suite après l'élection du président. Les membres autres que le président sont élus au scrutin de liste, chaque liste devant être composée alternativement d'un candidat de chaque sexe.

Le CGCT distingue **deux procédures**.

Dans le **premier cas de figure**, les conseillers, après avoir fixé le nombre des postes, s'accordent sur leur répartition : dans l'heure qui suit cette fixation, une seule liste est déposée. À l'expiration de ce délai, les différents postes de la commission permanente sont pourvus immédiatement selon l'ordre de la liste.

À défaut, les membres de la commission permanente sont élus à la **représentation proportionnelle** à la plus forte moyenne, sans panachage ni vote préférentiel. Dans cette seconde hypothèse, après l'attribution des sièges, le conseil doit procéder à l'élection des vice-présidents (voir Fiche 28).

2. Renouvellement de la commission permanente

Les membres de la commission permanente sont nommés pour la même **durée** que le président, c'est-à-dire en principe six ans.

Le sort de la commission est étroitement lié à celui du président. Si celui-ci décède ou démissionne, il est procédé au **renouvellement** de la commission permanente dans le délai d'un mois.

B. Conseil économique, social et environnemental

La région se caractérise par l'existence **obligatoire** du conseil économique, social et environnemental régional qui est une assemblée consultative à laquelle la loi Grenelle 2 du 12 juillet 2010 a ajouté une composante environnementale.

1. Composition

Le CÉSER comprend 100 à 190 **membres** désignés pour six ans et répartis en quatre collèges :

- représentants des entreprises et activités professionnelles non salariées ;
- représentants des organisations syndicales de salariés ;
- représentants des organismes participant à la vie collective de la région (universités, mutuelles, etc.) ainsi que des représentants des associations et fondations agissant pour la protection de l'environnement et des personnalités choisies pour leur compétence en matière d'environnement et de développement durable ;
- personnalités nommées par le préfet de région et concourant, par leur qualité ou leurs activités, au développement de la région.

2. Attributions

Le CÉSER possède des **attributions consultatives** élargies par la loi NOTRE du 7 août 2015.

■ Préalablement à leur examen par le conseil régional, il est obligatoirement saisi pour avis des textes les plus importants (notamment documents budgétaires et contrat de plan État-région). De même, le président du conseil peut lui demander un avis sur tout projet économique, social, culturel ou environnemental.

■ Par ailleurs, le CÉSER peut émettre de lui-même des avis sur toute question de la compétence régionale.

■ Enfin, la loi NOTRE lui donne pour mission de contribuer à des évaluations et à un suivi des politiques publiques régionales.

> Chaque CÉSER rendrait, sur saisine ou autosaisine, en moyenne 25 productions par an (avis, rapports, études, contributions).

Fiche 26

Fonctionnement du conseil départemental ou régional

A. Réunion des conseils

1. Convocation des conseils

■ Le conseil se réunit à l'**initiative** de son président, au moins une fois par trimestre, dans un lieu du département ou de la région choisi par la commission permanente (en principe l'hôtel du département ou de la région). L'assemblée est également réunie à la demande, soit de la commission permanente, soit du tiers des conseillers sur un ordre du jour déterminé et pour une durée ne pouvant excéder deux jours.

■ Le président est compétent pour convoquer le conseil départemental ou régional. Il a l'obligation d'envoyer aux conseillers, 12 jours au moins avant la réunion, un **rapport**, « sous quelque forme que ce soit », sur chacune des affaires qui leur seront soumises. Les rapports peuvent être mis à la disposition des conseillers qui le souhaitent par voie électronique de manière sécurisée.

La méconnaissance du délai de 12 jours rend illégales les délibérations adoptées. Le président peut abréger ce délai qui ne peut toutefois être inférieur à un jour franc. Il rend alors compte dès l'ouverture de la séance du conseil qui se prononce sur l'**urgence** et peut décider le renvoi de la discussion, pour tout ou partie, à l'ordre du jour d'une séance ultérieure.

2. Condition de quorum

Pour que l'assemblée départementale ou régionale puisse valablement siéger et délibérer, le **quorum** doit être atteint : la majorité absolue de ses membres en exercice doit être physiquement présente lors de l'ouverture de la séance (les procurations ne sont pas prises en compte). Par ailleurs, lors de la réunion suivant le renouvellement intégral de l'assemblée, les deux tiers de ses membres doivent être présents.

Si le quorum n'est pas atteint, le conseil se réunit de **plein droit** trois jours plus tard. Il délibère alors valablement quel que soit le nombre des présents.

Le président doit s'assurer que le quorum est réuni à **deux autres moments** :
- à la reprise de la séance après une suspension (c'est-à-dire une courte interruption) ;
- lors de la mise en discussion de chaque point de l'ordre du jour.

B. Déroulement des séances

1. Attributions du président

Le président du conseil préside en principe les séances de l'assemblée. Il ouvre la séance, fait l'appel et constate le quorum. Puis il fait approuver le procès-verbal de la réunion précédente et désigner un ou plusieurs conseillers pour remplir les fonctions de secrétaire, introduit les questions inscrites à l'ordre du jour, dirige les débats, met aux voix les délibérations, décompte les suffrages et prononce la clôture de la séance.

2. Publicité des séances

▪ En principe, les séances sont **publiques.** Toute personne peut assister aux délibérations du conseil à condition de ne pas participer aux débats, sous peine de rendre illégales les délibérations concernées.

Pour que le public ne trouble pas les débats, le président dispose d'un ensemble de pouvoirs – appelé **police de l'assemblée** – comme celui de faire expulser de l'auditoire ou arrêter un fauteur de troubles.

> Avec l'accord du président, ou sur demande du Premier ministre, le **préfet** de département ou de région peut être entendu par le conseil départemental ou régional. De plus, il informe chaque année l'assemblée de l'activité des services de l'État dans le département ou la région par un rapport spécial qui, éventuellement, donne lieu à un débat en sa présence.

▪ À la demande de cinq conseillers ou du président, le conseil peut décider, sans débat, à la majorité absolue des membres présents ou représentés, de siéger à **huis clos.**

À l'inverse, les séances peuvent être **retransmises**, en direct ou en différé, par tous moyens de communication audiovisuelle.

> Dans le cadre de l'**état d'urgence sanitaire** déclaré pour faire face à la pandémie de COVID-19, de nombreuses règles de caractère dérogatoire et temporaire visent à assurer la continuité du fonctionnement des institutions locales et de l'exercice des compétences des collectivités territoriales : définition du quorum, modalités de réunion, régime des délégations... La loi du 10 novembre 2021 portant diverses dispositions de vigilance sanitaire proroge leur application jusqu'au 31 juillet 2022.

Fiche 27

Attributions du conseil départemental ou régional

A. Compétence de principe

1. Attributions des conseils

L'assemblée départementale ou régionale est l'organe essentiel du département ou de la région. Contrairement au président compétent lorsqu'un texte le prévoit, l'organe délibérant possède une **compétence de principe** ou de droit commun.

Ses nombreuses attributions se rapportent, pour l'essentiel, à **trois pouvoirs** :

- pouvoir de désignation ;
- pouvoir financier ;
- pouvoir de détermination des moyens humains, matériels et juridiques de la collectivité.

▪ Aussitôt installé, le conseil procède à l'**élection** du président, des vice-présidents et des autres membres de la commission permanente. Il lui appartient également de désigner ses membres ou ses délégués pour siéger au sein d'organismes extérieurs, par exemple ses représentants dans les conseils d'administration des établissements scolaires dont il a la charge.

▪ Chaque année, dans les 2 mois (départements) ou 10 semaines (régions) précédant l'examen du budget préparé par le président, le conseil débat d'un rapport préparé par le président sur les orientations budgétaires de l'exercice, les engagements pluriannuels envisagés, la structure et l'évolution des dépenses et des effectifs ainsi que sur la structure et la gestion de la dette. Il est seul compétent pour adopter ce **budget** sans pouvoir déléguer ce pouvoir à un autre organe. Après la clôture de l'exercice, il délibère sur le compte administratif établi par le président pour présenter les résultats de l'exécution du budget.

▪ Enfin, seul le conseil peut créer et supprimer les **services publics**, dont il définit les règles générales d'organisation, ainsi que les emplois de la collectivité. Il statue sur les grandes décisions relatives au **patrimoine** de la collectivité, sur les achats et les ventes d'immeubles par exemple. Il autorise le président à intenter une action en **justice** au nom du département ou de la région.

2. Délibérations des conseils

Le mot « délibération » possède **deux sens** : il désigne l'acte voté par une assemblée locale à la majorité des suffrages exprimés, mais aussi les débats précédant cette adoption.

Un conseil départemental ou régional peut voter **trois catégories d'actes** :

- des délibérations au sens strict qui sont des décisions modifiant l'état du droit (délibération créant un service ou un emploi par ex.) ;
- des avis imposés par les textes ou demandés par d'autres personnes juridiques, l'État notamment (par ex. sur toute modification des limites territoriales de la collectivité ou le transfert de son chef-lieu) ;
- enfin, même si aucun article du CGCT ne le prévoit, des vœux sur des objets d'intérêt départemental ou régional, par exemple pour solliciter de l'État la construction d'une autoroute.

Comme le conseil municipal, l'assemblée départementale ou régionale peut recourir à **trois types de scrutin** : ordinaire, public et secret (voir Fiche 8).

B. Délégations des conseils

1. Commission permanente

Le CGCT reconnaît seulement **trois compétences propres** à la commission permanente :

- demander une réunion du conseil ;
- fixer le lieu de réunion du conseil ;
- donner un avis conforme au président pour défendre la collectivité en justice.

En effet, cette commission a surtout vocation à exercer, dans l'intervalle des sessions, les attributions que lui délègue l'assemblée. Ces **délégations** peuvent concerner des affaires déterminées mais aussi des catégories d'affaires (par ex. conclusion de différents contrats), à l'exception des compétences de nature budgétaire (vote du budget, approbation du compte administratif, création des emplois…).

2. Président du conseil

Il est traditionnellement interdit au conseil ou à la commission permanente de (sub)déléguer une partie de leurs attributions au président du conseil.

Toutefois, depuis 2001, plusieurs textes ont permis à l'assemblée départementale ou régionale de déléguer à son président de nombreuses catégories de décisions (voir Fiche 30).

Fiche 28

Constitution de l'exécutif départemental ou régional

A. Élection du président du conseil

1. Conditions préalables à l'élection

En principe, tout conseiller peut se présenter à l'élection de président du conseil. Le législateur a toutefois institué des **incompatibilités** en vue de limiter le cumul des mandats électoraux et des fonctions électives.

Ainsi les fonctions de président de conseil départemental et régional sont incompatibles entre elles depuis 1985 et incompatibles avec celles de maire depuis 2000.

Depuis 2017, le cumul du mandat de député ou de sénateur avec la fonction de président ou vice-président de conseil départemental ou régional est interdit. Un parlementaire peut siéger au conseil départemental ou régional, mais pas recevoir une délégation de fonctions.

> Si aucune disposition constitutionnelle n'interdit aux membres du Gouvernement d'exercer une fonction exécutive locale, le Premier ministre peut leur enjoindre de renoncer à une telle fonction (« jurisprudence Jospin » instituée entre 1997 et 2007 et réactivée en 2012).

2. Modalités de l'élection

- Le conseil élit son président lors de la **réunion de droit qui suit chaque renouvellement.** Pour cette élection, le conseil est présidé par son doyen d'âge.

Il ne peut délibérer que si les deux tiers de ses membres sont physiquement présents à l'ouverture de la séance. Si la condition relative au **quorum** n'est pas remplie, la réunion se tient de plein droit trois jours plus tard. Elle peut avoir lieu quel que soit le nombre des conseillers présents.

- L'élection du président de conseil se fait à bulletins secrets et au **scrutin majoritaire à trois tours**.

Pour être élu au **1er ou 2e tour**, un candidat doit bénéficier de la majorité absolue des membres du conseil (et non des seuls suffrages exprimés). Cette exigence vise à empêcher que, par le jeu des absences, des abstentions et des votes blancs, un président sans réelle majorité ne soit élu.

Lors du **3e tour**, auquel peuvent participer des conseillers non candidats aux tours précédents, la majorité relative suffit : le candidat obtenant le plus grand nombre de suffrages devient président. En cas d'égalité des suffrages, le candidat le plus âgé est déclaré élu.

▪ Dans les conseils départementaux, il n'est pas nécessaire d'être candidat pour être élu. En revanche, nul ne peut être élu président de région s'il n'a, préalablement à chaque tour de scrutin, remis aux conseillers régionaux, par l'intermédiaire du doyen d'âge, une **déclaration écrite** présentant les grandes orientations politiques, économiques et sociales de son action pour la durée de son mandat.

De plus, l'élection du président de région ne doit donner lieu à aucun **débat**, à peine de nullité. Par contre, le doyen d'âge peut autoriser un débat lors de l'élection du président de conseil départemental.

B. Constitution du bureau

1. Composition du bureau

Après l'élection du président et sous sa présidence, le conseil fixe le **nombre** des vice-présidents (compris entre 4 et 15, sous réserve de ne pas dépasser 30 % de l'effectif du conseil) et des autres membres de la commission permanente.

2. Désignation du bureau

Comme la constitution de la commission permanente, la désignation des vice-présidents peut se faire de **deux façons** distinctes.

▪ Dans le **premier cas de figure**, les conseillers s'accordent sur l'attribution des vice-présidences : dans l'heure qui suit la fixation du nombre des vice-présidents, les conseillers déposent une seule liste. À l'expiration de ce délai, les différents sièges sont pourvus immédiatement dans l'ordre de la liste et il en est donné lecture par le président.

▪ Sinon, l'assemblée départementale ou régionale, après avoir élu à la représentation proportionnelle les membres de la commission permanente, procède à l'affectation des vice-présidences au **scrutin de liste majoritaire** à trois tours, sans panachage ni vote préférentiel. Chaque liste de candidats doit être composée alternativement d'un candidat de chaque sexe.

Fiche 29

Fonctionnement de l'exécutif départemental ou régional

A. Président du conseil

1. Durée du mandat

▪ Le président du conseil est **normalement** élu pour six ans, c'est-à-dire jusqu'au prochain renouvellement de l'assemblée. Mais son mandat présidentiel peut prendre fin **prématurément**, notamment à la suite d'une démission ou d'un décès.

▪ Le **conseil** n'a pas la possibilité de démettre le président ou un vice-président, pas plus d'ailleurs que le président du conseil ne peut destituer un de ses vice-présidents. Autrement dit, l'exécutif départemental ou régional n'est pas politiquement responsable devant l'assemblée.

> Contrairement aux maires et aux adjoints, le président et les vice-présidents, qui ne sont pas des agents déconcentrés de l'État, ne peuvent être suspendus ou révoqués par les **autorités étatiques**.

2. Remplacement du président

▪ Lorsque le siège de président devient vacant ou lorsque le président est absent ou empêché, les fonctions présidentielles sont provisoirement exercées par un vice-président dans l'ordre du tableau (1er vice-président, 2e vice-président, etc.) et, à défaut, par un conseiller choisi par le conseil. Ce suppléant exerce alors toutes les fonctions du président de conseil. Cette **procédure de la suppléance** ne doit pas être confondue avec celle de la délégation.

▪ En cas de vacance, le conseil procède à l'**élection d'un nouveau président** dans le délai d'un mois. Dans les départements, ce renouvellement est précédé des élections partielles nécessaires pour que l'assemblée soit juridiquement au complet, mais l'institution du suppléant vise à rendre ce cas de figure peu fréquent. Le nouveau président achève le mandat entamé par son prédécesseur. Sa première tâche doit consister à assurer le renouvellement de la commission permanente.

3. Délégation de fonctions

Bien qu'elle ne représente pas une obligation juridique, la délégation de fonctions constitue une nécessité pratique. Les **vice-présidents** bénéficient d'un droit de priorité que des considérations pratiques ont conduit à atténuer. Le président ne peut déléguer à un autre membre du conseil qu'en cas d'absence ou d'empêchement de tous les vice-présidents ou dès lors que ceux-ci sont tous titulaires d'une délégation.

Concrètement, le président prend et publie un **arrêté de délégation** qui définit précisément les fonctions transférées. Il peut continuer d'intervenir dans le domaine délégué au vice-président qui agit sous sa surveillance et sa responsabilité.

Les délégations subsistent tant qu'elles ne sont pas rapportées. Mais, à l'instar du maire, le président peut à tout moment **retirer** une délégation de fonctions dès lors que ses motifs concernent la bonne marche de l'administration départementale ou régionale.

> Le président peut, sous sa surveillance et sa responsabilité, donner **délégation de signature** aux responsables des services de la collectivité, ainsi qu'aux chefs des services déconcentrés de l'État (voir Fiche 41) mis à sa disposition pour l'exécution des missions qu'il leur confie.

B. Bureau départemental ou régional

1. Composition du bureau

Le **bureau départemental** comprend le président et les membres de la commission permanente ayant reçu délégation de fonctions.

Le **bureau régional** comprend le président, les vice-présidents et, le cas échéant, les membres de la commission permanente ayant reçu délégation de fonctions. Contrairement à leurs homologues départementaux, les vice-présidents font donc obligatoirement partie du bureau, qu'ils bénéficient ou non d'une délégation du président.

2. Attributions du bureau

Le bureau ne possède **aucune attribution juridique** : il ne participe à la fonction exécutive que par les délégations des membres qui le composent. Toute décision qu'il prendrait collégialement, par exemple au lieu et place du président, serait inexistante.

Mais, en principe politiquement homogène, il peut constituer un lieu où se débattent les orientations, se définissent les politiques et s'élaborent les décisions.

Fiche 30

Attributions du président du conseil départemental ou régional

A. Attributions « exécutives » du président

1. Principales attributions

■ « Seul chargé de l'administration », le président de conseil départemental ou régional est l'**organe exécutif** du département ou de la région. Il a l'obligation de préparer et d'exécuter les délibérations de l'assemblée ainsi que de la commission permanente, même s'il ne les approuve pas.

■ Voici ses **principales attributions « exécutives »** :

- il prépare, propose et exécute le budget ;
- il gère le domaine du département ou de la région ;
- il prépare, négocie et, après « autorisation » du conseil, signe les contrats ;
- il accomplit les formalités nécessaires à l'entrée en vigueur des délibérations (voir Fiche 40) ;
- il représente le département ou la région en justice : avec l'autorisation du conseil il intente les actions au nom de la collectivité, et sur avis conforme de la commission permanente il défend à toute action intentée contre la collectivité.

Le président de conseil intervient dans les domaines de compétences propres à sa collectivité. Ainsi, le **président de conseil départemental** attribue de nombreuses prestations sociales (RSA, APA, etc.).

2. Contrôle et délégations du conseil

■ Dans le cadre de son **contrôle**, le conseil peut prescrire au président des mesures d'exécution et juger ou blâmer celles qu'il a prises.

Chaque année, le président rend compte au conseil, par un **rapport spécial**, de la situation du département ou de la région, de l'activité et du financement des différents services de la collectivité et des organismes qui dépendent de celle-ci. Le rapport précise également la situation financière de la collectivité et l'état d'exécution des délibérations du conseil.

Depuis 2001, plusieurs textes permettent à l'assemblée de **déléguer** à son président de nombreuses catégories de décisions, telles que :

- réalisation et gestion des emprunts destinés au financement des investissements prévus par le budget ;
- préparation, passation, exécution et règlement des marchés et des accords-cadres lorsque les crédits sont inscrits au budget ;
- actions en justice (en demande ou en défense) dans les cas définis par le conseil.

Sauf disposition contraire dans la délibération portant délégation, le président du conseil peut **subdéléguer** les attributions confiées par le conseil.

Il doit **rendre compte** à la plus proche réunion du conseil des actes pris dans le cadre des délégations reçues.

B. Attributions « exclusives » du président du conseil

1. Attributions communes

En tant que **chef des services** de la collectivité, le président définit l'organisation interne de ces services et assure la gestion de leurs agents. Il détient un pouvoir propre, exclusif de toute intervention du conseil, pour nommer, avancer, promouvoir, sanctionner, bref pour prendre toutes les mesures individuelles relatives au personnel.

Mais le président doit respecter le **cadre juridique et budgétaire** décidé par le conseil qui est seul compétent pour créer et supprimer un service ou un emploi.

Le CGCT charge conjointement le président de conseil départemental ou régional et le préfet de département ou de région d'assurer la **coordination** entre l'action des services de la collectivité et celle des services de l'État dans le département ou la région.

2. Pouvoirs de police

Bien que le **président de conseil régional** soit compétent pour gérer le domaine de la région, il n'exerce aucun pouvoir de police lié à cette gestion, en l'absence notamment de routes régionales.

Contrairement au maire, le **président de conseil départemental** n'est pas une autorité de police administrative générale. Le CGCT lui reconnaît des pouvoirs de police portant sur deux objets particuliers :

- en tant qu'autorité chargée de gérer le **domaine départemental**, il exerce les pouvoirs de police liés à cette gestion, par exemple pour assurer la viabilité des voies départementales, donc la commodité et la sécurité de la circulation.
- il exerce la police des **ports maritimes départementaux**.

Fiche 31

Statut de l'élu local

Régulièrement amélioré (en dernier lieu par la loi Engagement et proximité du 27 décembre 2019), le statut de l'élu local vise à démocratiser l'accès aux mandats électifs.

A. Droits bénéficiant aux élus salariés

1. En cas de poursuite de l'activité professionnelle

■ Les **autorisations d'absence** bénéficient à tous les élus locaux. Elles obligent leur employeur public ou privé à leur laisser le temps nécessaire pour participer aux réunions énumérées par le CGCT (par ex. séances plénières du conseil et réunions des commissions).

■ Le **crédit d'heures** consiste dans un nombre d'heures forfaitaire et trimestriel dont un élu local dispose librement pour administrer sa collectivité ou pour préparer les réunions des instances où il siège. Son montant est déterminé en fonction de la durée légale du travail, des fonctions exercées et, dans une commune, de sa strate démographique (de 10h30 pour les conseillers des communes de moins de 10000 habitants à 140h pour les maires des communes d'au moins 10000 habitants).

2. En cas de cessation de l'activité professionnelle

■ La loi permet à certains élus, comme les maires et leurs adjoints ou les présidents et vice-présidents des conseils départementaux et régionaux, de cesser leur activité professionnelle pour se consacrer pleinement à leur mandat en leur garantissant un régime de protection sociale et de retraite.

■ Après leur mandat, ces élus peuvent demander à reprendre leur activité professionnelle. Le cas échéant, les élus autres que les maires des communes de moins de 1 000 habitants et les adjoints des communes de moins de 10000 habitants bénéficient de l'allocation de fin de mandat.

B. Droits concernant tous les élus

1. Droit à la formation

Les conseillers municipaux, départementaux et régionaux « ont **droit** à une formation adaptée à leurs fonctions ».

Les **frais** d'enseignement, de déplacement et de séjour sont pris en charge par la collectivité. Les pertes de revenu sont compensées, dans la limite de 18 jours par élu pour la durée d'un mandat et d'une fois et demie la valeur horaire du SMIC (soit 1 981 euros au 1er octobre 2021).

Depuis 2017, les élus locaux bénéficient d'un **droit individuel à la formation** de 20 heures par an, cumulable sur toute la durée du mandat.

2. Indemnités de fonction

Bien que le CGCT maintienne le principe de la gratuité des fonctions, il reconnaît aux élus locaux le droit à **des indemnités de fonction** qui prennent progressivement la forme d'une rémunération professionnelle.

Il appartient au conseil, dans les trois mois suivant son installation, de fixer le montant de ces indemnités en respectant les plafonds imposés par la loi en fonction de la catégorie juridique et de l'importance démographique de la collectivité (sauf demande contraire et expresse du maire, son indemnité est, de droit et sans délibération, fixée au maximum). Ces plafonds sont revalorisés au même rythme que les traitements des fonctionnaires.

Au 1er janvier 2021, le **plafond** mensuel brut varie, pour les maires, entre 992 euros, dans les communes de moins de 500 habitants, et 5 640 euros, dans les communes d'au moins 100 000 habitants (7 487 euros à Paris). Pour les présidents de conseil départemental et régional, il s'élève à 5 640 euros.

Les indemnités maximales des **adjoints** représentent environ 40 % de celles applicables aux maires et celles des **vice-présidents** de conseil départemental ou régional correspondent à celles des conseillers majorées de 40 %.

Contrairement aux **conseillers** départementaux et régionaux dont l'indemnité peut varier de 1 556 à 2 723 euros selon la population de la collectivité, les conseillers municipaux ne reçoivent d'indemnités de fonction que dans trois cas, s'ils bénéficient d'une délégation de fonctions par exemple.

Pour tous les élus, le versement de l'indemnité de fonction est subordonné à l'**exercice effectif des fonctions**. Un maire incarcéré ou un adjoint privé de délégation ne peut donc la percevoir.

Fiche 32

Droits politiques des élus

A. Information des élus

1. Droit à l'information

Le CGCT consacre le **droit des conseillers** d'être informés des affaires de la collectivité faisant l'objet d'une délibération. La qualité de cette information se montre essentielle, sous peine de transformer les conseils en chambres d'enregistrement des projets de délibération proposés par l'exécutif.

2. Deux types d'information

- L'information peut être **préalable**. Avant la séance, en plus de l'envoi de l'ordre du jour, des notes explicatives de synthèse ou des rapports, le maire ou le président a l'obligation de mettre à la disposition des conseillers tous les documents nécessaires à une étude des dossiers.

> Dans les départements, les régions et les communes de 3 500 habitants et plus, l'organe exécutif doit débattre chaque année d'un **rapport sur les orientations générales du budget,** les engagements pluriannuels envisagés ainsi que sur la structure et la gestion de la dette.

- Le droit des conseillers à une information **complémentaire** en cours de séance a également été consacré par le Conseil d'État : ils doivent pouvoir consulter les pièces et documents nécessaires à leur information sur l'affaire faisant l'objet de la délibération.

> Depuis 1992, les conseillers ont le droit de poser des **questions orales** concernant les affaires de la collectivité, ce qui leur assure une publicité. Le maire ou le président a l'obligation de donner les explications ou les informations demandées.

B. Participation des élus

1. Système des commissions

- Dans les communes de plus de 1 000 habitants, la composition des différentes **commissions municipales** (y compris la commission d'appel d'offres et la commission de délégation de service public) doit respecter le principe de la représentation proportionnelle de façon à permettre l'expression pluraliste des conseillers municipaux.

▪ Ce pluralisme est aussi imposé à la commission permanente dans les départements et les régions (voir Fiche 25).

2. Mission d'information et d'évaluation

Le conseil des communes de 50 000 habitants et plus, des départements et des régions peut créer pour six mois maximum une **mission d'information et d'évaluation** lorsqu'un sixième (communes) ou un cinquième (départements, régions) des conseillers le demande.

Composée à la représentation proportionnelle, elle est chargée de recueillir des éléments d'information sur une question d'intérêt local ou de procéder à l'évaluation d'un service public local (par ex. rapport de la MIE sur la propreté présenté au conseil de Paris en 2018).

Pour renforcer les droits de l'opposition, la loi Engagement et proximité prévoit qu'à la demande d'un dixième au moins des conseillers municipaux, un **débat portant sur la politique générale** de la commune est organisé une fois par an au maximum.

3. Bulletins d'information générale

Dans les communes de 1 000 habitants et plus, les départements et les régions, lorsque la collectivité diffuse, sous quelque forme que ce soit (site internet ou page Facebook y compris), un bulletin d'information générale sur les réalisations et la gestion du conseil, un espace doit être réservé à l'expression des conseillers n'appartenant pas à la majorité municipale ou des groupes d'élus départementaux et régionaux.

4. Moyens à la disposition des élus

Des moyens peuvent être mis à la disposition des élus pour l'exercice de leurs fonctions :

- dans les communes de plus de 3 500 habitants, prêt (sans frais) d'un local commun aux conseillers n'appartenant pas à la majorité municipale ;
- dans les communes de plus de 100 000 habitants, les départements et les régions, affectation aux groupes d'élus de moyens matériels (local administratif, matériel de bureau) ou humains (un ou plusieurs collaborateurs).

Fiche 33

Participation des habitants

A. Structures obligatoires

1. Commission consultative des services publics locaux

Une commission consultative des services publics locaux doit être créée dans les communes de plus de 10000 habitants, les départements et les régions. Composée de conseillers élus à la représentation proportionnelle et de représentants d'associations locales désignés par l'assemblée, la CCSPL examine des rapports et formule des avis sur des projets relatifs aux services publics que la collectivité délègue contractuellement à un tiers ou qu'elle exploite en régie dotée de l'autonomie financière ainsi que sur les projets de partenariat.

2. Structures spécifiques à certaines collectivités

- La loi impose des structures consultatives à des catégories de collectivités déterminées. Il existe ainsi dans chaque région un **conseil économique, social et environnemental régional** (voir Fiche 25).
- Depuis 2002, les conseils municipaux des communes de 80000 habitants et plus doivent constituer des **conseils de quartier** dont ils définissent la composition et le fonctionnement et auxquels ils peuvent attribuer des locaux et allouer des crédits de fonctionnement. Ces conseils peuvent être consultés par le maire et lui faire des propositions sur toute question concernant le quartier ou la ville. Le maire peut les associer à l'élaboration, à la mise en œuvre et à l'évaluation des actions intéressant le quartier, en particulier celles menées au titre de la politique de la ville.
- La loi du 21 février 2014 de programmation pour la ville et la cohésion urbaine met en place des **conseils citoyens** dans l'ensemble des quartiers prioritaires de la politique de la ville afin d'associer les habitants à toutes les étapes de l'élaboration des contrats de ville. Dans les communes de 80000 habitants et plus, ils peuvent remplacer les conseils de quartier si le maire le décide.
- Pour renforcer le rôle du maire comme acteur essentiel de la politique de prévention de la délinquance, la loi du 5 mars 2007 impose la création d'un **conseil local de sécurité et de prévention de la délinquance** (CLSPD) dans les communes de plus de 5000 habitants et dans les communes comprenant un quartier prioritaire de la politique de la ville, sauf si elles appartiennent à un EPCI à fiscalité propre compétent ayant institué un conseil intercommunal de sécurité et de prévention de la délinquance.

B. Structures facultatives

1. Création des comités consultatifs

Les conseils municipaux peuvent créer des comités consultatifs sur tout problème d'intérêt communal. Leur **composition** est décidée par le conseil municipal sur proposition du maire pour une durée ne pouvant excéder celle du mandat en cours. Présidés par un élu désigné par le maire, ils comprennent des personnes extérieures au conseil, notamment des représentants d'associations locales.

Ils prennent des **formes variées** en fonction des priorités municipales : conseil des Anciens, conseil des étrangers, comité consultatif du sport, commission du vélo…

Les deux catégories les plus répandues sont les comités de quartier, chargés de traiter des problèmes de la vie quotidienne et de représenter l'ensemble des habitants du quartier, qu'ils soient électeurs ou non, et les commissions municipales élargies (ou extramunicipales) comprenant, en plus des conseillers de la commission municipale correspondante (des sports par ex.), des responsables associatifs, des usagers, des habitants.

Peuvent être rapprochés des comités consultatifs les **conseils municipaux d'enfants ou de jeunes** : apparus en 1979, ils seraient aujourd'hui environ 2 000.

2. Attribution des comités consultatifs

Les comités consultatifs peuvent être consultés par le maire sur toute question ou projet intéressant les services publics et équipements de proximité et entrant dans le domaine d'activité des associations membres du comité. Ils peuvent aussi transmettre au maire des propositions. En aucun cas, ils ne peuvent décider à la place du conseil municipal, même sur « délégation » de celui-ci.

Fiche 34

Consultation ou référendum local

La **loi du 6 février 1992** consacre la faculté pour les conseils municipaux de consulter les électeurs sur les affaires de la commune. Cette procédure de consultation locale est étendue en 2014 à toutes les collectivités territoriales ainsi qu'aux EPCI. Par ailleurs, la **loi constitutionnelle du 28 mars 2003** permet aux seules collectivités territoriales d'organiser des référendums décisionnels.

A. Procédure commune

1. Décision des élus

■ L'**initiative** peut venir des conseillers ou de l'exécutif. En matière de consultation locale, le CGCT admet l'initiative populaire : l'assemblée locale peut être saisie par un cinquième des électeurs inscrits sur les listes électorales, dans une commune, et un dixième des électeurs, dans les autres collectivités territoriales.

Dans tous les cas, l'organe délibérant décide discrétionnairement l'**organisation** d'une consultation ou d'un référendum, fixe ses modalités, arrête la date du scrutin et convoque les électeurs.

■ La **période** et le **nombre** des consultations et référendums locaux font l'objet de restrictions importantes :

- une collectivité territoriale ne peut organiser deux votes portant sur un même objet dans un délai inférieur à un an ;
- un vote ne peut avoir lieu dans les six mois précédant le renouvellement de son assemblée délibérante ;
- un référendum ne peut intervenir pendant la campagne ou le jour du scrutin des élections nationales ou locales au suffrage universel direct ou indirect.

Sur le fond, l'**objet de la consultation** est logiquement limité aux décisions relevant des autorités territoriales organisatrices, qu'il s'agisse de l'assemblée (par ex. implantation d'un centre de tri des déchets) ou de l'organe exécutif (réglementation de la mendicité par ex.).

Une procédure accélérée de **contrôle de légalité** permet aux préfets de veiller au respect de ces règles.

2. Vote des électeurs

Un **dossier d'information** sur l'objet du vote décidé par la collectivité territoriale doit être mis à disposition du public.

Il revient aux **maires**, en tant qu'agents l'État, d'organiser le scrutin dont les **dépenses** sont obligatoirement prises en charge par la collectivité territoriale décisionnaire.

Les **électeurs de la collectivité** font connaître par *oui* ou par *non* s'ils approuvent le projet de délibération ou d'acte qui leur est présenté. Seuls les électeurs français et, pour les consultations ou référendums communaux, les ressortissants étrangers de l'Union européenne inscrits sur les listes complémentaires établies pour les élections municipales (voir Fiche 6) peuvent participer au vote. La convocation d'autres habitants (par ex. mineurs, étrangers) entache la procédure d'illégalité.

B. Des portées et des bilans différents

1. Portées juridiques

Dans le cadre de la **consultation locale**, l'avis des électeurs est facultatif et simple. Après avoir pris connaissance du résultat de la consultation, l'autorité compétente arrête sa décision sur l'affaire. Du point de vue juridique, elle n'est pas liée par l'avis des électeurs. Le refus d'en tenir compte peut bien sûr présenter un coût politique et électoral.

Dans le cadre du **référendum local**, le projet de texte est adopté si la moitié au moins des électeurs inscrits a pris part au scrutin et s'il réunit la majorité des suffrages exprimés. Il acquiert un caractère exécutoire selon les règles de publicité et de contrôle ordinaires

2. Bilans pratiques

Le nombre des **consultations communales** organisées se montre relativement faible (une vingtaine par an).

Le **bilan** du référendum local apparaît encore plus décevant : aucune région ou aucun département ne l'a utilisée, et les communes ont organisé neufs référendums locaux pendant les trois premières années d'application (par ex. implantation d'éoliennes ou création d'une police municipale).

De nombreuses collectivités territoriales recourent aux **nouvelles technologies** pour associer les habitants à la conception ou à l'élaboration des politiques publiques (consultations ouvertes sur internet, budgets participatifs, etc.).

Fiche 35

Répartition des compétences territoriales

A. Principes des lois de décentralisation

1. Blocs de compétences

▪ En vertu de la théorie des « blocs de compétences », toutes les compétences relatives à tel ou tel domaine doivent être attribuées, « dans la mesure du possible », à une seule catégorie de collectivités. Le but est d'assurer la transparence et d'éviter l'ingérence d'une collectivité dans le champ de compétences d'une autre.

▪ Par-delà la diversité des compétences transférées (voir Fiches 36 et 37), il est possible d'identifier les **vocations dominantes** des trois niveaux de la décentralisation territoriale :

- la maîtrise du sol (urbanisme) et la responsabilité des services ou équipements de proximité pour les communes ;
- les missions de solidarité sociale (aide sociale) et territoriale (aide aux communes) pour les départements ;
- le développement économique ainsi que la réflexion et l'impulsion en matière d'aménagement du territoire pour les régions.

2. Clause de compétence générale

▪ Cette clause a traditionnellement pour effet d'habiliter les collectivités territoriales à prendre, même en l'absence d'un texte spécifique, toute décision présentant un intérêt local, qu'il s'agisse de créer un service public ou d'attribuer une subvention par exemple. En l'absence d'une définition précise et limitative de l'intérêt local, il appartient au conseil d'en fixer les contours, dans le respect des lois et sous le contrôle du juge.

Selon la jurisprudence administrative, la reconnaissance d'un intérêt local suppose **trois conditions** :

- l'intérêt recherché doit être public (par ex. illégalité d'une délibération créant et finançant une voie exclusivement privée) ;
- l'intervention doit avoir des retombées suffisamment directes pour la collectivité, notamment en termes de satisfaction des besoins économiques, sociaux, culturels, etc., de la population locale ;
- l'intervention ne doit pas constituer une immixtion dans un conflit collectif du travail (une grève notamment), ni dans un conflit politique national ou international.

■ Les collectivités territoriales doivent respecter la **liberté du commerce et de l'industrie**, qui réserve en principe les activités industrielles et commerciales à l'initiative privée, ainsi que les **interdictions posées par le législateur** (par ex. de subventionner des activités cultuelles ou de financer un parti politique ou un candidat à une élection).

B. Imbrication des interventions territoriales

1. Imbrication inévitable

■ Les lois de décentralisation consacrent **deux mécanismes contradictoires.** En effet, elle se donne pour objectif de définir des blocs légaux de compétences, mais en même temps, en consacrant la clause de compétence générale, elle permet à toute collectivité territoriale d'intervenir dans un domaine légalement attribué à une autre catégorie de collectivités ou à l'État dès lors qu'un intérêt local le justifie et qu'aucune loi ne l'interdit.

■ La **quasi-totalité des politiques publiques** fait l'objet d'interventions et de financements à la fois des collectivités territoriales et de l'État, qui continue d'intervenir dans des domaines transférés, voire d'autres acteurs publics (administrations de sécurité sociale, établissements publics, etc.).

2. Généralisation du partenariat

La systématisation de la procédure contractuelle vise à organiser et à rationaliser la multiplicité des interventions. Dans tous les domaines, on assiste à une multiplication de dispositifs conventionnels ayant pour objet d'associer l'ensemble des partenaires à la mise en œuvre d'une même politique ou à la mise en place d'un même équipement : contrats locaux de sécurité, contrats de ville, etc. Le commissariat général à l'égalité des territoires en recense près de 1 000 « s'enchevêtrant les uns aux autres ».

La spécialisation des compétences départementales et régionales instituée en 2015 n'a pour l'instant pas clarifié les interventions territoriales. Le développement de la différenciation territoriale voulu par Emmanuel Macron (voir Fiche 5) devrait au contraire complexifier la répartition des compétences territoriales.

Fiche 36

Principales compétences territoriales

A. Compétences régionales

Domaine	
Aménagement du territoire Développement économique	• Élaboration / adoption du schéma régional d'aménagement, de développement durable et d'égalité des territoires (SRADDET) • Définition des orientations en matière de développement économique et élaboration / adoption du schéma régional de développement économique, d'innovation et d'internationalisation (SRDEII) • Compétence exclusive pour la définition des aides aux entreprises (à l'exception des aides à l'immobilier d'entreprises) • Participation à la coordination des acteurs du service public de l'emploi
Éducation Formation	• Élaboration / adoption du schéma régional de l'enseignement supérieur, de la recherche et de l'innovation • Propriété, création, (re)construction, équipement, entretien et fonctionnement des lycées et des établissements d'éducation spéciale publics • Responsabilité de la formation professionnelle
Environnement Urbanisme	• Initiative de la création des parcs naturels régionaux et élaboration de leurs chartes • Élaboration / adoption du plan régional de prévention et de gestion des déchets
Transports Voirie	• Organisation des transports non urbains, routiers et ferroviaires (à l'exception des transports spécialement destinés aux élèves handicapés)

B. Compétences départementales

Domaine	
Aménagement du territoire Développement économique	• Élaboration / adoption avec l'État du schéma départemental d'amélioration de l'accessibilité des services au public • Programme d'aide à l'équipement rural • Aides aux entreprises sinistrées par une catastrophe naturelle après autorisation préfectorale • Participation financière aux aides dans les secteurs de l'agriculture, de la sylviculture, de la pêche et de l'aquaculture dans le cadre d'une convention avec la région
Éducation Formation	• Propriété, création, (re)construction, équipement, entretien et fonctionnement des collèges publics
Environnement Urbanisme	• Institution et gestion des espaces naturels sensibles • Établissement du plan départemental des espaces, sites et itinéraires relatifs aux sports de nature (PDESI)
Transports Voirie	• Organisation des transports non urbains spécialement destinés aux élèves handicapés • Création et entretien de la voirie départementale

C. Compétences (inter)communales

Domaine	
Aménagement du territoire Développement économique	• Participation financière aux aides aux entreprises dans le cadre d'une convention avec la région • Définition et attribution des aides à l'immobilier d'entreprises
Éducation Formation	• Propriété, création, construction, équipement, entretien et fonctionnement des écoles publiques
Environnement Urbanisme	• Collecte et traitement des ordures ménagères • Distribution publique d'eau potable et financement de l'assainissement collectif • Établissement du plan local d'urbanisme et, dans ce cas, délivrance des autorisations d'utilisation du sol
Transports Voirie	• Élaboration du plan de déplacements urbains • Organisation et fonctionnement des transports urbains (voyageurs et scolaires) • Création et entretien de la voirie communale

Fiche 37

Compétences sociales et sanitaires des collectivités territoriales

A. Compétences régionales

Domaine	
Action sociale et sanitaire	• Définition des objectifs particuliers de santé, puis détermination et mise en œuvre des actions correspondantes • Participation aux différentes commissions exécutives des agences régionales de santé • Contribution au financement et à la réalisation d'équipements sanitaires pouvant intervenir dans les quartiers prioritaires de la politique de la ville • Attribution d'aides pour l'installation ou le maintien des professionnels de santé dans les zones déficitaires en offres de soins • Définition de la politique de formation des travailleurs sociaux et d'insertion des jeunes • Organisation d'actions qualifiantes pour la mise en œuvre de la politique d'apprentissage et de formation professionnelle dans le cadre de la recherche d'emploi ou de la réorientation professionnelle • Financement des opérations programmées dans le cadre des contrats de ville pour développer la prévention et l'accès aux soins • Promotion le développement social et sanitaire

B. Compétences départementales

Domaine	
Action sociale et sanitaire	• Définition de la politique d'action sociale et médico-sociale du département (en tenant compte des compétences confiées par la loi aux autres acteurs publics et privés) • Élaboration et la mise en œuvre des schémas départementaux d'organisation sociale et médico-sociale • Coordination des actions sociales et médico-sociales • Autorisation de la création ou de la transformation des établissements et services sociaux et médico-sociaux fournissant des prestations relevant de la compétence du département et leur habilitation à tarifier les prestations fournies • Présidence du conseil d'administration des établissements publics spécialisés • Mise en œuvre de toute aide ou action relative à la prévention ou à la prise en charge des situations de fragilité, au développement social, à l'accueil des jeunes enfants et à l'autonomie des personnes • Prise en charge des prestations légales d'aide sociale telles que : – aide sociale à l'enfance et aux familles – aides aux personnes âgées – prestation de compensation du handicap (PCH) et allocation personnalisée d'autonomie pour les personnes âgées à domicile (APA) – revenu de solidarité active (RSA) • Conduite de l'insertion sociale et professionnelle des allocataires

Action sociale et sanitaire	• Copilotage du plan d'alerte et d'urgence au profit des personnes âgées, des personnes handicapées ou en perte d'autonomie en cas de risques exceptionnels • Tutelle administrative et financière sur la maison départementale des personnes handicapées • Surveillance et contrôle des établissements et services d'accueil des enfants de moins de six ans • Action sociale en faveur des enfants et jeunes en difficulté, des personnes âgées et des personnes handicapées • Actions visant à prévenir l'exclusion sociale et en corriger les effets • Protection médico-sociale de la famille et de l'enfance à travers : – l'organisation et la surveillance des services de santé maternelle et infantile – les activités de protection de la santé maternelle et infantile à domicile – l'agrément des assistants familiaux – l'agrément, le contrôle, la formation et l'accompagnement des assistants maternels – l'autorisation de l'accueil familial • Possibilité, au moyen d'une convention avec l'État, de conduire des actions de vaccination gratuite, de dépistage des cancers, de lutte contre la lèpre, la tuberculose et les infections sexuellement transmissibles • Participation aux différentes commissions des agences régionales de santé, ainsi qu'à la mise en œuvre des programmes régionaux de santé • Devoir d'alerte sanitaire (similaire à celui des communes) • Mise en œuvre de la lutte antivectorielle et son financement, avec les communes du territoire (lutte contre les vecteurs d'agents pathogènes à l'homme comme les moustiques et les rats) • Possibilité de gérer des laboratoires départementaux d'analyses

C. Compétences (inter)communales

Domaine	
Action sociale et sanitaire	• Centre communal d'action sociale (facultatif dans les communes de moins de 1 500 habitants) : – animation d'une action générale de prévention et de développement social – constitution et transmission des dossiers de demande d'aide sociale légale et de RSA – institution et versement d'aides sociales facultatives – tenue d'un fichier pour recueillir les informations utiles à l'intervention des services sociaux et sanitaires – création et gestion d'établissements ou de services à caractère social ou médico-social • Pouvoirs de police municipale en matière de sécurité et de salubrité et certaines dimensions de la politique de l'habitat (résorption de l'insalubrité et des immeubles menaçant ruine) • Gestion du fonds d'aide aux jeunes en difficulté • Participation à l'accueil des gens du voyage • Politique du logement (réalisation de logements locatifs sociaux) • Organisation et financement des services municipaux de désinfection et des services communaux d'hygiène et de santé chargés des missions suivantes : – organisation des campagnes de vaccination gratuite – salubrité des habitations et des agglomérations – alimentation en eau destinée à la consommation humaine – évacuation, traitement, élimination et utilisation des eaux usées et des déchets • Devoir d'alerte et de veille sanitaire par le signalement des menaces imminentes pour la santé de la population et par la transmission à l'Institut de veille sanitaire d'informations nécessaires à l'exercice de ses missions • Participation aux différentes commissions des agences régionales de santé • Possibilité d'attribution d'aides pour l'installation ou le maintien de professionnels de santé dans les zones déficitaires en offres de soins • Possibilité de participer aux conseils de surveillance des établissements de santé • Financement partagé avec les départements de la lutte antivectorielle

Fiche 38

Lois du service public

La transformation d'une activité d'intérêt général en service public entraîne l'application des « lois du service public », également dénommées « lois de Rolland » (professeur de droit à l'origine de l'expression), même si le service est géré par une personne privée.

A. Principe d'égalité et son corollaire

1. Principe d'égalité

■ Le principe d'égalité domine le droit français comme celui de l'Union européenne. Consacré par la Déclaration des droits de l'homme et du citoyen de 1789, par le préambule de la Constitution de 1946 et par l'article 1er de la Constitution de 1958, il possède une **valeur constitutionnelle**.

Le Conseil d'État en fait un **principe général du droit** aux facettes les plus diverses : selon « le principe d'égalité qui régit le fonctionnement des services publics », toutes les personnes placées dans une situation identique sont régies par les mêmes règles.

■ Les juges admettent cependant **trois conditions alternatives justifiant une différence de traitement** :

- la discrimination peut constituer la conséquence nécessaire d'une norme supérieure ;
- elle peut être justifiée par les différences appréciables et objectives de situation existant entre les usagers au regard du service public (par ex. légalité de la discrimination tarifaire entre les habitants de l'île de Ré et ceux du continent pour le service de bac) ;
- une nécessité d'intérêt général liée au fonctionnement même du service public peut rendre légale la différence de traitement.

2. Principe de neutralité

■ Principe fondamental du service public à valeur constitutionnelle, le principe de neutralité est présenté par le Conseil constitutionnel comme le corollaire du principe d'égalité.

■ Il interdit aux **administrations** d'établir entre les usagers des discriminations fondées sur leurs convictions politiques, religieuses, etc.

Quant aux **agents publics**, ils ne peuvent, sous peine de sanction disciplinaire, manifester leurs opinions dans l'exercice de leurs fonctions afin de ne pas faire douter les usagers de leur impartialité (loi Déontologie du 20 avril 2016).

En revanche, il est permis aux **usagers** d'afficher leur religion, à condition de ne pas dissimuler leur visage au moyen d'un voile intégral par exemple (loi du 11 octobre 2010). En outre, dans les écoles, collèges et lycées publics, la loi du 15 mars 2004 interdit aux élèves le port de signes ou tenues manifestant ostensiblement une appartenance religieuse.

B. Principe de continuité et son corollaire

1. Principe de continuité

- La **continuité du service public** constitue à la fois un principe de valeur constitutionnelle et un principe général du droit qualifié de « fondamental ».
- En vertu de ce principe, les services publics doivent répondre sans interruption aux besoins d'intérêt général, sous peine de voir leur responsabilité engagée.

Selon les services, cette continuité prend des **formes différentes**. Si certains comme la lutte contre les incendies doivent être assurés en permanence, d'autres ont une obligation de fonctionnement régulier, dans le respect des horaires réglementaires. Cette « loi » sert de fondement à de nombreuses règles du droit public comme la limitation du droit de grève.

2. Principe de mutabilité

- Indissociable du principe de continuité, le principe de mutabilité ou d'adaptabilité possède une **valeur juridique incertaine**.
- Il impose de constamment adapter les services publics aux nécessités de l'intérêt général, aux circonstances nouvelles et aux évolutions techniques. Il conduit les autorités administratives à imposer de nouvelles règles d'organisation et de fonctionnement :
  - aux usagers, qui n'ont pas de droit au maintien d'un tarif ou d'une prestation ;
  - aux agents, qui ne peuvent se prévaloir de « droits acquis » ;
  - aux cocontractants, dont les contrats peuvent être modifiés unilatéralement.

La **gratuité** ne constitue pas un principe général puisqu'elle ne peut s'appliquer ni aux services publics industriels et commerciaux, ni aux services publics concédés à des entreprises privées.

Fiche 39

Contrôles de l'État sur les élus et les organes locaux

Malgré les progrès de la décentralisation, la France demeure un État unitaire et une République indivisible, ce qui implique l'exercice d'un **contrôle effectif de l'État sur les collectivités territoriales**. Selon la Constitution, le représentant de l'État « a la charge des intérêts nationaux, du contrôle administratif et du respect des lois ».

A. Contrôle sur les élus locaux

1. Sanctions spécifiques pour les maires et les adjoints

▪ Les maires et les adjoints peuvent être **suspendus**, pour une durée n'excédant pas un mois, par un arrêté du ministre de l'intérieur, ou/et **révoqués** par un décret motivé pris en conseil des ministres.

Avant toute sanction, ils doivent être entendus ou invités à fournir des explications écrites sur les faits qui leur sont reprochés.

▪ Depuis 2010, le juge administratif exerce un contrôle normal sur les motifs et le choix de la sanction.

Il peut s'agir de fautes commises dans l'**exercice des fonctions** communales ou étatiques (par ex. refus d'organiser une élection politique nationale ou, depuis la loi du 17 mai 2013, de célébrer un mariage entre deux personnes de même sexe).

Des faits **étrangers aux fonctions** mais inconciliables avec celles-ci peuvent également justifier une suspension ou une révocation.

> Dans une décision du 12 juin 1987, le Conseil d'État considère que la condamnation pénale pour attentat à la pudeur sur mineures de moins de 15 ans prive un maire de l'autorité morale nécessaire à l'exercice de ses fonctions.

La révocation emporte de plein droit l'**inéligibilité** aux fonctions de maire ou d'adjoint (mais non de conseiller municipal) pendant une durée d'un an à compter du décret de révocation, à moins qu'il ne soit procédé auparavant au renouvellement général des conseils municipaux.

2. Démission d'office pour tous les conseillers

Certaines inéligibilités et incompatibilités frappant un conseiller municipal, départemental ou régional après son élection (interdiction des droits civiques ou exercice d'une profession interdite par ex.) conduisent à une **démission d'office** immédiatement prononcée par le préfet de département ou de région. Toutefois, la saisine du juge possède le plus souvent un effet suspensif.

B. Contrôle sur les organes locaux

1. Conditions de la dissolution

- La dissolution d'un conseil municipal, départemental ou régional peut être prononcée par **décret motivé rendu en conseil des ministres**. S'il s'agit d'un conseil départemental ou régional, le Gouvernement en informe le Parlement dans le plus bref délai.
- D'après la jurisprudence, le **motif** doit consister dans la nécessité d'assurer le fonctionnement de l'assemblée locale. Cette condition est notamment remplie quand des dissensions internes graves empêchent le conseil d'élire le maire ou de voter le budget. La dissolution apparaît alors comme la seule issue au blocage de la collectivité. En revanche, un motif « politicien » serait censuré pour détournement de pouvoir.

De même, le CGCT interdit explicitement la dissolution, par voie de mesure générale, de l'ensemble des conseils départementaux ou régionaux.

> Chaque année, une douzaine de dissolutions sont prononcées. Elles concernent presque exclusivement les petites communes.

2. Effets de la dissolution

- Quelle que soit l'assemblée concernée, la dissolution provoque dans les deux mois la tenue de **nouvelles élections**.
- Mais, dans l'intervalle, la situation des collectivités n'est pas identique.

Dans les **communes**, le préfet constitue une délégation spéciale comprenant, selon la taille de la commune, trois à sept membres librement choisis par lui. Cette délégation procède à l'élection de son président qui fait office de maire. Ses pouvoirs sont limités aux actes de pure administration conservatoire et urgente. En aucun cas, elle ne peut engager les finances municipales au-delà des ressources disponibles de l'exercice courant.

Dans les **départements** et les **régions**, le président du conseil est chargé de l'expédition des affaires courantes. Mais ses décisions ne sont exécutoires qu'avec l'accord du préfet de département ou de région.

Fiche 40

Contrôles de l'État sur les actes des collectivités territoriales

La **loi du 2 mars 1982** remplace la « tutelle » administrative par le contrôle administratif ou contrôle de légalité dont « le caractère peu opérant » (rapport de la Cour des comptes en 2016) a imposé, depuis le début des années 2000, de nombreuses réformes législatives et administratives.

A. Phase administrative du contrôle de légalité

1. Obligations des autorités territoriales

Le CGCT distingue **deux catégories d'actes territoriaux** susceptibles d'être contrôlés par l'État.

▪ Les **actes les plus nombreux et les moins importants** (par ex. avertissement ou avancement d'un agent, décision individuelle d'aide sociale...) deviennent exécutoires dès leur publication ou leur notification.

> La loi du 27 décembre 2019 autorise le Gouvernement à réformer par ordonnance les règles de publicité, d'entrée en vigueur et de conservation des actes pris par les collectivités territoriales et leurs groupements. Pour les actes réglementaires, **l'ordonnance et le décret du 7 octobre 2021** généralisent la publication sous forme électronique, avec une dérogation pour les communes de moins de 3 500 habitants qui pourront choisir l'affichage ou la publication sur papier.

▪ Les **actes importants limitativement énumérés par la loi** doivent, en plus d'une mesure de publicité, faire l'objet d'une transmission au préfet ou au sous-préfet. Pour les régions, les départements et les communes de plus de 50 000 habitants, la transmission est obligatoirement dématérialisée.

La législation récente a réduit cette liste pour permettre aux préfets de concentrer leur contrôle sur les actes essentiels :

- délibérations des assemblées locales (sauf si elles portent sur certaines questions de voirie routière ou de fonction publique) ;
- décisions individuelles relatives à la nomination des fonctionnaires ainsi qu'au recrutement et au licenciement des non-titulaires ;
- principales conventions ;
- décisions du maire dans l'exercice de son pouvoir de police (sauf celles relatives à la circulation et au stationnement)...

Le préfet peut aussi être saisi d'un acte par une personne lésée ou demander, en vertu d'un droit d'évocation, la communication de tout acte public territorial.

2. Rôle du préfet

▪ Le préfet a **deux mois** pour vérifier la légalité de l'acte. Mais le délai peut être prorogé s'il demande des documents complémentaires ou s'il effectue un recours gracieux.

En cas d'illégalité, il peut directement **déférer** cet acte au juge administratif en informant sans délai la collectivité des illégalités invoquées.

▪ Dans la pratique, avant de saisir le juge administratif, les préfets adressent généralement à la collectivité une **lettre d'observations** dans laquelle ils lui signalent les illégalités décelées et lui demandent, par un recours gracieux, de retirer ou de modifier la décision contestée. Cette concertation préalable est aujourd'hui la principale modalité du contrôle de légalité.

La loi du 27 décembre 2019 met en place le **« rescrit normatif »**. En amont d'un acte, un exécutif local peut adresser au préfet une demande de prise de position formelle comportant la question de droit soulevée et le projet d'acte. Sauf changement de circonstances, le préfet ne pourra pas déférer au tribunal administratif un acte conforme à une position qu'il a formellement exprimée.

B. Phase contentieuse du contrôle de légalité

1. Déféré préfectoral

▪ Si la collectivité territoriale maintient la décision que le préfet estime illégale, celui-ci a la faculté, et non l'obligation, de saisir le juge administratif compétent.

▪ Le déféré préfectoral s'analyse comme une variante du recours pour excès de pouvoir ouvert aux administrés. Mais le préfet bénéficie de règles privilégiées, notamment pour obtenir du juge administratif la suspension de l'acte d'une collectivité territoriale dès lors qu'il existe un doute sérieux sur sa légalité (procédure de référé-suspension).

2. Bilan statistique

▪ Sur les 5,2 millions d'actes transmis en 2013, 22,6 % sont contrôlés (93,2 % des actes prioritaires le sont contre 4 % seulement des actes non prioritaires). 2,4 % des actes contrôlés font l'objet d'un recours gracieux et 0,059 % d'un déféré préfectoral.

▪ Ces statistiques mettent en évidence le **rôle essentiel de la phase administrative** du contrôle de légalité.

Fiche 41

Administration territoriale de l'État

La **déconcentration** consiste à reconnaître au sein de l'administration étatique d'importantes compétences décisionnelles à des autorités subordonnées en poste dans des circonscriptions territoriales. Les décisions sont prises par des agents locaux qui agissent au nom de l'État, en engageant sa responsabilité, et qui demeurent soumis au contrôle hiérarchique du pouvoir central.

Depuis le début des années 2000, tous les gouvernements visent à réformer l'État et à développer la déconcentration. Lancé en 2018, le **programme « Action publique 2022 »** vise ainsi à « approfondir la déconcentration en allégeant le cadre d'action des agents et en responsabilisant les autorités locales grâce à une déconcentration accrue des décisions », et à améliorer la qualité de service de proximité au profit des usagers.

A. Organisation de la déconcentration

1. Caractéristiques de la déconcentration

■ La loi du 6 février 1992 programme une sorte de révolution juridique : la compétence des services déconcentrés de l'État devient la règle et celle des administrations centrales l'exception. En vertu du **principe de subsidiarité**, les compétences décisionnelles ne doivent remonter à un niveau supérieur que si les autorités locales ne sont pas en mesure de les exercer efficacement.

■ Publié le 1er juillet 1992 puis rénové le 7 mai 2015, le **décret portant charte de la déconcentration**, définit les missions de caractère national : conception, animation, appui des services déconcentrés, orientation, évaluation et contrôle. Les autres missions, notamment celles qui intéressent les relations entre l'État et les collectivités territoriales, doivent normalement être exercées par les services déconcentrés, sauf si la loi l'interdit.

2. Modalités de la déconcentration

■ Les services déconcentrés de l'État exercent leurs attributions dans le cadre de **circonscriptions administratives** :

- les circonscriptions **spécialisées** sont spécifiques à certaines administrations étatiques comme l'académie pour l'éducation nationale ;
- les circonscriptions **générales** sont l'arrondissement, le département et, de création plus récente, la région.

▪ Les réformes récentes renforcent la **région** qui devient le niveau de pilotage de droit commun des politiques de l'État sur le territoire. Le **département** est chargé de la mise en œuvre des politiques étatiques au plus près des administrés. Quant à l'**arrondissement**, il sert à assurer le contact direct et permanent avec les acteurs locaux.

> La **commune** constitue le cadre de plusieurs services publics de proximité, notamment de l'état civil. Le maire agit alors comme agent déconcentré de l'État (voir Fiche 11).

B. Services déconcentrés de l'État

Dans chaque circonscription, l'État possède ses propres agents. La déconcentration peut prendre **deux formes**. La déconcentration verticale bénéficie à des agents en charge de secteurs spécialisés (par exemple recteurs d'académie pour l'éducation nationale) et la déconcentration horizontale à des agents polyvalents dotés de compétences variées (préfets et sous-préfets).

1. Services régionaux

▪ Les réformes intervenues depuis 2004 ont simplifié l'échelon régional qui, depuis 2021, comprend **cinq directions régionales** (par exemple direction régionale des finances publiques ou DRFIP et, depuis le 1er avril 2021, direction régionale de l'économie, de l'emploi, du travail et des solidarités ou DREETS), plus le rectorat d'académie et l'agence régionale de santé (ARS) qui est un établissement public administratif rattaché au ministre chargé de la santé.

▪ Depuis le 1er janvier 2016, cette administration régionale de l'État correspond à la **nouvelle carte régionale** définie par la loi du 16 janvier 2015 (voir Fiche 4), avec des aménagements pour l'éducation nationale notamment.

2. Services départementaux

▪ Depuis 2010, les services déconcentrés départementaux comprennent, en plus des services de la préfecture, trois **directions départementales interministérielles** (DDI) placées sous l'autorité du préfet de département : territoires (et, le cas échéant, mer) ; protection des populations ; emploi, travail et solidarités. Dans les départements de moins de 400 000 habitants, les deux dernières sont regroupées dans une DDI de l'emploi, du travail, des solidarités et de la protection des populations (DDETS-PP).

Depuis le 1er janvier 2021, des **secrétariats généraux communs** permettent de mutualiser les fonctions support des préfectures et des DDI (achat public, affaires immobilières, systèmes d'information et de communication, ressources humaines…).

▪ Cette nouvelle organisation comporte aussi la direction départementale des finances publiques (DDFIP), les services chargés de la sécurité intérieure et les services départementaux de l'éducation nationale (inspection académique avant 2012) auxquels sont rattachés depuis le 1er janvier 2021 les services dédiés à la jeunesse et aux sports.

Fiche 42

Préfets de département ou de région

Les préfets de département sont institués en 1800 par Napoléon Bonaparte. Le décret du 14 mars 1964 institue le préfet de région qui est le préfet du département où se trouve le chef-lieu de la région.

A. Éléments communs

1. Statut particulier

Les préfets constituent un corps de fonctionnaires dont le statut particulier déroge sur bien des points au statut général de la fonction publique.

- Les préfets sont nommés en conseil des ministres par un décret signé par le président de la République sur proposition du premier ministre et du ministre de l'intérieur. Leur carrière (avancement, mutation, etc.) relève de **décisions discrétionnaires**.
- Les préfets ne bénéficient pas de certaines libertés individuelles garanties par le statut général. L'inscription dans leur dossier de leurs opinions politiques, philosophiques ou religieuses est légale, de même que les mesures discriminatoires fondées sur ces opinions. En effet, les préfets sont soumis à une **obligation de loyalisme** et presque d'allégeance envers le Gouvernement.

De même, pour défendre leurs intérêts collectifs, les préfets ne possèdent ni le droit de faire grève, ni celui de créer des organisations syndicales.

2. Attributions communes

- Le préfet est **« dépositaire de l'autorité de l'État »** dans la région ou le département. Il représente l'État dans les cérémonies officielles et surtout dans la vie juridique : conclusion des conventions, action en justice, etc.
- Le préfet est également le **représentant du premier ministre** et de chacun des ministres.

Du point de vue **politique**, il informe le pouvoir central de la situation dans sa circonscription ; en sens inverse, il communique et défend la politique gouvernementale auprès des administrés.

Du point de vue **administratif**, il doit assurer la cohérence de l'action gouvernementale dans sa circonscription. Depuis 1982, il exerce, sous l'autorité de chacun des ministres concernés, la direction des services déconcentrés ainsi qu'une autorité directe sur leurs chefs. Certaines administrations (juridictionnelles par exemple) et certaines attributions comme les activités pédagogiques de l'éducation nationale échappent cependant son autorité.

B. Éléments distincts

1. Préfet de région

Depuis 2004, le préfet de région possède une compétence générale pour garantir la **cohérence de l'action de l'État** dans la région. Et le décret du 16 février 2010 lui donne « autorité sur les préfets de département », sauf en matière de contrôle administratif, d'ordre public et de police des étrangers.

Le préfet de région est **responsable du pilotage et de l'adaptation des politiques** de l'État dans la région ainsi que des politiques communautaires relevant de la compétence étatique. À cet effet, les préfets de département prennent leurs décisions conformément aux instructions qu'il leur adresse.

Pour l'assister, le préfet de région dispose de nombreux auxiliaires – notamment secrétaire général pour les affaires régionales, directeurs régionaux, recteur d'académie, préfets de département – faisant partie du **comité de l'administration régionale** qu'il préside et qui constitue son état-major.

2. Préfet de département

Sous l'autorité du préfet de région, le préfet de département est chargé de la **mise en œuvre des politiques étatiques et européennes** au contact direct des administrés et des partenaires de l'État.

Le décret du 16 février 2010 lui conserve des **trois missions régaliennes propres** :

- ordre public, sécurité des populations, sécurité nationale ;
- entrée et séjour des étrangers, droit d'asile ;
- contrôle administratif du département, des communes, des établissements publics locaux et des EPCI du département.

Pour l'assister, le préfet de département dispose de nombreux auxiliaires – notamment secrétaire général de préfecture, directeurs départementaux interministériels, directeur académique des services de l'éducation nationale, sous-préfets (qui sont les délégués du préfet dans les arrondissements)... – faisant partie du **collège des chefs de service** qu'il préside et qui constitue son état-major.

Fiche 43

Fonction publique territoriale

Fin 2019, les collectivités territoriales et leurs établissements publics emploient **1,93 million d'agents de droit public**. Leurs effectifs qui depuis 2009 ont progressé de 0,7 % en moyenne par an (comme l'emploi total) représentent 34,5 % de l'emploi public.

A. Deux catégories d'agents

1. Contractuels

▪ Même si, en principe, tout emploi permanent doit être pourvu par un titulaire, il existe de nombreux contractuels soumis à un régime de **droit public** comme les assistantes maternelles et les bénéficiaires de contrats à durée indéterminée.

▪ De plus, les collectivités territoriales comptent des agents contractuels régis par le **droit privé** comme les 12 207 apprentis et les 27 791 bénéficiaires d'emplois aidés (« parcours emploi compétences » depuis janvier 2018).

2. Fonctionnaires

▪ Fin 2019, 75,9 % des agents territoriaux sont des **fonctionnaires au sens strict**, c'est-à-dire des agents nommés dans un emploi permanent et titularisés dans un grade de la hiérarchie administrative.

Contrairement aux agents non titulaires qui se trouvent, quel que soit leur mode de recrutement, dans une situation contractuelle, les fonctionnaires sont vis-à-vis de l'administration dans une **situation statutaire et réglementaire**.

Le **statut** consiste dans l'ensemble des textes déterminant les règles relatives aux droits et aux obligations des fonctionnaires. On distingue un statut général et des statuts particuliers.

Le **statut général** de la fonction publique comprend quatre titres. Le titre I définit les droits et les obligations applicables à l'ensemble des fonctionnaires (loi du 13 juillet 1983). Le titre II comprend les dispositions statutaires relatives à la fonction publique de l'État, le titre III à la fonction publique territoriale (loi du 26 janvier 1984) et le titre IV à la fonction publique hospitalière.

Les **statuts particuliers** précisent, pour les différents cadres d'emplois, les modalités d'application du statut général.

▪ Dans le système de la carrière consacré par la loi du 26 janvier 1984, le fonctionnaire territorial est intégré dans un **cadre d'emplois**, par exemple celui des auxiliaires de soins territoriaux, au sein duquel il peut accomplir toute sa vie professionnelle en occupant des emplois différents.

B. Réformes récentes

1. Quinquennat de Nicolas Sarkozy

Entre 1987 et 2012, malgré l'annonce par le président de la République d'une « refondation de la fonction publique », le Gouvernement fait le choix de **réformes successives et partielles** (notamment lois du 3 août 2009, du 5 juillet 2010 et du 12 mars 2012) qui rapprochent le droit de la fonction publique des règles du code du travail.

2. Quinquennat de François Hollande

La **loi du 20 avril 2016** consacre les valeurs fondamentales qui fondent la spécificité de l'action des agents publics : dignité, impartialité, intégrité et probité. Dans l'exercice de leurs fonctions, ils sont tenus à l'obligation de neutralité et au respect du principe de laïcité. Cette loi Déontologie a pour objet principal de moderniser les droits et obligations des fonctionnaires.

3. Quinquennat d'Emmanuel Macron

La **loi du 6 août 2019** de transformation de la fonction publique (TFP) accentue au contraire la « travaillisation » du droit de la fonction publique. Ainsi elle étend les possibilités de recruter des **contractuels** et crée un nouveau type de contrat à durée déterminée, le contrat de projet, dont l'échéance est la réalisation d'une opération ou d'un projet identifié.

Pour promouvoir un dialogue social plus stratégique et efficace, elle décide d'une part, comme dans le secteur privé, la fusion du comité technique et du comité d'hygiène, de sécurité et des conditions du travail dans une instance unique. Ce **comité social territorial** exercera, à compter des élections professionnelles de 2022, l'ensemble de leurs compétences. Dans les administrations aux effectifs les plus importants, une formation spécialisée en matière de santé, de sécurité et de conditions de travail (FSSCT) sera instituée.

Le Gouvernement est d'autre part habilité à favoriser la conclusion aux niveaux national et local de « **conventions collectives** » comme il en existe en droit du travail. La principale innovation de l'ordonnance du 17 février 2021 consiste à donner une portée juridique obligatoire à certaines clauses des accords dans des domaines déterminés (conditions et organisation du travail, déroulement des carrières, formation professionnelle, modalités de mise en œuvre de politiques indemnitaires...). Ces accords peuvent en effet comporter des dispositions édictant des mesures réglementaires ainsi que des clauses par lesquelles l'autorité administrative s'engage à entreprendre des actions déterminées.

Enfin, le législateur habilite le Gouvernement à adopter la partie législative d'un **code de la fonction publique** par une ordonnance qui est présentée lors du conseil des ministres du 24 novembre 2021. Ce code comprenant quelque 1 400 articles devrait être complété par une partie réglementaire d'ici 2023.

Fiche 44

Carrière des fonctionnaires territoriaux

A. Début de la carrière

1. Conditions pour avoir la qualité de fonctionnaire

Selon la loi du 13 juillet 1983, « nul ne peut avoir la qualité de fonctionnaire » s'il ne remplit **cinq conditions cumulatives** (voir Introduction générale, « 4. Conditions d'inscription »).

2. Modalités de recrutement

■ Les fonctionnaires sont recrutés par l'autorité territoriale, en principe après avoir réussi un **concours**.

Certains comme les fonctionnaires de catégorie C les moins qualifiés et rémunérés peuvent cependant bénéficier d'un **recrutement direct sans concours** (cela concerne 6 cadres d'emplois comme ceux des adjoints administratifs ou techniques).

■ Après une période probatoire appelée stage, l'autorité territoriale titularise l'agent qu'elle juge apte à exercer les fonctions du **cadre d'emplois**. Celui-ci regroupe l'ensemble des agents soumis au même statut particulier et ayant vocation à détenir les mêmes grades, occuper les mêmes emplois, c'est-à-dire accomplir la même carrière.

Les 53 cadres d'emplois (ceux des auxiliaires de soins ou des infirmiers territoriaux par ex.) sont regroupés dans 10 **filières** (technique, administrative, sociale, médico-sociale, etc.) correspondant à des activités de même type dans les grands secteurs de compétences et répartis dans trois **catégories** désignées par les lettres A, B et C selon le niveau de recrutement et la nature des fonctions (par ex. niveau inférieur au baccalauréat et fonctions d'exécution pour la catégorie C).

B. Déroulement de la carrière

1. Garanties de carrière

■ Au cours de sa carrière, le fonctionnaire doit se trouver à tout moment dans une des quatre **positions statutaires** : activité (à temps complet ou partiel), détachement, disponibilité, congé parental.

La **mutation** est une décision de l'autorité territoriale modifiant les conditions d'emploi c'est-à-dire l'affectation d'un fonctionnaire. Au sein d'une même collectivité, l'intérêt du service public justifie les mutations d'office. Quant à la mutation sur demande du fonctionnaire, elle peut s'accompagner d'un changement d'employeur.

La **loi du 3 août 2009** garantit aux fonctionnaires le droit au départ en mobilité et la reconnaissance des avantages de carrière acquis lors d'une mobilité.

2. Progression de carrière

L'**avancement d'échelon** a lieu de façon continue d'un échelon à l'échelon immédiatement supérieur. Il permet d'accéder à un indice supérieur et se traduit par une augmentation de traitement. Il est accordé de plein droit en fonction de l'ancienneté. Toutefois, lorsque les statuts particuliers le prévoient et selon des modalités de contingentement définies par décret, il peut être également fonction de la valeur professionnelle.

L'**avancement de grade** se traduit par une élévation du rang hiérarchique au sein du cadre d'emplois et donc des responsabilités que le fonctionnaire a vocation à exercer. Le passage à un grade supérieur se fait généralement par inscription sur un tableau d'avancement par l'autorité territoriale (le cas échéant après une présélection par examen professionnel).

En 2015, le dispositif de l'**entretien professionnel** remplace l'ancienne procédure de notation pour apprécier la valeur professionnelle des fonctionnaires. Conduit chaque année par le supérieur hiérarchique direct, il doit notamment porter sur certains thèmes définis par décret (résultats professionnels obtenus, objectifs assignés pour l'année à venir, manière de servir, besoins de formation, perspectives d'évolution professionnelle…). Il fait l'objet d'un compte-rendu comportant une appréciation générale littérale de la valeur professionnelle du fonctionnaire selon des critères fixés en fonction de la nature de ses tâches et de son niveau de responsabilité. L'agent peut compléter ce compte-rendu qui est ensuite transmis à l'autorité territoriale et versé dans son dossier individuel.

Fiche 45

Droits des fonctionnaires territoriaux

A. Droits individuels

1. Principaux droits

▪ Les fonctionnaires territoriaux ont droit, après service fait, à une **rémunération** dont l'élément principal se dénomme le traitement (voir Introduction générale, « 13. Rémunération des auxiliaires de soins territoriaux »).

▪ La loi du 19 février 2007 consacre le **droit à la formation** professionnelle tout au long de la vie. Depuis 2017, les fonctionnaires territoriaux bénéficient du compte personnel d'activité (CPA) qui comprend le compte personnel de formation (CPF) et le compte d'engagement citoyen (CEC).

▪ Les fonctionnaires territoriaux ont droit à différents **congés** comme les congés annuels, les congés de maladie ou les congés de maternité. Ils sont affiliés à des régimes spéciaux de retraite et de sécurité sociale.

▪ Après avoir été admis à la retraite, soit à sa demande, soit d'office dès qu'il atteint la limite d'âge en vigueur, et radié des cadres, l'agent bénéficie d'une **pension** dans des conditions tendant à se rapprocher de celles applicables aux salariés.

2. Protection des fonctionnaires

En vertu du statut général, cette protection comprend **trois éléments** :

- protection par les moyens appropriés contre les menaces, injures, diffamations, violences, etc., subies par un fonctionnaire en raison de ses fonctions sans qu'une faute personnelle puisse lui être imputée, et réparation du préjudice éventuel ;
- assistance quand un fonctionnaire est impliqué dans une procédure pénale pour des faits n'ayant pas le caractère d'une faute personnelle (paiement des frais d'avocat notamment) ;
- prise en charge des dommages-intérêts auxquels est condamné un fonctionnaire n'ayant pas commis de faute personnelle.

La **loi du 20 avril 2016** renforce cette protection fonctionnelle, notamment en l'étendant à des proches (conjoint, concubin, partenaire « pacsé », enfants et ascendants directs) victimes d'atteintes volontaires à l'intégrité de la personne du fait des fonctions exercées par le fonctionnaire.

La législation récente protège les « **lanceurs d'alerte** » qui révèlent « de bonne foi » des faits susceptibles d'être qualifiés de conflit d'intérêts ou constitutifs d'un délit ou d'un crime dont ils ont connaissance dans l'exercice de leurs fonctions.

B. Droits collectifs

Longtemps refusés aux fonctionnaires, les droits collectifs tels que celui de se syndiquer ou de faire grève possèdent aujourd'hui une **valeur constitutionnelle**.

1. Droit syndical

La loi du 13 juillet 1983 reconnaît aux fonctionnaires le droit syndical. La loi du 26 janvier 1984 donne un contenu concret à son exercice : droit d'affichage et de distribution des documents syndicaux, autorisations d'absence, décharges de service, mise à disposition de locaux…

2. Droit de grève

Le droit de grève est également consacré par la loi du 13 juillet 1983 « dans le cadre des lois qui le réglementent ». Mais le législateur se borne à interdire les grèves « tournantes » et les grèves « surprises », notamment en imposant un préavis d'au moins cinq jours francs donné par une organisation syndicale représentative et suivi d'une négociation.

Faute d'une réglementation d'ensemble, il appartient aux **autorités territoriales** de concilier le droit de grève avec le principe constitutionnel de continuité du service public et de prendre les mesures propres à en éviter un usage abusif ou contraire aux nécessités de l'ordre public.

Pour les **grévistes**, l'absence de service fait entraîne une retenue proportionnelle sur le traitement et ses compléments.

La multiplication des faits de grève et la paralysie qu'ils provoquent dans certains services publics conduisent le législateur à intervenir dans des **domaines particuliers** : loi du 21 août 2007 pour les services de transports réguliers de voyageurs et loi du 20 août 2008 sur le service minimum d'accueil dans les écoles en cas de grève des enseignants. De portée plus générale, la loi du 6 août 2019 permet d'encadrer l'exercice du droit de grève dans certains services publics locaux : collecte et traitement des déchets ménagers, aide aux personnes âgées et handicapées, restauration collective et scolaire…

Fiche 46

Obligations des fonctionnaires territoriaux

A. Obligations relatives à l'exercice des fonctions

1. Obligations morales

La loi du 20 avril 2016 proclame que le fonctionnaire exerce ses fonctions « avec **dignité, impartialité, intégrité et probité** ». Elle lui impose de faire cesser immédiatement ou de prévenir les situations de conflit d'intérêts dans lesquelles il se trouve ou pourrait se trouver.

2. Obligations professionnelles

- La loi du 13 juillet 1983 fait obligation au fonctionnaire de consacrer l'**intégralité de son activité professionnelle** aux tâches qui lui sont confiées. Le principe est donc l'interdiction d'exercer à titre professionnel une activité privée lucrative, mais il connaît des dérogations. Le fonctionnaire peut ainsi être autorisé à exercer une activité accessoire, privée ou publique, lucrative ou non, si cette activité est compatible avec ses fonctions et n'affecte pas leur exercice. Quant à la production des œuvres scientifiques, littéraires et artistiques, elle s'exerce librement.
- Le fonctionnaire doit exercer de manière personnelle et continue ses fonctions. Quel que soit son rang, il est **responsable** de l'exécution des tâches qui lui sont confiées. En cas de faute, il engage sa responsabilité disciplinaire, pénale ou civile (voir Fiche 49).
- Selon la loi du 13 juillet 1983, il a l'obligation d'**obéir** aux instructions générales ou particulières de son supérieur hiérarchique. Il existe toutefois trois situations dans lesquelles la désobéissance est justifiée voire imposée (voir Fiche 47).

> Tout fonctionnaire territorial a le droit de consulter un référent déontologue chargé de lui apporter tout conseil utile au respect des obligations déontologiques. Par ailleurs, la loi du 6 août 2019 supprime la Commission de **déontologie de la fonction publique** dont les missions sont transférées à la Haute Autorité pour la transparence de la vie publique (par ex. avis sur les départs de certains fonctionnaires territoriaux vers le secteur privé).

B. Obligations relatives au comportement

1. Liberté d'opinion

Le statut général garantit aux fonctionnaires la liberté d'opinion et interdit toute discrimination en raison des opinions politiques, syndicales, philosophiques ou religieuses, mais aussi de leur origine, de leur orientation sexuelle ou identité de genre, de leur âge, de leur patronyme, de leur situation de famille, de leur état de santé, de leur apparence physique, de leur handicap ou de leur appartenance ou non-appartenance (vraie ou supposée) à une ethnie ou une race.

2. Liberté d'expression

Pendant l'exercice des fonctions, les fonctionnaires territoriaux n'ont pas à exprimer leurs opinions. La loi du 20 avril 2016 confirme qu'ils sont tenus à l'**obligation de neutralité** et au respect du principe de laïcité. À ce titre, ils s'abstiennent notamment de manifester leurs opinions religieuses.

> Constitue une faute disciplinaire le port d'un signe ostensible d'appartenance religieuse, d'un foulard islamique ou d'une kippa par exemple.

En dehors du service, les fonctionnaires territoriaux bénéficient du principe constitutionnel de la liberté d'expression consacrée par la Déclaration des droits de l'homme et du citoyen de 1789.

La loi du 13 juillet 1983 définit **deux limites** à cette liberté d'expression :

- tous les fonctionnaires sont tenus au **secret professionnel**. S'ils révèlent en dehors des cas autorisés ou imposés par la loi une information confidentielle relative à un individu, ils sont passibles d'une sanction disciplinaire et d'une sanction pénale (code pénal, art. 226-13) ;
- l'obligation de **discrétion professionnelle** leur interdit de divulguer sans autorisation de l'autorité territoriale les faits, informations ou documents relatifs à l'administration, sous peine de sanction disciplinaire.

Mais la restriction la plus générale, dénommée **obligation ou devoir de réserve**, se montre d'origine jurisprudentielle (voir Fiche 48).

Fiche 47

Obligation d'obéissance des fonctionnaires territoriaux

A. Premier devoir du fonctionnaire territorial

1. Intérêt de l'administration

▪ L'efficacité de l'action administrative exige une structure hiérarchique, une unité de commandement et la subordination de chaque agent à l'autorité supérieure. De plus, le fonctionnaire se trouve dans une situation statutaire et réglementaire, c'est-à-dire essentiellement inégalitaire, par rapport à son employeur. C'est pourquoi une **jurisprudence ancienne** impose à tout agent public l'obligation d'obéissance.

▪ Dans le statut général de la fonction publique, cette obligation figure à l'article 28 de la **loi du 13 juillet 1983** : tout fonctionnaire « doit se conformer aux instructions de son supérieur hiérarchique », que celles-ci soient générales ou individuelles.

2. Intérêt du fonctionnaire

▪ Le fonctionnaire a intérêt à obéir. En effet, l'obéissance opère normalement un **transfert de responsabilité** du subordonné vers le supérieur : l'exécutant n'aura pas à indemniser la victime de l'ordre exécuté, ni à répondre devant le juge pénal d'un acte commandé par l'autorité légitime (article 122-4 du code pénal).

▪ À l'inverse, un acte de désobéissance expose le fonctionnaire à une **sanction disciplinaire** pouvant aller jusqu'à la révocation.

B. Droit ou devoir de désobéissance

1. Acte manifestement illégal

▪ L'inconduite de nombreux fonctionnaires sous Vichy fait prendre conscience des dangers de l'obéissance absolue. Dans un arrêt de 1944, le **Conseil d'État** décide qu'en ne désobéissant pas à des ordres présentant de toute évidence un caractère illégal et compromettant gravement le fonctionnement du service public, l'agent a commis une faute de nature à justifier une révocation.

Cette jurisprudence est consacrée par la **loi du 13 juillet 1983** dont l'article 28 dispense le fonctionnaire d'obéissance lorsque « l'ordre donné est manifestement illégal et de nature à compromettre gravement un intérêt public ».

▪ Il ne faut pas exagérer la portée de l'article 28 :

- avant de désobéir, le fonctionnaire doit exercer sa mission d'alerte. Il informe son supérieur des motifs d'illégalité de l'ordre ;
- l'illégalité doit être grossière, évidente pour tout fonctionnaire normalement informé (par ex. ordre de commettre une infraction) ;
- le juge administratif admet rarement l'existence d'une atteinte grave à un intérêt public ;
- les deux conditions doivent être simultanément remplies. Ainsi le fonctionnaire doit exécuter les ordres constituant de simples illégalités (rejoindre une affectation irrégulière par ex.).

2. Abus d'autorité

La loi du 13 juillet 1983 légitime la désobéissance aux abus d'autorité qui, directement ou indirectement, relèvent de l'agissement sexiste (depuis la loi du 8 août 2016), du harcèlement sexuel (depuis la loi du 2 novembre 1992) ou du harcèlement moral (depuis la loi du 17 janvier 2002).

3. Droit de retrait

▪ En application d'une directive européenne du 12 juin 1989 transposée aux fonctionnaires territoriaux par le **décret du 16 juin 2000**, un agent a le droit de se retirer d'une situation de travail – et de ne pas exécuter un ordre donné – si elle présente un danger grave et imminent pour sa vie ou sa santé. Le décret de 2010 définit la procédure d'alerte mise en œuvre par l'agent.

▪ Le juge apprécie strictement les conditions du droit de retrait :

- le **danger grave** se distingue du risque habituel du poste de travail. C'est pourquoi le droit de retrait est logiquement refusé aux fonctionnaires dont les missions consistent à assurer la sécurité des biens et des personnes en mettant leur vie en danger (les policiers et les sapeurs-pompiers par ex.) ;
- le danger doit être **imminent** : un technicien peut refuser de monter sur un échafaudage défectueux, mais pas de travailler dans un bâtiment qui contient de l'amiante ou dont un agent d'accueil a été agressé par un usager.

Fiche 48

Obligation de réserve des fonctionnaires territoriaux

En 1983, le législateur fait le choix, confirmé en 2016, de ne pas inscrire dans le statut général de la fonction publique la plus étendue des obligations frappant les fonctionnaires, le devoir de réserve, qui figure toutefois dans quelques statuts particuliers (magistrats, policiers nationaux, militaires…). Il juge en effet préférable de lui laisser toute la souplesse autorisée par sa nature jurisprudentielle.

A. Obligation la plus vaste des fonctionnaires territoriaux

1. Étendue de la portée

Le **Conseil d'État** impose le devoir de réserve aux agents publics dans deux arrêts de 1935. Cette expression désigne l'obligation faite au fonctionnaire de modérer son expression et son comportement.

Cette modération concerne bien sûr la **période de service** durant laquelle la neutralité s'impose à l'agent. En formulant des critiques contre des élus locaux, un fonctionnaire territorial commet une faute disciplinaire.

Mais l'obligation de réserve suit l'agent **en dehors du service**, pendant ses congés comme pendant un détachement ou une disponibilité. Manquent à l'obligation de réserve le secrétaire de mairie attaquant son maire dans la presse locale comme l'agent des postes participant à une manifestation politique interdite.

2. Étendue du champ d'application

Cette obligation est d'autant plus vaste qu'elle s'applique au futur fonctionnaire comme à l'ancien fonctionnaire.

Dans un arrêt de principe de 1954, le Conseil d'État juge que l'administration peut, pour apprécier dans l'intérêt du service si les **candidats au concours** présentent les garanties requises pour l'exercice des fonctions, « tenir compte de faits et de manifestations contraires à la réserve que doivent observer ces candidats », mais lui interdit d'écarter un candidat en se fondant exclusivement sur ses opinions politiques (communistes en l'espèce).

À l'opposé, un **fonctionnaire à la retraite** continue d'être soumis au devoir de réserve même si les possibilités de sanction sont plus limitées.

B. Obligation la plus variable des fonctionnaires territoriaux

1. Renforcement de l'obligation

▪ En principe, plus on s'élève dans la **hiérarchie**, plus l'obligation devient contraignante. Cette rigueur concerne les détenteurs d'emplois fonctionnels dans les collectivités territoriales (directeur général des services par ex.).

▪ La **nature des fonctions** est également prise en considération : l'obligation s'applique plus rigoureusement aux fonctionnaires soumis à un devoir d'exemplarité, que leurs missions concernent l'éducation des enfants ou l'exercice de prérogatives de puissance publique (par ex. policiers municipaux).

2. Assouplissement de l'obligation

▪ Les candidats à une élection politique ou professionnelle et les responsables syndicaux bénéficient d'un assouplissement de l'obligation de réserve. Comment, en effet, exercer des fonctions syndicales sans une liberté d'expression renforcée ?

▪ Mais si l'obligation de réserve doit se concilier avec la liberté d'expression liée à l'exercice d'une fonction syndicale, « ce n'est que dans la mesure où l'expression dont il s'agit a pour objet la défense des intérêts professionnels, individuels ou collectifs, des adhérents du syndicat ». Le Conseil d'État admet donc la rétrogradation d'un policier déchargé de service pour exercer un mandat syndical qui a publié dans une revue syndicale des textes « presque exclusivement consacrés à une critique violente de la politique suivie en différents domaines par le Gouvernement et à la mise en cause en termes injurieux des autorités de l'État ».

Finalement, l'appréciation des manquements à la réserve, qui se présente comme une **obligation à géométrie variable**, est dans chaque cas fonction des circonstances. Elle relève de la compétence de l'autorité territoriale et, en dernier ressort, du contrôle du juge administratif.

Fiche 49

Responsabilité disciplinaire des fonctionnaires territoriaux

A. Faute et sanction disciplinaires

1. Notion de faute disciplinaire

■ Le pouvoir disciplinaire appartient à l'**autorité territoriale** investie du pouvoir de nomination (maire par ex.) qui apprécie si les faits reprochés à un agent constituent une faute. La loi du 20 avril 2016 introduit un délai de prescription de trois ans.

■ Contrairement à l'infraction, la **faute disciplinaire** n'est définie précisément par aucun texte. Elle consiste en tout manquement à une obligation définie par le statut (par ex. discrétion professionnelle) ou imposée par la jurisprudence (devoir de réserve par ex.). Ce manquement peut être commis dans l'exercice des fonctions (par ex. désobéissance) ou en dehors des fonctions (exercice d'une activité privée interdite par ex.).

2. Choix de la sanction disciplinaire

■ L'autorité territoriale retient une des **10 sanctions** autorisées par la loi du 26 janvier 1984 qui les répartit en quatre groupes selon un ordre croissant de gravité.

> Celles du 1er groupe sont surtout morales (avertissement et blâme, plus exclusion temporaire de fonctions d'une durée maximale de trois jours). Les plus graves sont celles du 4e groupe qui entraînent la radiation des cadres de l'intéressé : mise à la retraite d'office et révocation.

■ Dans le **choix de la sanction,** l'autorité compétente prend en considération la gravité de la faute, mais aussi le comportement général de l'agent, la nature de ses fonctions, sa place dans la hiérarchie, les précédents éventuels et les sanctions antérieures.

B. Procédure disciplinaire

1. Garanties procédurales

■ L'autorité territoriale doit respecter des règles destinées d'une part à assurer le respect des **droits de la défense**, qui constitue un principe à valeur constitutionnelle, et d'autre part à empêcher des décisions arbitraires. Avant toute sanction même légère, elle doit informer l'agent mis en cause qu'il a droit à la communication de son dossier individuel et qu'il peut se faire assister du défenseur de son choix (représentant syndical ou avocat par ex.).

▪ Avant toute sanction plus grave que celles du 1er groupe, l'autorité territoriale doit consulter le **conseil de discipline** qui est une formation de la commission administrative paritaire présidée par un magistrat administratif. Ce conseil a en principe deux mois pour rendre un avis motivé comprenant une proposition de sanction ou d'absence de sanction.

▪ La **décision de sanction** est prise en opportunité par l'autorité territoriale. Le plus souvent celle-ci suit l'avis du conseil de discipline même si, juridiquement, elle n'y est nullement obligée. Comme l'avis, sa décision doit être motivée.

2. Recours du fonctionnaire sanctionné

▪ Le fonctionnaire peut déposer **un recours administratif gracieux** auprès de son employeur.

▪ S'il considère que la sanction est illégale, le fonctionnaire peut également faire un **recours juridictionnel** appelé recours pour excès de pouvoir contre l'arrêté.

Le juge administratif s'assure d'abord que les règles de forme et de procédure ont été respectées, notamment celles qui concernent le respect des droits de la défense. Puis il vérifie que les faits reprochés sont matériellement exacts et qu'ils constituent bien une faute. Enfin, après s'être longtemps borné à censurer les erreurs manifestes d'appréciation, le Conseil d'État exerce désormais un entier contrôle sur le caractère proportionné de la sanction (Conseil d'État, 13 novembre 2013, M. B.).

En cas de violation de la légalité externe ou interne, l'arrêté est **annulé**. Le cas échéant, la carrière du fonctionnaire est reconstituée, après une éventuelle réintégration.

> La loi du 18 novembre 2016 de modernisation de la justice du XXIe siècle précisée par le décret du 16 février 2018 prévoit la mise en place, à titre expérimental, dans certains territoires et pour une durée de quatre ans, d'une **médiation préalable obligatoire** pour certains contentieux de la fonction publique territoriale (par exemple décisions administratives individuelles défavorables en matière de rémunération, de mobilité, de formation professionnelle…). Les sanctions disciplinaires sont exclues du champ de cette expérimentation.

Fiche 50

Institutions de la fonction publique territoriale

A. Organes de participation

1. Niveau national

■ Composé de représentants des organisations syndicales de fonctionnaires et des collectivités territoriales, le **Conseil supérieur de la fonction publique territoriale** est présidé par un élu local qu'il désigne en son sein.

■ Le CSFPT est obligatoirement consulté sur les projets de loi et de décret réglementaire relatifs à la FPT. Il examine toute question dont il est saisi par le ministre ou par un tiers de ses membres. Il peut aussi formuler des propositions.

2. Niveau local

■ Composé de représentants du personnel et de l'administration, le **comité technique**, qui n'est plus paritaire depuis 2010, est créé dans chaque collectivité employant au moins 50 agents et auprès de chaque centre de gestion pour les autres collectivités. Seuls les représentants du personnel prennent normalement part aux votes.

Il exerce des attributions consultatives élargies en 2010 à de nouveaux domaines : organisation et fonctionnement des services, formation, mais aussi politique indemnitaire et action sociale.

■ La loi de 2010 prévoit la mise en place d'un **comité d'hygiène, de sécurité et des conditions du travail** dès 50 agents. S'il n'y a pas de CHSCT, ces domaines d'intervention relèvent du comité technique.

■ Une **commission administrative paritaire** est créée pour chaque catégorie (A, B, C) de fonctionnaires, soit auprès du centre de gestion, soit auprès de la collectivité si elle n'est pas affiliée. Présidée par l'autorité territoriale, elle comprend un nombre égal de représentants de l'administration et du personnel.

Les CAP sont consultées sur les questions d'ordre individuel que limite de manière significative la loi du 6 août 2019 en excluant les mutations, la promotion interne et les avancements de grade. Ces questions sont principalement mentionnées par le statut général (appréciation de la valeur professionnelle, disponibilité, licenciement pour insuffisance professionnelle…). En matière disciplinaire, les CAP siègent en formation restreinte comme conseils de discipline.

B. Organes de gestion

1. Centre national de la fonction publique territoriale

Le CNFPT est un **établissement public national** à caractère administratif regroupant l'ensemble des collectivités territoriales et de leurs établissements publics. Siégeant à Paris, il dispose de délégations possédant une certaine autonomie auxquelles la loi du 6 août 2019 impose une organisation régionale.

Il est dirigé par un conseil d'administration comprenant un nombre égal de représentants des collectivités territoriales et des organisations syndicales de fonctionnaires territoriaux. Mais les élus locaux jouent un rôle prépondérant en exerçant la présidence et en votant seuls les décisions essentielles, notamment financières.

La loi du 19 février 2007 recentre le CNFPT sur sa principale **mission**, à savoir la mise en œuvre de la « formation professionnelle tout au long de la vie » des agents territoriaux.

2. Centres de gestion

Les CDG sont des **établissements publics locaux** à caractère administratif auxquels sont obligatoirement affiliées toutes les collectivités territoriales employant moins de 350 fonctionnaires à temps complet. Pour les autres collectivités, l'affiliation est volontaire. Sauf en Île-de-France, il existe un centre de gestion par département. Pour certaines de leurs missions, les CDG s'organisent au niveau régional ou interrégional.

Chaque centre est dirigé par un conseil d'administration qui est exclusivement composé d'élus représentant les collectivités affiliées et qui élit en son sein le président.

Les CDG remplissent des missions relatives à la gestion des personnels. Élargies par la législation récente, leurs **compétences** obligatoires comprennent notamment l'organisation des concours et examens professionnels, la publicité des créations et vacances d'emploi, le fonctionnement des organes de participation et une assistance juridique statutaire. À la demande des collectivités, ils exercent des missions facultatives (par ex. archivage ou conseils juridiques).

Chapitre 2

100 définitions

Académie : circonscription administrative spécialisée propre aux administrations de l'éducation nationale, de l'enseignement supérieur et de la recherche.

Affectation : désignation d'un fonctionnaire dans un emploi, c'est-à-dire dans un poste de travail. L'autorité hiérarchique affecte librement le fonctionnaire dans un des emplois correspondant à son grade.

Arrêté : décision exécutoire signée par une autorité administrative autre que le président de la République et le Premier ministre : ministre, préfet, président de conseil régional ou départemental, maire...

Autorisation d'absence : droit reconnu à tous les élus locaux de s'absenter de leur travail, sans être payés, pour participer à diverses séances et réunions énumérées par le code général des collectivités territoriales.

Avis : point de vue officiellement exprimé par un organe à la demande d'une autorité administrative. L'avis peut être facultatif ou obligatoire selon que la consultation est libre ou imposée. En fonction de sa portée, il peut être simple (l'autorité consultante n'est pas tenue de le suivre) ou conforme (elle doit le suivre).

Bloc de compétences : technique de répartition des compétences qui consiste, pour le législateur, à affecter en totalité les compétences concernant un domaine à une catégorie déterminée de collectivités territoriales.

Budget : acte par lequel une assemblée locale prévoit et autorise pour l'année civile l'ensemble des recettes et des dépenses de la collectivité. Le budget primitif, seul obligatoire, peut être corrigé en cours d'exercice par le budget supplémentaire ou par d'autres décisions modificatives.

Bureau : dans un département, une région ou un établissement public de coopération intercommunale, réunion du président et des élus l'assistant dans ses fonctions exécutives (en principe les vice-présidents). Sa composition exacte varie selon l'organisme.

Caisse des écoles : établissement public administratif, aujourd'hui facultatif, rattaché à la commune et ayant pour objet de « faciliter la fréquentation de l'école par des aides aux élèves en fonction des ressources de leur famille », que l'établissement fréquenté soit public ou privé.

Cadre d'emplois : dans la fonction publique territoriale (à l'exception de celle de Paris), ensemble des fonctionnaires soumis au même statut particulier et ayant vocation à détenir les mêmes grades, à occuper les mêmes emplois, c'est-à-dire à accomplir la même carrière. Les fonctions publiques étatique, hospitalière et parisienne sont divisées, non en cadres d'emplois, mais en corps.

Catégorie : le statut général de la fonction publique répartit les corps et cadres d'emplois en trois catégories désignées par les lettres A, B et C. La catégorie se définit par le niveau de recrutement (bac+3 ou plus ; bac ou bac+2 ; inférieur au bac) ainsi que par la nature des fonctions (conception, encadrement, direction et coordination de services ; application ou encadrement intermédiaire ; exécution).

Centralisation : forme d'organisation d'un État unitaire constituant la seule personne morale de droit public compétente sur son territoire : toutes les décisions politiques mais aussi administratives sont prises en son nom.

Centre d'action sociale : établissement public administratif, dont la création est obligatoire dans les communes de 1 500 habitants et plus, ayant pour objet d'exercer les compétences obligatoires ou facultatives définies par le code de l'action sociale et des familles. Il existe de nombreux centres communaux d'action sociale (CCAS), mais aussi des centres intercommunaux d'action sociale (CIAS) rattachés à un établissement public de coopération intercommunale.

Centre de gestion (CDG) : établissement public local à caractère administratif existant dans chaque département (sauf en Île-de-France où deux centres sont interdépartementaux). Administrés par les élus locaux, les CDG remplissent des missions (obligatoires ou facultatives) relatives à la gestion des personnels territoriaux que les lois récentes ont élargies.

Centre national de la fonction publique territoriale (CNFPT) : établissement public national à caractère administratif regroupant l'ensemble des collectivités territoriales et de leurs établissements publics et ayant son siège à Paris. Les lois récentes ont recentré le CNFPT sur sa principale mission, la mise en œuvre de la « formation professionnelle tout au long de la vie » à laquelle ont droit les agents territoriaux.

« Chef-de-filat » : dans les domaines nécessitant le concours de plusieurs collectivités territoriales ou groupements de collectivités territoriales, technique consistant pour le législateur à autoriser l'une d'entre elles ou un de leurs groupements à organiser les modalités de leur action commune.

Circonscription : portion de territoire dépourvue de personnalité juridique et servant de cadre à l'organisation d'une administration ou d'une élection. Les circonscriptions administratives permettent à une administration de répartir ses services et ses agents sur l'ensemble de son territoire. C'est ainsi que les services déconcentrés de l'État sont implantés dans des circonscriptions générales (arrondissement, département, région) ou spécialisées (académie pour l'éducation nationale par ex.). La circonscription électorale peut se confondre avec une circonscription administrative et/ou le territoire d'une collectivité territoriale (par ex. élections régionales dans les régions).

Clause de compétence générale : disposition de valeur non pas constitutionnelle mais législative caractérisant traditionnellement les collectivités territoriales et possédant deux fonctions. Dans sa fonction interne, elle habilite l'organe délibérant à prendre toute décision relative aux affaires de la collectivité dès lors qu'aucun texte n'attribue cette compétence à un autre organe. Elle donne donc aux conseils élus une compétence de droit commun. Dans sa fonction externe, elle a pour effet d'habiliter les collectivités territoriales à prendre toute décision qui présente un intérêt local, même en l'absence d'un texte leur attribuant cette compétence. La loi du 7 août 2015 retire le bénéfice de la clause de compétence générale aux départements et aux régions.

Code général des collectivités territoriales (CGCT) : ensemble de lois (depuis 1996) et de règlements (depuis 2000) applicables aux collectivités territoriales et à leurs groupements en matière institutionnelle et financière.

Collectivité d'outre-mer : catégorie de collectivités territoriales créée par la loi constitutionnelle du 28 mars 2003. Caractérisées par le principe de spécialité législative, les COM bénéficient d'un statut particulier défini par une loi organique, adoptée après avis de leur assemblée délibérante, de façon à tenir compte des intérêts propres de chacune d'elles au sein de la République. Trois d'entre elles sont dotées de l'autonomie (Polynésie française, Saint-Barthélemy et Saint-Martin).

Collectivité territoriale : personne publique administrée librement par un conseil élu et traditionnellement dotée d'une compétence générale dans le cadre d'un territoire déterminé. La Constitution distingue cinq catégories de collectivités territoriales : les communes, les départements, les régions, les collectivités à statut particulier et les collectivités d'outre-mer. Toute autre collectivité territoriale est créée par la loi.

Collectivité territoriale à statut particulier : catégorie de collectivités territoriales métropolitaines créée par la loi constitutionnelle du 28 mars 2003 (collectivité de Corse, métropole de Lyon et Ville de Paris).

Collectivité territoriale unique (CTU) : collectivité territoriale régie par le principe d'identité législative qui exerce les compétences reconnues aux départements et aux régions d'outre-mer (Mayotte, Martinique, Guyane).

Comité consultatif : en principe librement créé par le conseil municipal et comprenant des personnes extérieures au conseil (notamment des représentants des associations locales), cet organe a une fonction d'avis et de proposition sur des questions d'intérêt local (relatives aux services publics et aux équipements de proximité notamment).

Commission municipale : cette formation restreinte du conseil municipal, qui détermine librement son domaine de compétence et ses règles de fonctionnement, a pour fonction d'étudier les questions qui seront soumises au conseil. Simple organe consultatif, elle ne peut délibérer c'est-à-dire décider. Sous des noms variables, des formations équivalentes se rencontrent dans les conseils départementaux et régionaux.

Commission permanente : cette formation restreinte de l'assemblée départementale ou régionale, dont elle reflète la pluralité, possède peu de pouvoirs propres et a surtout vocation à exercer les compétences déléguées par l'assemblée. Elle constitue donc un organe délibérant par délégation.

Communauté d'agglomération (CA) : depuis 1999, catégorie d'établissement public de coopération intercommunale à fiscalité propre dont les communes regroupent en principe plus de 50 000 habitants autour d'une ou plusieurs communes centre de plus de 15 000 habitants. Les CA exercent des compétences obligatoires dans 10 domaines.

Communauté de communes (CC) : depuis 1992, catégorie d'établissement public de coopération intercommunale à fiscalité propre dont les communes regroupent généralement, depuis le 1er janvier 2017, plus de 15 000 habitants (mais la loi NOTRE du 7 août 2015 aménage des dérogations). Les CC exercent des compétences obligatoires dans 7 domaines.

Communauté urbaine (CU) : depuis 1966, catégorie d'établissement public de coopération intercommunale à fiscalité propre dont les communes constituent, selon la loi MAPTAM du 27 janvier 2014, une agglomération de plus de 250 000 habitants. Les CU se caractérisent par 7 blocs de compétences obligatoires.

Commune : circonscription administrative de l'État et catégorie de collectivités territoriales dont l'origine remonte à la période révolutionnaire. En application d'un dédoublement fonctionnel que les lois de décentralisation n'ont pas remis en cause, le maire et les adjoints continuent d'exercer, au nom de l'État, des attributions sous le contrôle hiérarchique soit du préfet, soit du procureur de la République.

Compte administratif : document établi par l'ordonnateur et ayant pour objet de présenter, après la clôture de l'exercice, les résultats de l'exécution du budget.

Conflit d'intérêts : situation d'interférence entre un intérêt public et des intérêts publics ou privés qui est de nature à influencer ou à paraître influencer l'exercice indépendant, impartial et objectif d'une fonction publique. La législation impose aux agents publics concernés des obligations d'abstention voire de déclaration.

Conseil d'État : institution créée en 1999 et assurant deux sortes d'attributions exercées par des formations internes différentes. D'une part, le Conseil d'État est la juridiction suprême de l'ordre juridictionnel administratif. D'autre part, il est le conseiller juridique du Gouvernement (par ex. avis obligatoire son avis sur les projets de loi et d'ordonnance).

Continuité (Principe de) : principe de valeur constitutionnelle et principe général du droit qualifié de « fondamental » imposant aux services publics de répondre sans interruption aux besoins d'intérêt général, sous peine de voir leur responsabilité engagée. Selon les services, cette continuité prend des formes différentes (fonctionnement permanent, régulier...).

Coopération locale : ensemble des activités menées de concert par plusieurs collectivités territoriales. Le code général des collectivités territoriales distingue deux formes de coopération : les collectivités concernées peuvent passer une convention (coopération conventionnelle) ou créer une structure juridique autonome (coopération structurelle), par exemple un syndicat intercommunal. La coopération impliquant des collectivités de même catégorie juridique est dite horizontale (communauté de communes par ex.). Celle qui engage des collectivités de catégorie juridique différente est dite verticale (par ex. syndicat mixte associant des communes et un département).

Cour administrative d'appel (CAA) : Créées en 1987 pour désencombrer le Conseil d'État, les huit CAA sont les juridictions d'appel de droit commun des tribunaux administratifs.

Crédit d'heures : nombre d'heures trimestriel et forfaitaire, non payé par l'employeur, dont les élus locaux exerçant une activité professionnelle peuvent disposer librement afin de le consacrer aux tâches de préparation et d'administration liées à leur mandat.

Décentralisation : technique d'organisation administrative consistant à reconnaître d'importantes compétences décisionnelles à des institutions distinctes de l'État, dotées de la personnalité morale et bénéficiant d'une autonomie de gestion. La loi constitutionnelle du 28 mars 2003 dispose que l'organisation de la République française est décentralisée. La décentralisation fonctionnelle ou technique donne naissance à des établissements publics compétents pour gérer un ou plusieurs services publics déterminés. La décentralisation territoriale bénéficie à des collectivités territoriales traditionnellement dotées d'une compétence générale dans le cadre d'un territoire.

Décision municipale : décision prise par le maire au lieu et place du conseil municipal sur l'habilitation – révocable à tout moment – de celui-ci. Le code général des collectivités territoriales énumère limitativement 29 attributions susceptibles de délégation. Afin de simplifier le fonctionnement quotidien des communes, la loi du 13 août 2004 permet au maire de subdéléguer une partie de ces attributions.

Déconcentration : technique d'organisation administrative consistant à reconnaître au sein d'une même administration d'importantes compétences décisionnelles à des autorités subordonnées en poste dans des circonscriptions territoriales. Dans le cadre de l'administration étatique, la déconcentration verticale bénéficie à des agents en charge de secteurs spécialisés (par ex. recteur d'académie) et la déconcentration horizontale à des agents polyvalents dotés de compétences variées (préfet de département ou de région).

Déféré préfectoral : recours pour excès de pouvoir formé devant le juge administratif par le préfet contre l'acte estimé illégal d'une collectivité territoriale ou d'un établissement public local. Attention : **le référé** désigne une procédure d'urgence permettant au justiciable, dans certains cas, d'obtenir du juge une décision rapide et provisoire, en attendant le jugement au fond.

Délégation : mécanisme juridique par lequel une autorité locale habilite un élu ou un agent à exercer, concurremment avec elle, une ou plusieurs de ses attributions, sous sa surveillance et sa responsabilité. Dans les collectivités territoriales, on distingue les délégations de fonctions accordées à des élus (le maire aux adjoints par ex.) et les délégations de signature au bénéfice d'agents (par ex. le maire au directeur général des services de mairie).

Délibération : au sens large, une délibération est un acte voté par une assemblée locale à la majorité des suffrages exprimés. Cet acte peut être soit une décision exécutoire (délibération au sens strict), soit un avis, soit un vœu sur une question d'intérêt local. Enfin, la délibération désigne également la discussion précédant l'adoption d'une décision, d'un avis ou d'un vœu.

Département : circonscription administrative de l'État et catégorie de collectivités territoriales dont l'origine remonte à la période révolutionnaire. Depuis 1800, le préfet représente l'État dans la circonscription administrative départementale qui est l'échelon territorial chargé de la mise en œuvre des politiques étatiques et européennes au plus près des administrés et des territoires. Le département est également une des cinq catégories de collectivités territoriales énumérées dans la Constitution. Librement administré par un conseil départemental et un président de conseil départemental, il exerce depuis 2015 des compétences spécialisées définies par le législateur.

Détachement : position d'un fonctionnaire placé hors de son corps ou cadre d'emplois d'origine (par ex. pour exercer un mandat syndical ou électif) mais continuant de bénéficier de ses droits à l'avancement et à la retraite dans ce corps ou cadre d'emplois.

Discrétion professionnelle : interdiction faite à tous les fonctionnaires, sous peine de sanction disciplinaire, de divulguer en dehors des cas autorisés ou imposés par l'autorité hiérarchique des faits, informations ou documents relatifs à l'administration.

Disponibilité : position d'un fonctionnaire placé hors de son corps ou cadre d'emplois d'origine (par ex. pour convenances personnelles) et cessant traditionnellement de bénéficier de ses droits à l'avancement et à la retraite dans ce corps ou cadre d'emplois.

Dossier individuel : ensemble des pièces intéressant la situation administrative du fonctionnaire. Elles doivent être enregistrées, numérotées et classées sans discontinuité. Dans les conditions définies par la loi, tout fonctionnaire a accès à son dossier individuel qui peut être dématérialisé.

Échelon : subdivision du grade correspondant à un niveau de rémunération. L'avancement d'échelon en échelon au sein du grade est accordé de plein droit en fonction de l'ancienneté. L'abaissement d'échelon constitue une sanction disciplinaire du 2e groupe.

Égalité (Principe d') : principe en vertu duquel toutes les personnes placées dans une situation identique doivent être régies par les mêmes règles. Le principe d'égalité domine l'ensemble du système juridique français comme principe à valeur constitutionnelle ou comme principe général du droit aux facettes les plus diverses : égalité devant les lois et les règlements, devant les charges publiques, dans le fonctionnement des services publics… Toutefois, trois conditions alternatives justifient une différence de traitement. La discrimination peut d'abord constituer la conséquence nécessaire d'une norme supérieure. Elle peut ensuite résulter d'une nécessité d'intérêt général en rapport avec le service public. Enfin, il existe des différences appréciables et objectives de situation appréciables au regard du service.

Électorat : capacité juridique à participer à un vote par le suffrage.

Éligibilité : capacité juridique à être candidat à une élection.

Emploi : l'emploi désigne à la fois un poste de travail, c'est-à-dire des tâches confiées à un fonctionnaire, et un poste budgétaire, c'est-à-dire des crédits ouverts pour rémunérer ce fonctionnaire. Le fonctionnaire n'est pas titulaire de son emploi qui appartient à l'administration.

Engagement : acte par lequel l'ordonnateur crée ou constate une obligation de laquelle résultera une dépense pour la personne publique (signature d'un contrat, d'un bon de commande, d'un arrêté de nomination d'un fonctionnaire, etc.).

Établissement public : personne publique chargée de gérer, en vertu du principe de spécialité, un ou plusieurs services publics déterminés. Conformément au principe de rattachement, les établissements publics nationaux, les universités par exemple, sont rattachés à l'État et les établissements publics locaux à des collectivités territoriales (centres communaux d'action sociale, caisses des écoles, services départementaux d'incendie et de secours…).

Établissement public de coopération intercommunale (EPCI) : organisme public de coopération créé par deux ou plusieurs communes afin de gérer ensemble certaines compétences. Depuis l'institution des syndicats de communes en 1890, le législateur a institué plusieurs catégories d'EPCI relevant d'une intercommunalité associative ou fédérative.

Expérimentation : procédure consistant à mettre en œuvre, dans une matière législative ou réglementaire, une norme dérogatoire pour une durée limitée sur une partie du territoire national, de façon à évaluer ses effets et à constater sa pertinence dans une situation concrète. À l'issue de l'expérimentation, le pouvoir législatif ou réglementaire possède des options enrichies par la loi organique du 19 avril 2021 : prolongation de l'expérimentation, rétablissement la norme antérieure ou pérennisation de la norme expérimentée sur le territoire d'expérimentation, application de la norme expérimentée à d'autres territoires, généralisation de la norme expérimentée au territoire national.

Faute personnelle : faute commise par un agent public à l'occasion du service, mais s'en détachant en raison de sa particulière gravité (par ex. incendie causé par un sapeur-pompier en jetant sa cigarette allumée dans une grange) ou des passions qui l'ont animée (intention malveillante, intérêt personnel par ex.). La réparation du dommage incombe alors à l'agent, avec son propre patrimoine, sous le contrôle du juge judiciaire.

Faute de service (ou faute de service public) : faute commise par un agent public et révélant « un administrateur plus ou moins sujet à erreur » ou une organisation, un fonctionnement défectueux de son service. La réparation du dommage incombe alors à l'administration, sous le contrôle du juge administratif.

Fiscalité propre : mode de financement de certains établissements publics de coopération intercommunale dotés d'un pouvoir fiscal comparable à celui des collectivités territoriales.

Fonctionnaire : personne nommée dans un emploi permanent et titularisée dans un grade de la hiérarchie des administrations étatiques, territoriales ou hospitalières. Ces administrations emploient également des agents non titulaires qui sont dans une situation contractuelle (de droit public ou privé, à durée déterminée ou indéterminée) et des stagiaires qui ont vocation à devenir fonctionnaires.

Grade : titre conférant à son titulaire vocation à occuper l'un des emplois définis par le statut particulier de son corps ou cadre d'emplois. Le grade exprime le niveau hiérarchique du fonctionnaire dans son corps ou cadre d'emplois mais, en principe définitivement acquis, il le protège aussi contre les aléas administratifs, politiques ou économiques.

Grève : cessation collective et concertée du travail en vue de défendre des intérêts professionnels. En conséquence de l'absence de service fait, une retenue proportionnelle à la durée de la grève est effectuée sur le traitement du gréviste. Pour les fonctionnaires, le droit de grève doit se concilier avec la continuité du service public : il est donc limité par la législation et, sous le contrôle du juge administratif, par les autorités locales. Dans le même esprit, la loi du 6 août 2019 permet d'encadrer l'exercice du droit de grève dans certains services publics locaux (collecte et traitement des déchets ménagers, aide aux personnes âgées et handicapées, restauration collective et scolaire...).

Hiérarchique (Pouvoir ou contrôle) : ensemble de prérogatives exercées par tout supérieur sur ses subordonnés, même si aucun texte ne les prévoit explicitement. D'une part, le chef peut donner des instructions générales et des injonctions particulières aux hommes placés sous son autorité. D'autre part, il possède le pouvoir de modifier ou d'annuler les décisions prises par ses subordonnés.

Identité législative (Principe d') : principe caractérisant les départements et régions d'outre-mer, selon lequel les lois et les règlements nationaux sont applicables de plein droit, même s'ils peuvent faire l'objet d'adaptations tenant aux caractéristiques et contraintes particulières de ces collectivités.

Incompatibilité : interdiction de cumuler une fonction ou un mandat électifs avec d'autres mandats, fonctions ou activités. La personne concernée peut se présenter et être régulièrement élue. Mais, en cas d'élection, la loi impose un délai d'option pour renoncer soit aux mandats, fonctions ou activités incompatibles, soit au nouveau mandat. Elle peut aussi décider du sens de la régularisation.

Inéligibilité : situation entraînant l'incapacité d'être valablement candidat et élu. Une inéligibilité absolue produit ses effets dans toutes les élections et circonscriptions électorales (interdiction de droits civiques par ex.). Une inéligibilité relative concerne seulement des élections et circonscriptions déterminées (par ex. l'agent municipal est inéligible comme conseiller municipal dans sa commune d'affectation).

Intercommunalité associative : forme souple d'intercommunalité structurelle permettant à des communes de gérer ensemble des compétences qu'elles déterminent librement et dont elles assurent le financement. Elle correspond au syndicat intercommunal à vocation unique ou multiple.

Intercommunalité fédérative : forme intégrée d'intercommunalité structurelle tendant à regrouper les communes autour d'un projet de développement et se caractérisant par des compétences obligatoires définies par la loi (les compétences optionnelles sont supprimées par la loi du 27 décembre 2019) ainsi que par une fiscalité propre. Elle correspond à la métropole, à la communauté urbaine, à la communauté d'agglomération et à la communauté de communes.

Intérêt communautaire (ou métropolitain) : dans les établissements publics de coopération intercommunale à fiscalité propre, ligne de partage au sein de certaines compétences entre les matières transférées à l'EPCI et celles qui demeurent au niveau communal. Sa définition appartient au conseil de l'EPCI statuant à la majorité des deux tiers.

Lanceur d'alerte : selon la loi Sapin du 9 décembre 2016, un lanceur d'alerte est une personne physique qui révèle ou signale, de manière désintéressée et de bonne foi, un crime ou un délit, une violation grave et manifeste d'un engagement international régulièrement ratifié ou approuvé par la France, de la loi ou du règlement, ou une menace ou un préjudice graves pour l'intérêt général, dont elle a eu personnellement connaissance.

Libre administration (principe de) : en vertu d'un principe consacré par la Constitution, les collectivités territoriales s'administrent librement par des conseils élus et sont dotées de compétences effectives ainsi que des moyens, notamment normatifs et financiers, nécessaires à leur exercice.

Liquidation : opération de l'ordonnateur ayant pour objet de vérifier la réalité de la dette ou de la créance et d'arrêter le montant exact de la dépense ou de la recette.

« Lois de Rolland » : principes s'appliquant à toute activité d'intérêt général érigée en service public, même si ce service est géré par une personne privée et principalement soumis au droit privé. Dans les années 1930, le professeur Rolland s'est attaché à dégager ces « lois du service public » (égalité, continuité, adaptabilité ou mutabilité, neutralité).

Majorité : proportion de voix permettant de l'emporter dans un vote. La majorité peut être simple (le plus grand nombre de voix), absolue (plus de la moitié des voix) ou qualifiée (par ex. 3/5).

Mandat de paiement : titre émis par l'ordonnateur et donnant au comptable l'ordre de payer une dépense. Le mandatement est aussi appelé « ordonnancement ».

Marché public : contrat administratif conclu par l'administration pour répondre à ses besoins en matière de travaux, de fournitures ou de services. Le cocontractant n'étant pas associé à une mission d'intérêt général et ne supportant pas un risque d'exploitation, il est rémunéré par une somme forfaitaire versée par l'administration.

Sur ce point, le marché public se distingue de la concession.

Médiation : selon le code de justice administrative, la médiation s'entend de tout processus structuré, quelle qu'en soit la dénomination, par lequel deux ou plusieurs parties tentent de parvenir à un accord en vue de la résolution amiable de leurs différends, avec l'aide d'un tiers, le médiateur, choisi par elles ou désigné, avec leur accord, par la juridiction.

Métropole : depuis 2010, catégorie d'établissement public de coopération intercommunale à fiscalité propre en principe destinée aux agglomérations de plus de 400 000 habitants. Mais, à côté de ces métropoles de droit commun, la loi MAPTAM du 27 janvier 2014 institue une métropole de droit commun soumise à des dispositions spécifiques (Aix-Marseille-Provence), un EPCI à fiscalité propre à statut particulier (Grand Paris) et même une collectivité territoriale à statut particulier (Lyon).

Mode de scrutin : ensemble des règles techniques permettant de départager les candidats à une élection. On oppose deux grands modes de scrutin : la représentation proportionnelle et le scrutin majoritaire. Mais, de création plus récente, des modes de scrutin mixtes combinent majorité et proportionnalité.

Municipalité : ensemble constitué par le maire et par les adjoints (souvent appelé bureau municipal).

Mutabilité (Principe de) : principe de valeur juridique incertaine imposant de constamment adapter les services publics aux nécessités de l'intérêt général, aux circonstances nouvelles et aux évolutions techniques. Il conduit les autorités administratives à imposer de nouvelles règles d'organisation et de fonctionnement aux usagers (qui n'ont pas de droit au maintien d'un tarif ou d'une prestation), aux agents (qui ne peuvent se prévaloir de « droits acquis ») et aux cocontractants (dont les contrats peuvent être modifiés unilatéralement).

Mutation : décision unilatérale de l'autorité territoriale modifiant les conditions d'emploi d'un fonctionnaire (sa résidence, ses fonctions, sa rémunération). La mutation peut intervenir soit sur la demande du fonctionnaire, soit sur l'initiative de l'autorité territoriale dans l'intérêt du service, par exemple pour pourvoir un poste vacant (mutation d'office). Toutefois, le changement de collectivité (mutation externe) exige une demande du fonctionnaire.

Neutralité : principe fondamental du service public, présenté comme le corollaire du principe d'égalité et doté d'une valeur constitutionnelle, interdisant à l'administration d'établir entre les usagers des discriminations fondées sur leurs convictions politiques, religieuses, etc. Ce principe interdit aux agents publics, sous peine de sanction disciplinaire, de manifester leurs opinions dans l'exercice de leurs fonctions, afin de ne pas faire douter les usagers de leur impartialité.

Ordonnateur : autorité territoriale ayant compétence pour émettre des mandats de paiement et des titres de recettes (par ex. le maire dans une commune).

Ordre du jour : ensemble des questions inscrites au programme de la séance d'une assemblée.

Panachage : dans un scrutin de liste, cette modalité de vote permet à l'électeur de choisir des candidats présents sur des listes différentes.

Personne publique : personne morale soumise en tout ou partie aux règles du droit public. Il existe depuis le XIXe siècle trois catégories de personnes publiques : l'État, les collectivités territoriales et les établissements publics, auxquels s'ajoutent aujourd'hui les groupements d'intérêt public.

Pôle métropolitain : depuis 2010, syndicat mixte regroupant des établissements publics de coopération intercommunale à fiscalité propre en vue d'actions d'intérêt métropolitain, afin de promouvoir un modèle d'aménagement, de développement durable et de solidarité territoriale. L'un de ces EPCI doit compter plus de 100 000 habitants (plus de 50 000 s'il est limitrophe d'un État étranger). Les départements et les régions peuvent aussi adhérer à un pôle métropolitain.

Police : le mot possède un sens matériel, propre aux juristes, et un sens organique, connu de tous. Du point de vue matériel, la police désigne un ensemble d'activités ayant pour objet le maintien de l'ordre public. Du point de vue organique, elle désigne le personnel chargé d'exécuter ces activités.

Police administrative : contrairement à la police judiciaire, qui a pour objet de constater les infractions et de rechercher leurs auteurs pour les punir, donc de réprimer, la police administrative possède un caractère préventif : elle consiste à agir pour empêcher que se produisent des atteintes à l'ordre public. Cette police administrative peut être générale ou spéciale. Les polices spéciales se rapportent, comme l'adjectif l'indique, à des aspects particuliers de l'ordre public (par ex. moralité) et/ou à certaines catégories d'administrés (chasseurs par ex.), de situations (par ex. édifices menaçant ruine) ou d'activités (baignades et activités nautiques par ex.). Elles résultent en principe de textes particuliers qui leur aménagent des règles spécifiques. La police administrative générale a pour objet d'assurer la tranquillité, la sécurité et la salubrité publiques. Sauf à Paris, le maire exerce la police municipale, c'est-à-dire la police administrative générale dans la commune, mais possède aussi des pouvoirs de police spéciale exercés au nom de la commune (circulation et stationnement par ex.) ou de l'État.

Police de l'assemblée : ensemble des pouvoirs à l'égard du public permettant au maire ou au président de conseil d'assurer le bon ordre de la séance et la sérénité des débats de l'assemblée locale.

Position : situation juridique du fonctionnaire qui doit se trouver dans une des quatre positions définies par le statut général de la fonction publique : activité à temps complet ou partiel (la mise à disposition constituant un aménagement particulier de la position d'activité) ; détachement ; disponibilité ; congé parental.

Pouvoir réglementaire : pouvoir d'édicter des normes générales et impersonnelles confié à certaines autorités administratives.

Principe général du droit : principe s'imposant sans texte aux autorités administratives et spécialement au pouvoir réglementaire. Parfois inspirés de la Déclaration des droits de l'homme et du citoyen de 1789, du préambule de la Constitution de 1946 ou de conventions internationales, ces principes sont dégagés par le Conseil d'État à partir de 1944 (par ex. droits de la défense).

Préfet : corps de fonctionnaires étroitement soumis au pouvoir exécutif et chargés, au titre de la déconcentration, de représenter l'État ainsi que le Premier ministre et chacun des ministres dans les circonscriptions administratives départementales et régionales.

Publicité : opération par laquelle une décision administrative est portée à la connaissance des administrés en vue de son entrée en vigueur ou de son opposabilité. Il existe deux modes de publicité. Les règlements font l'objet d'une publicité impersonnelle appelée publication (par ex. *Journal officiel*, affichage, mise en ligne sur le site d'une administration) et les décisions individuelles d'une publicité personnelle à l'intéressé (lettre recommandée avec accusé de réception par ex.).

Quorum : nombre des conseillers devant être physiquement présents lors de l'ouverture ou de la reprise de la séance, ainsi que lors de la mise en discussion de chaque point de l'ordre du jour, pour qu'une assemblée locale puisse valablement délibérer. Si le quorum (en règle générale, la majorité des membres en exercice) n'est pas atteint, l'assemblée ne peut se tenir. Pour éviter la paralysie des assemblées, une seconde réunion peut ultérieurement se dérouler sur le même ordre du jour sans condition de quorum.

Recentralisation : au sens propre, opération consistant à retirer une compétence à une collectivité territoriale pour la transférer à l'État. Dans un sens figuré, ensemble de réformes fiscales concernant les ressources des collectivités territoriales et consistant à remplacer des produits fiscaux par des contributions étatiques (par ex. suppression de la vignette automobile des particuliers). Malgré la consécration du principe d'autonomie financière par la loi constitutionnelle du 28 mars 2003, le mouvement de recentralisation a continué avec la mise en place du dégrèvement de la taxe d'habitation due par les ménages au titre de leur résidence principale (lois de finances pour 2018 et pour 2020).

Recours : action visant à obtenir d'une autorité ou d'une juridiction administratives l'examen d'une demande juridique (par ex. annulation ou abrogation d'un acte administratif). Le recours peut être contentieux ou juridictionnel, s'il est adressé à un juge, ou administratif. Dans ce second cas, il est gracieux quand il est adressé à l'autorité administrative dont émane la décision contestée ou hiérarchique quand le requérant porte sa demande devant un supérieur de cette autorité.

Recours pour excès de pouvoir : recours contentieux par lequel une personne ayant intérêt à agir demande au juge administratif d'annuler, en raison de son illégalité, une décision exécutoire de l'administration. Le recours pour excès de pouvoir vise donc à assurer le respect des normes supérieures. C'est pourquoi un principe général du droit l'ouvre même sans texte contre toute décision exécutoire.

Référé : réformées en profondeur par la loi du 30 juin 2000, les procédures de référé permettent à un justiciable de saisir le juge administratif pour obtenir, en urgence, une mesure provisoire dans l'attente d'une décision définitive (suspension d'un acte, mesure nécessaire à la sauvegarde d'une liberté à laquelle il est portée une atteinte grave et manifestement illégale, provision sur une dette…).

Référendum : vote par lequel les électeurs se prononcent par *oui* ou par *non* sur une question, sur l'adoption d'un texte particulièrement. Le référendum peut prendre des formes très différentes selon son initiative, son caractère obligatoire ou facultatif, son objet et sa portée. Dans le cadre de la décentralisation, le référendum peut être, selon sa portée, décisionnel (le vote des électeurs entraîne l'adoption ou le rejet du texte) ou consultatif (les électeurs donnent seulement un avis sur le texte). Le référendum est d'initiative populaire quand il intervient à la demande des électeurs eux-mêmes.

Région : circonscription administrative de l'État et catégorie de collectivités territoriales dont la création intervient dans la seconde moitié du XXe siècle. Depuis 1964, le préfet représente l'État dans la circonscription administrative régionale qui constitue le niveau de pilotage de droit commun, notamment chargé d'animer et de coordonner les politiques de l'État sur le territoire. La région est également une des cinq catégories de collectivités territoriales énumérées dans la Constitution. Librement administrée par un conseil régional et un président de conseil régional, elle exerce des compétences spécialisées largement définies par le législateur.

Règlement : décision exécutoire édictant des normes de caractère général et impersonnel (par ex. arrêté municipal réglementant la circulation nocturne des mineurs de moins de 13 ans).

Règlement européen : norme de droit générale et impersonnelle de l'Union européenne investie d'un effet direct et immédiat dès sa publication. N'étant pas conditionné à des mesures de transposition ou d'application internes, le règlement impose aux États un objectif à atteindre et, au contraire de la directive, des moyens à mettre en œuvre.

Rémunération : ensemble des sommes d'argent touchées par un fonctionnaire après service fait. La rémunération comprend le traitement, l'indemnité de résidence (destinée à compenser les différences de coût de vie selon les lieux d'affectation) et les indemnités instituées par un texte législatif ou réglementaire. Ces indemnités (ou primes) se montrent variables selon les collectivités et les cadres d'emplois concernés.

Représentation proportionnelle : mode de scrutin consistant à répartir les sièges au prorata des suffrages obtenus par chaque liste lors d'un tour unique.

Réserve (Obligation ou devoir de) : obligation pour tous les fonctionnaires de modérer leur expression et leur comportement, pendant le service mais également en dehors du service, afin de ne pas nuire à la réputation de leur administration. Tout manquement à cette obligation d'origine jurisprudentielle est passible d'une sanction disciplinaire.

Responsabilité : obligation de répondre de ses actes, notamment lorsqu'ils créent un préjudice ou constituent une faute. La responsabilité peut notamment être pécuniaire et se traduire par le versement de dommages-intérêts (responsabilité civile pour les agents et administrative pour les personnes publiques), pénale et conduire à des peines (notamment d'amende et d'emprisonnement) ou disciplinaire et déboucher sur des sanctions (allant de l'avertissement à la révocation pour un fonctionnaire).

Retrait (Droit de) : droit reconnu aux agents de la fonction publique (comme aux salariés du secteur privé) de se retirer d'une situation de travail lorsque celle-ci présente un danger grave et imminent pour leur vie ou pour leur santé.

Sanction disciplinaire : mesure punitive infligée à un agent public ayant commis une faute à l'occasion de l'exercice de ses fonctions. Le pouvoir disciplinaire appartient, sous le contrôle du juge administratif, à l'autorité investie du pouvoir de nomination (le maire dans une commune par ex.) qui peut seulement retenir une des 10 sanctions autorisées par le statut général. Ces sanctions sont réparties en quatre groupes selon un ordre croissant de gravité (de l'avertissement à la révocation). L'autorité locale doit respecter les règles de la procédure disciplinaire qui sont notamment destinées à assurer le respect des droits de la défense et à empêcher des décisions arbitraires. Après s'être longtemps borné à censurer les erreurs manifestes d'appréciation, le Conseil d'État exerce depuis 2013 un contrôle entier sur le caractère proportionné de la sanction

Scrutin majoritaire : mode de scrutin consistant à attribuer le ou les sièges à pourvoir au candidat ou à la liste arrivé en tête dans la circonscription électorale. Généralement, la majorité absolue est exigée au(x) premier(s) tour(s), tandis que la majorité relative ou simple suffit au dernier.

Scrutin mixte : mode de scrutin combinant majorité et proportionnalité pour permettre à la fois de dégager une majorité dans l'assemblée locale et de représenter la pluralité des listes (élections municipales dans les communes de 1 000 habitants et plus et élections régionales).

Secret professionnel : interdiction faite à tous les fonctionnaires, sous peine de sanction disciplinaire, pénale et éventuellement civile, de révéler en dehors des cas autorisés ou imposés par la loi une information confidentielle relative à un individu qu'ils ont obtenue dans l'exercice de leurs fonctions.

Service public : activité d'intérêt général, assurée ou contrôlée par une personne publique et soumise au moins partiellement au droit administratif. Un service public peut être administratif (SPA) ou industriel et commercial (SPIC). Les SPIC se caractérisent par la nature de leur activité (susceptible d'être exploitée par une entreprise privée), leur financement (principalement les redevances payées par les usagers en contrepartie de la prestation reçue) et leurs conditions de fonctionnement (analogues à celles du droit privé) : eau, assainissement, chauffage urbain… Tous les autres services publics sont administratifs : cantines scolaires, archives, état civil…

Société d'économie mixte locale (SEML) : société anonyme régie par le code de commerce dont le capital est partagé par des personnes publiques et privées, les collectivités territoriales et leurs groupements détenant plus de la moitié du capital et des voix dans les organes délibérants. Leur objet consiste notamment dans la réalisation d'opérations d'aménagement, de construction, dans l'exploitation de services publics à caractère industriel et commercial ou dans toute autre activité d'intérêt général.

Société publique locale (SPL) : société anonyme instituée par la loi du 28 mai 2010 et régie par le code de commerce dont le capital est détenu en totalité par les collectivités territoriales et leurs groupements. Leur objet consiste notamment dans la réalisation d'opérations d'aménagement, de construction, dans l'exploitation de services publics à caractère industriel et commercial ou dans toute autre activité d'intérêt général.

Spécialité législative (Principe de) : principe caractérisant les collectivités d'outre-mer, en vertu duquel ne sont applicables que les lois et les règlements nationaux comportant une mention expresse à cette fin. La spécialité législative connaît certaines limites, notamment avec les « lois de souveraineté » (par ex. lois intéressant les pouvoirs publics constitutionnels et les institutions centrales de la République ou la défense nationale).

Statut : ensemble des textes déterminant les règles relatives aux droits et aux obligations des fonctionnaires. Le statut général de la fonction publique comprend quatre titres. Le titre I définit les droits et les obligations applicables à l'ensemble des fonctionnaires (loi Le Pors du 13 juillet 1983). Le titre II comprend les dispositions statutaires relatives à la fonction publique de l'État, le titre III à la fonction publique territoriale (loi du 26 janvier 1984) et le titre IV à la fonction publique hospitalière. Il existe aussi des statuts particuliers précisant, pour les différents corps ou cadres d'emplois, les modalités d'application du statut général.

Subsidiarité (Principe de) : technique de répartition des compétences en vertu de laquelle une autorité supérieure est compétente seulement dans le cas où l'autorité inférieure n'est pas en mesure d'exercer cette compétence : son intervention est subsidiaire. Consacré par le traité de Maastricht à propos des compétences partagées entre l'Union européenne et les États nationaux, le principe de subsidiarité est appliqué par la loi du 6 février 1992 aux relations entre les administrations centrales et déconcentrées de l'État et, avec circonspection, par la loi constitutionnelle du 28 mars 2003 à la répartition des compétences entre l'État et les collectivités territoriales.

Substitution (Pouvoir de) : fait pour une autorité administrative d'agir à la place d'une autre autorité administrative en cas de carence de cette dernière (par ex. le préfet peut se substituer au maire en matière de police administrative ou de finances locales).

Suppléance : mécanisme juridique institué par le code général des collectivités territoriales qui, en cas d'absence, de suspension, de révocation ou d'empêchement du maire, habilite un membre du conseil municipal (en principe un adjoint, dans l'ordre du tableau) à exercer provisoirement la plénitude des fonctions du maire. De même, en cas de vacance du siège de président de conseil départemental ou régional, ses fonctions sont provisoirement exercées par un membre du conseil départemental (en principe un vice-président, dans l'ordre du tableau).

Syndicat intercommunal : établissement public de coopération créé par des communes pour gérer ensemble des activités ou des services publics qu'elles déterminent librement et dont elles assurent le financement. Selon le nombre de compétences exercées, le syndicat intercommunal a une vocation unique (SIVU) ou multiple (SIVOM).

Syndicat mixte : catégorie d'établissement public de coopération proche du syndicat intercommunal mais caractérisé par la présence d'adhérents de catégorie juridique différente. Le syndicat mixte « fermé » associe des communes et des établissements publics de coopération intercommunale ou seulement, depuis 2004, des EPCI. Le syndicat mixte « ouvert » permet de réunir des communes, des départements, des régions, des EPCI ainsi que d'autres établissements publics (chambres de commerce et d'industrie par ex.).

Traitement : nom donné à l'élément de base de la rémunération du fonctionnaire. Le montant du traitement dépend de l'échelon auquel il est parvenu dans son grade. À chaque échelon correspond un indice majoré (indice traitement) variant de 340 à 830. Le traitement mensuel brut peut se calculer en multipliant l'indice majoré (IM) par la valeur du point d'indice, qui est régulièrement réévaluée, même si, depuis 2010, la politique de modération salariale peut conduire à la « geler » (4,686 euros depuis le 1er février 2017). Toutefois, les emplois supérieurs sont rémunérés en fonction d'une grille de huit indices lettres (de A à G) dits « hors échelle ».

Transfert de compétence : opération juridique par laquelle une personne publique transmet une compétence à une autre personne publique qui l'exercera en son nom et pour son propre compte. La Constitution impose que tout transfert de compétences entre l'État et les collectivités territoriales s'accompagne de l'attribution de ressources équivalentes à celles qui étaient consacrées à leur exercice.

Tribunal administratif (TA) : juridiction administrative chargée de juger en premier ressort les litiges administratifs qui ne relèvent pas de la compétence du Conseil d'État ou d'une juridiction administrative spécialisée. Depuis 2003, ils statuent en premier et dernier ressort sur les litiges mineurs. Les 42 TA (dont 11 en outre-mer) exercent également des fonctions non juridictionnelles (par ex. avis sur les questions des préfets).

Tutelle administrative : contrôle d'une personne publique sur une autre personne publique. La tutelle s'exerce dans le cadre de textes autorisant et délimitant ce contrôle qui porte sur les personnes ou les organes (suspension, révocation...) et sur les décisions de l'autorité placée sous tutelle (pouvoir de substitution, d'annulation...).

Annexes

Dossier d'inscription au concours

CENTRE DE GESTION
DE CDG

Standard concours : xxx
Courriel : xxx
Site internet : xxx

AUXILIAIRE DE SOINS PRINCIPAL 2e CLASSE : **NUMÉRO ET NOM DU CANDIDAT**
CADRE RÉSERVÉ À L'ADMINISTRATION   Vérification :

DOSSIER D'INSCRIPTION

AUXILIAIRE DE SOINS TERRITORIAL PRINCIPAL DE 2e CLASSE 2022

organisé par le Centre de gestion de CDG en convention avec les Centres de gestion de la région R

EXTERNE

IDENTIFICATION DU CANDIDAT

Madame / Monsieur NOM Prénom

Nom de jeune fille :
Autre prénom :
Né(e) le : à dpt
Adresse :

Téléphone personnel : Téléphone professionnel :
Téléphone mobile :

Courriel :

Niveau de diplôme :

En cas de réussite au concours, j'autorise la publication de mes coordonnées personnelles à savoir : mon adresse postale, téléphone personnel et courriel, auprès des collectivités et employeurs territoriaux :

Aménagement pour travailleur handicapé :
Tiers temps :
Particularité du support :

Nom et adresse de votre employeur actuel :
Adresse :

CONDITIONS D'ACCÈS

☐ **Je suis titulaire d'un titre ou diplôme classé au moins au niveau 3 du cadre national des certifications professionnelles (anciennement niveau V de la nomenclature du répertoire national des certifications professionnelles) ou d'une qualification reconnue comme équivalente dans les conditions fixées par le décret n° 2007-196 du 13 février 2007 modifié relatif aux équivalences de diplômes requises pour se présenter aux concours d'accès aux corps et cadres d'emplois de la fonction publique.**

OU

☐ Je relève des dispositions du décret n° 81-317 du 7 avril 1981 en qualité de mère ou père d'au moins 3 enfants (joindre la photocopie intégrale du livret de famille ou autre justificatif).

☐ Je relève des dispositions de l'art. 28 de la loi n° 84-610 du 16 juillet 1984 en qualité de sportif de haut niveau (joindre le justificatif d'inscription sur la liste annuelle établie par le Ministre chargé des sports).

☐ Je fais une demande d'équivalence en application du décret n° 2007-196 du 13 février 2007 modifié.
Date de la demande : ....

Attention, cette demande doit être formulée au plus tard à la date de clôture des inscriptions au concours soit le xxx 2022 (voir l'imprimé téléchargeable sur la page de préinscription).

NATURE DES ÉPREUVES

- **L'épreuve d'admission** consiste en un entretien permettant d'apprécier les capacités professionnelles du candidat, ses motivations et son aptitude à exercer les missions incombant aux membres du cadre d'emplois concerné (durée : 15 min).

Toute note inférieure à 5 sur 20 à l'épreuve obligatoire entraîne l'élimination du candidat.

APTITUDE PHYSIQUE

Les candidats devront en outre justifier, au moment de leur recrutement, de leur aptitude physique à occuper l'emploi. À cet effet, ils devront satisfaire à une visite médicale d'embauche devant un médecin généraliste agréé, désigné par l'administration.

DÉCLARATION SUR L'HONNEUR

Je soussigné(e) Prénom NOM, certifie sur l'honneur :

- l'exactitude des renseignements fournis et me déclare averti(e) que toute déclaration inexacte peut me faire perdre le bénéfice de mon éventuelle admission au concours,
- posséder la nationalité d'un des États membres de l'Union Européenne ou d'un autre État partie à l'accord sur l'Espace économique Européen (loi n° 83-634 du 13 juillet 1983 modifiée, articles 5 et 5 bis), à savoir :
- être informé(e) qu'en cas de succès, je devrai justifier de mon aptitude physique à occuper l'emploi considéré auprès de mon futur employeur ;
- ne pas avoir subi de condamnation incompatible avec l'exercice des fonctions ;
- jouir de mes droits civiques dans l'État dont je suis ressortissant ;
- me trouver en position régulière au regard des obligations du service national dans l'État dont je suis ressortissant(e) ;
- avoir pris connaissance du Règlement général des concours et examens professionnels organisés par le Centre de gestion de CDG, consultable sur www.cdg.fr ;
- avoir été prévenu(e) que tout dossier arrivé après la date de clôture du fait d'un affranchissement insuffisant ou d'un défaut d'adressage ne pourra être accepté ainsi que les captures d'écran ou les copies de dossier ;
- m'engager, en cas de réussite à plusieurs concours d'accès au même grade du même cadre d'emplois, à ne solliciter mon inscription que sur une seule liste d'aptitude et à en informer le Centre de gestion de CDG ;
- être avisé(e) que la liste des candidats admis et lauréats sera diffusée par internet et qu'à ce titre, mes nom et prénom figureront sur cette liste, sauf opposition écrite de ma part, adressée par courrier au service concours du Centre de gestion, en mentionnant le concours concerné ;
- avoir pris connaissance de la notice « Aide à l'inscription ».

Fait à .... le ....

Signature du candidat précédée de la mention " Lu et Approuvé "

PIÈCES À JOINDRE AU DOSSIER D'INSCRIPTION

- Une copie du titre ou diplôme requis ou la décision favorable de la commission d'équivalence de diplôme ou d'expérience professionnelle (*cf page 2)* ou un justificatif de dispense (pour les mères ou pères d'au moins 3 enfants joindre la photocopie intégrale du livret de famille ou autre justificatif ; et pour les sportifs de haut niveau joindre une pièce justifiant l'inscription sur la liste établie par le ministère chargé des sports).
- La déclaration sur l'honneur complétée et signée.

Si vous êtes ressortissant d'un Etat membre de l'Union Européenne autre que la France ou d'un autreEtat partie à l'accord sur l'Espace économique européen :

- La copie lisible du certificat de nationalité émis par le pays d'origine ou tout document authentique faisant foi de la nationalité dans le pays d'origine dont la traduction en langue française est authentifiée. (Joindre la photocopie de la carte d'identité du pays d'origine par exemple).

Si vous remplissez une des conditions de l'article L. 5212-13 du code du travail :

1° travailleurs reconnus handicapés par la commission des droits et de l'autonomie des personnes handicapées mentionnée à l'article L. 146- 9 du code de l'action sociale et des familles ;
2° victimes d'accidents du travail ou de maladies professionnelles ayant entraîné une incapacité permanente au moins égale à 10 % et titulaires d'une rente attribuée au titre du régime général de sécurité sociale ou de tout autre régime de protection sociale obligatoire ;
3° titulaires d'une pension d'invalidité attribuée au titre du régime général de sécurité sociale, de tout autre régime de protection sociale obligatoire ou au titre des dispositions régissant les agents publics à condition quel'invalidité des intéressés réduise au moins des deux tiers leur capacité de travail ou de gain ;
4° bénéficiaires mentionnés à l'article L. 394 du code des pensions militaires d'invalidité et des victimes de la guerre ;
9° titulaires d'une allocation ou d'une rente d'invalidité attribuée dans les conditions définies par la loi n° 91-1389 du 31 décembre 1991 relative à la protection sociale des sapeurs- pompiers volontaires en cas d'accident survenu ou de maladie contractée en service ;
10° titulaires de la carte d'invalidité définie à l'article L. 241- 3 du code de l'action sociale et des familles ;
11° titulaires de l'allocation aux adultes handicapés.

Vous pouvez bénéficier d'un **aménagement spécial des épreuves** prévu par la réglementation. Dans ce cas vous devez, en plus, des documents demandés ci-dessus, fournir **au moins un mois avant la date de l'épreuve** du concours qui se déroulera le **xxx 2022** :

① **Un certificat médical** datant de moins de 6 mois délivré par un médecin agrée par le préfet du département du lieu de résidence dans les conditions prévues par le décret n° 86-442 du 14 mars 1986 modifié (modèle du certificat à télécharger dans la partie préinscription).

PAGE À CONSERVER PAR LE CANDIDAT

Il vous est instamment recommandé de remplir avec le plus grand soin les diverses mentions du présent dossier et de vérifier si vous répondez aux conditions d'inscription.

La préinscription sur internet ne constitue pas une inscription définitive au concours. Le Centre de gestion ne validera l'inscription qu'à réception du dossier et de l'ensemble des pièces nécessaires télétransmises *ou* envoyées pendant la période légale d'inscription.

Votre dossier d'inscription complet et correctement rempli est à déposer sur votre espace sécurisé dans le logiciel de gestion des inscriptions, *ou* à adresser avant le xxx 2022 minuit, le cachet de La Poste faisant foi ou déposé avant 17H00 à l'adresse suivante :

CENTRE DE GESTION DE LA FONCTION PUBLIQUE TERRITORIALE
DE CDG
SERVICE CONCOURS
xxx
xxx

Le dépôt direct sur votre espace sécurisé est, également, possible au moment de votre préinscription. Après validation de votre email, vous pouvez y déposer votre dossier d'inscription ainsi que les pièces justificatives demandées que vous aurez préalablement enregistrées sous le format adéquat.

Nous vous invitons à consulter la notice « Aide à l'inscription » aux candidats avant d'entamer la procédure d'inscription.

⚠ **IMPORTANT :**

L'envoi ultérieur par le Centre de gestion des documents relatifs à ce concours s'effectuera systématiquement par voie dématérialisée (courrier, convocation, attestation de présence…).

Ainsi votre convocation à l'épreuve orale qui se déroulera le xxx 2022 sera disponible sur votre espace sécurisé au plus tard une dizaine de jours avant cette date.
Le service concours vous adressera un courriel pour vous en informer.

Il conviendra de la télécharger et de l'imprimer. Elle vous sera demandée le jour des épreuves.

Nous vous invitons à prendre les mesures nécessaires pour conserver vos identifiants afin de pouvoir accéder à votre espace sécurisé.

Pour information, le nombre de postes ouverts au concours externe est de xxx au moins.

À retenir :

- Épreuve orale : le xxx 2022
- Résultats d'admission : le xxx 2022

La présidente du CDG vous informe que les données recueillies dans ce formulaire d'inscription feront l'objet d'un traitement informatique afin de vous inscrire à un concours ou à un examen professionnel de la FPT organisé par le Centre de gestion de CDG, qu'elles ne feront l'objet d'aucune portabilité et seront conservées dans le respect de la durée d'utilité administrative.
En vertu de la législation en vigueur (loi n° 78-17 du 6 janvier 1978 relative à l'informatique, aux fichiers et aux libertés), vous disposez d'un droit d'accès et de rectification des données vous concernant.
Pour toute information relative à la protection de vos données personnelles dans le cadre de cette inscription, vous pouvez vous adresser à xxx@cdg.fr

PAGE À CONSERVER PAR LE CANDIDAT

VOTRE ESPACE SÉCURISE

Votre code d'accès confidentiel **composé de votre code utilisateur : XXX et votre mot de passe, renseigné lors de la saisie est à conserver tout au long du concours. Il vous permettra, sur votre espace sécurisé :**

- **de consulter le détail de votre préinscription,**
- **de déposer votre dossier d'inscription, ainsi que les pièces justificatives,**
- **de télécharger les documents du Centre de gestion (accusé réception de votre dossier, convocations, attestation de présence aux épreuves, résultats (admissibilité et admission), relevé de notes...**

Sur le site internet : **www.cdg.fr**
(Concours / Examens – Inscription concours – Accéder au suivi de votre dossier)

Vous pouvez suivre chaque étape de votre dossier :

1) « En attente de réception par votre Centre de gestion »
Le Centre de gestion est en attente de réception de votre dossier.

2) « Dossier reçu en cours d'instruction »
Votre dossier a été transféré par le service concours et il est en cours de vérification.

3) « Dossier complet »
Vous pouvez accéder au courrier vous indiquant votre admission à concourir dans « Documents à télécharger ».

4) « Dossier incomplet »
Vous pouvez accéder au courrier vous précisant la ou les pièce(s) à fournir dans « Documents à télécharger » et dans « Demande de pièces » il convient de transmettre celle(s)-ci pour compléter votre dossier.

5) « Dossier refusé »
Votre dossier n'est pas recevable. Vous allez recevoir un courrier recommandé mentionnant les raisons du rejet de votre dossier.

6) « Admis à concourir »
Vous pouvez accéder à votre convocation dans « Documents à télécharger » et imprimer votre convocation. Elle vous sera demandée le jour des épreuves.

7) « Attestation de présence, épreuve orale »
Vous pouvez accéder à votre attestation de présence dans « Documents à télécharger ».

8) « Résultats d'admission »
Admis ou non admis : Vous aurez accès à votre résultat et vos notes dans « Documents à télécharger ».

Important : Pour toutes vos correspondances, vous devrez renseigner votre numéro de dossier (login), votre nom et votre prénom ainsi que le concours concerné. Il convient donc de mémoriser vos identifiants.

Dossier de saisine de la commission d'équivalence de diplômes

V 2020 Nom Prénom

DOSSIER DE SAISINE DE LA COMMISSION D'EQUIVALENCE DE DIPLOMES

Auxiliaire de soins territorial principal de 2ème classe

Spécialité aide médico-psychologique (Concours EXTERNE)

Attention ! La commission d'équivalence de diplômes (CED) n'est pas compétente pour l'accès à ce concours pour les spécialités aide-soignant et assistant dentaire : il s'agit de professions réglementées.

Important

Avant de faire une demande d'équivalence de diplôme et donc de commencer à remplir le dossier ci-après, merci de lire attentivement le texte ci-dessous.

En application des dispositions du décret n° 2007-196 du 13 février 2007, la CED procède à une comparaison des titres ou diplômes présentés, et éventuellement du contenu de l'expérience professionnelle, au regard du référentiel du diplôme requis pour l'accès au concours.

S'agissant d'auxiliaire de soin territorial principal de 2ème classe, spécialité aide médico psychologique, le diplôme requis est le diplôme d'état d'accompagnant éducatif et social.
Seuls les titulaires de ce DE[1], dans la spécialité « Accompagnement de vie en structure collective » ont accès de droit au concours. Ils n'ont pas à saisir la CED.

De même les titulaires des anciens diplômes (DE d'aide médico- psychologique, CA aux fonctions d'aide médico-psychologique, DE d'auxiliaire de vie sociale) sont, de droit, titulaires du diplôme d'Etat d'accompagnant éducatif et social dans la spécialité « accompagnement de la vie en structure collective ». Ils ont accès de droit au concours. Ils n'ont pas à saisir la CED.

Tous les candidats titulaires d'autres diplômes, y compris ceux qui sont titulaires du DE d'accompagnant éducatif et social dans les spécialités « accompagnement de la vie à domicile » et « accompagnement à l'éducation inclusive et à la vie ordinaire » doivent obligatoirement saisir la CED s'ils veulent passer ce concours.

Les résultats des commissions sont consultables sur le site du CNFPT à l'adresse suivante : http://www.cnfpt.fr/evoluer/commission-dequivalence-diplomes/presentation-commission/national.

Il appartient à chaque candidat de vérifier régulièrement, à l'aide du numéro communiqué en référence dans l'accusé de réception envoyé par le secrétariat, que son dossier a été soumis en commission et a reçu un avis.

[1] Ce nouveau DE d'accompagnant éducatif et social comprend un socle commun de compétences et 3 spécialités :
- Accompagnement de la vie à domicile
- Accompagnement de vie en structure collective
- Accompagnement à l'éducation inclusive et à la vie ordinaire

Les certificats de spécialité peuvent être obtenus uniquement par les titulaires du diplôme d'Etat d'accompagnant éducatif et social et sont délivrés par le Préfet de région.

V 2020 Nom Prénom

DOSSIER DE SAISINE DE LA COMMISSION D'EQUIVALENCE DE DIPLOMES

Auxiliaire de soins territorial principal de 2ème classe
Spécialité aide médico-psychologique (Concours EXTERNE)

Renseignements concernant votre identité

M. ☐ **Mme** ☐	Nom de naissance :
Nom d'usage ou d'époux(se) :	Prénom :
Date de naissance :	Ville et département de naissance :
Adresse personnelle :	
Code postal :	Ville :
Tél. mobile/personnel :	Tél. professionnel :
Courriel :	

Renseignements concernant votre demande d'équivalence

Si vous exercez dans le secteur public, veuillez renseigner les rubriques suivantes :

- Vous êtes : Titulaire ☐ Stagiaire ☐ Non titulaire ☐
  Contrat aidé (CAE, CAV, Contrat d'apprentissage, PACTE, emploi-jeune) ☐
- Vous exercez dans la fonction publique :
  territoriale ☐ Etat ☐ hospitalière ☐ européenne ☐ autre ☐
- Depuis quelle date ? :

Dans la négative, veuillez indiquer de quelle rubrique vous relevez :

- secteur privé ☐ étudiant ☐ sans emploi ☐ autre ☐ (précisez) : ....
- Depuis quelle date ? :

Coordonnées de la commission d'équivalence de diplômes

Que vous soyez titulaire d'un diplôme délivré en France ou à l'étranger

Centre national de la fonction publique territoriale
Secrétariat de la commission nationale d'équivalence de diplômes
80, rue de Reuilly
CS 41232
75578 Paris cedex 12

Téléphone : 01 55 27 41 89

DOSSIER DE SAISINE DE LA COMMISSION D'EQUIVALENCE DE DIPLOMES

Auxiliaire de soins territorial principal de 2ème classe
Spécialité aide médico-psychologique (Concours EXTERNE)

J'autorise le secrétariat de la commission à :

- utiliser mon adresse courriel pour communiquer avec moi ou solliciter toute information concernant la présente demande ;
- transmettre éventuellement aux organisateurs du concours des informations sur les étapes de l'instruction de ma demande et sur la décision prise par la commission.

J'atteste être informé(e) de ce que :

- je dois communiquer la décision de la commission à l'organisateur du concours ;
- la commission est déconnectée des dates des concours et que de ce fait, il m'appartient de déposer ma demande d'équivalence le plus tôt possible avant la période d'inscription au concours ;
- la commission se réserve la possibilité de vérifier l'exactitude de mes déclarations ;
- en cas de décision favorable de la commission, cette décision vaudra également pour toutes mes demandes ultérieures d'inscription au même concours que celui pour lesquels elle a été rendue ou à un concours pour lequel la même condition de qualification est requise, sous réserve que ne soit intervenue une modification législative ou réglementaire de nature à remettre en cause l'équivalence accordée.
- en cas de décision défavorable de la commission, je ne pourrais présenter une nouvelle demande d'équivalence de diplôme dans le délai d'un an suivant la notification de cette décision négative
- aucun élément de mon dossier ne me sera restitué et je dois en conserver une copie avant envoi.
- toute fausse déclaration de ma part entraînera l'application des articles 441-6 et 441-7 du code pénal.

J'atteste que toutes les informations données dans le présent document et pièces qui l'accompagnent sont exactes.

La loi n°78-17 du 6 janvier 1978 relative à l'informatique, aux fichiers et aux libertés s'applique au présent dossier. Elle garantit aux personnes concernées un droit d'accès et de rectification pour les données les concernant.

Fait à le
Signature *(précédée de la mention « lu et approuvé »)*

NB : Vous pourrez consulter le résultat des dossiers passés en commission sur le site internet du CNFPT : http://www.cnfpt.fr/evoluer/commission-dequivalence-diplomes/presentation-commission/national. Le n° de votre dossier est indiqué dans le courrier d'accusé réception qui vous aura été adressé par le secrétariat de la commission d'équivalence de diplôme lors de l'enregistrement de celui-ci. Seule la décision qui vous sera notifiée par courrier aura une valeur juridique !

V 2020 Nom Prénom

DOSSIER DE SAISINE DE LA COMMISSION D'EQUIVALENCE DE DIPLOMES

Auxiliaire de soins territorial principal de 2ème classe
Spécialité aide médico-psychologique (Concours EXTERNE)

Pièces minimales à fournir avec le présent dossier

(Conservez une copie de votre dossier, ce dernier ne vous sera pas restitué)

Cette liste n'est pas exhaustive et la commission peut demander toute autre pièce ou information qu'elle jugera utile au regard du dossier fourni.
Si vous rencontrez des difficultés à réunir l'ensemble de ces pièces, n'hésitez pas à contacter le secrétariat.

Avez-vous fourni l'ensemble des pièces nécessaires à l'étude de votre demande ?

- ☐ **UN CURRICULUM VITAE A JOUR**, partant de l'emploi le plus récent vers le plus ancien. (Pour les titulaires de diplômes d'enseignement supérieurs indiquez sur votre CV tous les diplômes obtenus).
- ☐ La copie de votre **PIECE D'IDENTITE.**
- ☐ La copie de **TOUS LES DIPLÔMES** détenus (CAP, BEP, Baccalauréat,..).
- ☐ Les **RELEVES DE NOTES** de tous les diplômes.
- ☐ Le **CONTENU DES DIPLÔMES** par unités d'enseignement (U.E).
- ☐ Intitulé, sommaire, introduction et conclusion des **MEMOIRES DE LICENCE et MASTER** (M1/maîtrise et master et uniquement si vous avez de tels diplômes)
- ☐ Les attestations de stage et de formation continue (le cas échéant) en lien avec le domaine du concours
- ☐ La copie des justificatifs des expériences dont vous sollicitez la reconnaissance : **CONTRATS DE TRAVAIL, ARRÊTES** ou **CERTIFICATS DE TRAVAIL.**
- ☐ Une ou des **FICHES DE POSTES ATTESTEES et SIGNEES** par votre employeur, pour les expériences dont vous sollicitez la reconnaissance. **Ces documents doivent indiquer clairement la nature des missions confiées et leur durée ainsi que la description des activités, si vous n'en avez pas (activités dans le secteur privé notamment) merci de l'indiquer.**
- ☐ **FICHES D'ENTRETIENS D'EVALUATIONS** de votre structure/société **si vous n'en n'avez pas le préciser.**
- ☐ **L'ORGANIGRAMME** de votre structure/société : **surlignez votre positionnement sur ces derniers**

Pour les candidats titulaires de diplômes étrangers et/ou justifiant d'une expérience professionnelle réalisée à l'étranger : les diplômes, titres et attestations doivent avoir été délivrés par une autorité compétente, **Les documents, y compris ceux concernant l'expérience professionnelle doivent être présentés, le cas échéant, dans une traduction en français établie par un traducteur assermenté.**

ATTENTION
Ne pas brocher les documents, ne pas les mettre dans un classeur ou dans un lutin
Ne pas joindre tous vos bulletins de salaires
Ne pas envoyer de supports numériques (CD, DVD et clé USB)
Ne pas envoyer d'originaux

V 2020 Nom Prénom

DOSSIER DE SAISINE DE LA COMMISSION D'EQUIVALENCE DE DIPLOMES

Auxiliaire de soins territorial principal de 2ème classe

Spécialité aide médico-psychologique (Concours EXTERNE)

1. Votre parcours diplômant (titres/diplômes)

1.1 Parcours déjà réalisé (vous pouvez ajouter au tableau autant de lignes que nécessaires en le photocopiant)

N°	Dates de formation (du.........au.........)	Intitulé de la formation	Durée totale en heures	Nom et ville de l'organisme de formation	Attestation, certificat ou diplôme obtenu Année d'obtention	Niveau du diplôme*
Diplômes						
D1						
D2						
D3						
D4						
Autres formations suivies						
F1						
F2						
F3						

***inférieur au bac : niveau V, bac : niveau IV, bac+2 : niveau III, licence, maîtrise : niveau II, master 2 et plus : niveau I**

1.2 Pensez-vous qu'il soit nécessaire que vous suiviez d'autres formations ? ☐ **Non** ☐ **Oui** **Lesquelles ? Argumentez en quelques lignes**

NB : Tout diplôme devra être produit sous peine de ne pas être pris en compte par la commission.

V 2020 Nom Prénom

DOSSIER DE SAISINE DE LA COMMISSION D'EQUIVALENCE DE DIPLOMES

Auxiliaire de soins territorial principal de 2ème classe
Spécialité aide médico-psychologique (Concours EXTERNE)

2. Votre parcours professionnel

(Vous pouvez ajouter au tableau autant de lignes que nécessaire en le photocopiant)
Activités salariées – non salariées – bénévoles

N°	Période (du…………………… au…………………)	Votre fonction	Temps plein ou % temps partiel	Nom et adresse de l'employeur	(1)	Activité principale de l'établissement
E1						
E2						
E3						
E4						
E5						
E6						

(1)
Si vous exercez dans le secteur public, précisez votre qualité : titulaire, stagiaire, non titulaire ou contrat aidé (de type CAE, CAV, Contrat d'apprentissage, PACTE, emploi-jeune)
Si vous exercez dans le secteur privé, précisez si vous êtes salarié(e) d'une grande entreprise, d'une PME, d'une association ou travailleur indépendant, profession libérale, artisan, commerçant, autre
Si vous n'êtes pas salarié(e), précisez si vous êtes sans emploi, étudiant, bénévole

3. Le contenu des activités professionnelles exercées

1 feuille d'activités par emploi

3.1. Décrivez les activités et les tâches que vous avez prises en charge dans les périodes déclarées en page 6 :

Liste des activités	% du temps passé à ces activités	Tâches qui en découlent
TOTAL	**100 %**	

4. Vos connaissances, compétences et aptitudes

4.1 compétence1 : se positionner comme professionnel dans le champ de l'action sociale

Vous avez acquis cette compétence par la formation

Nom du diplôme ou de la formation donnant cette compétence. Indiquez, si possible, le nom de l'unité d'enseignement concernée :

....

Vous avez acquis cette compétence par l'expérience

N° de l'emploi (page 5) qui vous a permis de l'acquérir : ☐

Décrivez en quelques lignes comment vous avez mis en œuvre cette compétence dans votre expérience et indiquez la ou les technique(s) employées :

4.2 Compétence 2 : accompagner la personne au quotidien et dans la proximité

Vous avez acquis cette compétence par la formation

Nom du diplôme ou de la formation donnant cette compétence. Indiquez, si possible, le nom de l'unité d'enseignement concernée :

....

Vous avez acquis cette compétence par l'expérience

N° de l'emploi (page 5) qui vous a permis de l'acquérir : ☐

Décrivez en quelques lignes comment vous avez mis en œuvre cette compétence dans votre expérience et indiquez les publics concernés :

4.3 Compétence 3 : coopérer avec l'ensemble des professionnels concernés

Vous avez acquis cette compétence par la formation

Nom du diplôme ou de la formation donnant cette compétence. Indiquez, si possible, le nom de l'unité d'enseignement concernée :

....

Vous avez acquis cette compétence par l'expérience

N° de l'emploi (page 5) qui vous a permis de l'acquérir :

Décrivez en quelques lignes comment vous avez mis en œuvre cette compétence dans votre expérience et indiquez les publics concernés :

4.4 Compétence 4 : participer a l'animation de la vie sociale et citoyenne de la personne

Vous avez acquis cette compétence par la formation

Nom du diplôme ou de la formation donnant cette compétence. Indiquez, si possible, le nom de l'unité d'enseignement concernée :

....

Vous avez acquis cette compétence par l'expérience

N° de l'emploi (page 5) qui vous a permis de l'acquérir :

Décrivez en quelques lignes comment vous avez mis en œuvre cette compétence dans votre expérience et indiquez les publics concernés :

DOSSIER DE SAISINE DE LA COMMISSION D'EQUIVALENCE DE DIPLOMES

Auxiliaire de soins territorial principal de 2ème classe
Spécialité aide médico-psychologique (Concours EXTERNE)

Etat horaire des services accomplis

A joindre obligatoirement au dossier de saisine de la commission d'équivalence de diplômes

Partie à compléter par l'employeur ou par la personne habilitée agissant par délégation

Nom : .... Prénom : ....

Né(e) le : .... à : ....

Demeurant : ....

Qualité	Employeur	Service	Période		Durée des services			Récapitulatif	Récapitulatif
								Temps partiel (incluant cumul)*	
Grade Titulaire, stagiaire, non titulaire, contractuel…	Indiquer les nom et adresse	(ENM, CRD, CRR…)	**Temps plein** ou **partiel** (préciser le %)	Du……………. au…………….	Ans	Mois	Jours	Horaire total travaillé pour la **période** indiquée	Horaire total **ANNUEL** travaillé (même discipline)
TOTAL GENERAL									

* **A remplir pour les seuls emplois qui ne sont pas à temps complet**

Grade et échelon actuels de l'agent :
Cachet de l'administration **(obligatoire)**
Nom et qualité

Ancienneté :
Fait à .... le
Signature

Fiche métier : aide-soignant ou aide-soignante

MÉTIER AIDE-SOIGNANT OU AIDE-SOIGNANTE

CAPL - **SOCIAL, SANTE PUBLIQUE**
SPÉCIALITÉ - **SANTÉ PUBLIQUE**

INFORMATIONS GÉNÉRALES

Définition	Dispense des soins de bien-être et de confort aux personnes admises dans un service médical. Participe à la gestion et à l'entretien de l'environnement de la personne
Autres appellations	• Auxiliaire de soins
Correspondances avec les autres répertoires	• ROME – J1501 : Soins d'hygiène, de confort du patient • RIME – FP2AFS09 : OPERATRICE/OPERATEUR D'ACTIONS DE SANTE • FPH – 05R10 : Aide-soignant(e)

PROXIMITÉ ENTRE MÉTIERS

Métiers proches	• Aide à domicile
Métiers envisageables	• Infirmier ou infirmière

CONTEXTE D'EXERCICE

Facteurs d'évolution	**Évolutions relatives aux politiques publiques, au cadre institutionnel et réglementaire** • Développement des démarches qualité et de sécurité sanitaire • Renforcement de la lutte contre les infections nosocomiales ; évolution pharmacologique • Législation sur les personnes âgées et handicapées • Loi Hôpital, patients, santé et territoires, loi de santé 2016 **Évolutions socio-économiques** • Évolution de la demande sociale : individualisation, proximité, réactivité • Augmentation du vieillissement, de la dépendance, des pathologies chroniques et des soins de longue durée • Développement de la prise en charge des personnes âgées (APA) **Évolutions techniques et technologiques** • Développement des outils informatiques • Évolutions technologiques des équipements et matériels
Types d'employeurs et services d'affectation	• Commune, structure intercommunale, département • Généralement rattaché à la direction de la santé et de la prévention
Conditions d'exercice	**Conditions générales** • Travail à domicile ; déplacements fréquents • Disponibilité, déontologie, secret médical • Obligation de suivre un programme annuel de développement professionnel continu (Loi HPST de juillet 2009, art. 59) **Facteurs de pénibilité** • Horaires irréguliers avec gardes et astreintes (week-ends, nuits, jours fériés) • Risques de contagions, fréquentation de lieux insalubres et situations sociales précaires, risques de tensions dans la relation aux personnes

	Facteurs de risques professionnels Métier dont les activités sont potentiellement exposées à des facteurs de risques professionnels relevant de la/des catégories suivantes : • Contraintes physiques marquées • Environnement physique agressif • Rythmes de travail
Relations fonctionnelles	• Contacts directs avec les usagers • Échanges permanents d'informations avec l'infirmier ou l'infirmière ; transmission d'informations aux aides-soignants pour assurer la continuité des soins • Relations avec les services sociaux de la collectivité ; contacts avec d'autres collectivités • Collaboration avec le secteur hospitalier et libéral, les CAF, etc.

CORRESPONDANCES STATUTAIRES

Cadres d'emplois indicatifs	• Auxiliaires de soins territoriaux (catégorie C, filière Médico-sociale)
Condition d'accès	• Concours externe et interne avec conditions de diplôme et/ou examen d'intégration en fonction du cadre d'emplois, concours troisième voie • Profession et conditions d'exercice réglementées

ACTIVITÉS ET COMPÉTENCES TECHNIQUES

ACTIVITÉS

› **Accueil et prise en charge des patients et de leur famille**
› **Identification de l'état de santé du patient**
› **Réalisation de soins courants et assistance de l'infirmier ou l'infirmière**
› **Réalisation de soins d'hygiène et de confort et de soins préventifs**
› **Désinfection et stérilisation des matériels et équipements**

COMPÉTENCES ASSOCIÉES

SAVOIR-FAIRE

› **Accueil et prise en charge des patients et de leur famille**
• Accueillir et installer la personne et son entourage
• Recueillir les données relatives à la santé de la personne
• Occuper la personne, notamment les enfants et personnes âgées ou handicapées dans l'attente de soins

› **Identification de l'état de santé du patient**
• Identifier les besoins fondamentaux et apprécier l'état de santé et le degré d'autonomie de la personne
• Discerner le caractère urgent d'une situation et alerter l'infirmier ou l'infirmière
• Observer et transmettre les informations utiles

› **Réalisation de soins courants et assistance de l'infirmier ou l'infirmière**
• Informer la personne des soins courants dispensés
• Réaliser des prises de température, de pouls, des pesées en respectant les protocoles d'hygiène
• Aider l'infirmier ou l'infirmière dans la réalisation de prélèvements biologiques, de pansements

› **Réalisation de soins d'hygiène et de confort et de soins préventifs**
• Surveiller le repos ou le sommeil
• Distribuer des repas et accompagner les personnes dans la prise alimentaire
• Entretenir l'environnement immédiat de la personne
• Prévenir la formation d'escarres par des soins adaptés
• Maintenir ou restaurer l'autonomie de la personne dans la vie quotidienne

› **Désinfection et stérilisation des matériels et équipements**
• Nettoyer, stériliser le matériel de soins (sondes, instruments)
• Identifier les anomalies et alerter l'infirmier ou l'infirmière

SAVOIRS

› SAVOIRS SOCIOPROFESSIONNELS

- Pathologies spécifiques
- Gestes professionnels
- Notions d'anatomie et de physiologie
- Techniques et outils de soins courants
- Protocoles d'hygiène et de qualité des soins
- Principales thérapies
- Protocoles de soins
- Techniques de manutention
- Techniques de massage
- Règles d'entretien du matériel
- Réglementation d'hygiène et de sécurité
- Risques liés aux infections nosocomiales

› SAVOIRS GÉNÉRAUX

- Techniques de base en animation
- Principes de la communication orale et écrite
- Principales caractéristiques socioculturelles de la population du territoire

ACTIVITÉS SPÉCIFIQUES

- Conseil à la mère en matière d'hygiène et d'alimentation de l'enfant
- Réalisation d'animations pour les personnes âgées

ACTIVITÉS TRANSVERSES

SANTÉ ET SÉCURITÉ AU TRAVAIL	› Application des règles d'hygiène, de santé et de sécurité au travail
ENTRETIEN - MAINTENANCE - LOGISTIQUE	› Logistique et gestion des approvisionnements et des stocks

VOIR LE DÉTAIL DES ACTIVITÉS DANS LE RÉFÉRENTIEL DES ACTIVITÉS TRANSVERSES

Fiche métier : assistant ou assistante dentaire

MÉTIER ASSISTANT OU ASSISTANTE DENTAIRE

CAPL - **SOCIAL, SANTE PUBLIQUE**
SPÉCIALITÉ - **SANTÉ PUBLIQUE**

INFORMATIONS GÉNÉRALES

Définition	**Assiste, sous sa responsabilité et son contrôle, le chirurgien-dentiste ou la chirurgienne-dentiste, ou, la ou le médecin exerçant dans le champ de la chirurgie dentaire. Dans ce cadre, contribue aux activités de prévention et d'éducation pour la santé dans le domaine bucco-dentaire**
Correspondances avec les autres répertoires	• ROME – J1303 : Assistance médico-technique • RIME – FP2AFS09 : OPERATRICE/OPERATEUR D'ACTIONS DE SANTE • FPH – 05R40 : Assistant(e) dentaire

PROXIMITÉ ENTRE MÉTIERS

Métiers proches	• Assistant ou assistante de gestion administrative
Métiers envisageables	• Chargé ou chargée d'accueil

CONTEXTE D'EXERCICE

Facteurs d'évolution	**Évolutions relatives aux politiques publiques, au cadre institutionnel et réglementaire** • Reconnaissance réglementaire du métier dans le Code de santé publique • Évolution du périmètre d'intervention et des rôles de l'assistant ou de l'assitante dentaire **Évolutions socio-économiques** • Évolutions socio-démographiques (précarisation, conditions d'accès aux soins) et dynamiques de territoire (désertification médicale)
Types d'employeurs et services d'affectation	• Commune, structure intercommunale, département • Centre de santé, service de prévention • Rattaché au responsable de centre, ou au chef, ou à la cheffe de service
Conditions d'exercice	**Conditions générales** • Travail en cabinet et hors structure de soins (EPHAD, PMI, écoles, crèches) • Horaires réguliers, avec amplitude variable en fonction des obligations de service public • Formation obligatoire aux premiers secours niveau II • Obligation de formation (DPC) • Respect du secret professionnel **Facteurs de pénibilité** • Port d'une tenue professionnelle et d'EPI, travail en milieu exposé à des rayonnements (port du dosimètre) **Facteurs de risques professionnels** Métier dont les activités sont potentiellement exposées à des facteurs de risques professionnels relevant de la/des catégories suivantes : • Environnement physique agressif
Relations fonctionnelles	• Contacts directs avec les patients • Relations fréquentes avec les autres acteurs du parcours de soins • Contacts réguliers avec les partenaires des actions de santé publique

	• Relations avec les services administratifs du centre de santé
Moyens techniques particuliers	• Produits et équipements de soins, EPI
Spécialisations	• Spécialisation possible en fonction de la spécialité (orthodontie, chirurgie buccale et médecine bucco-dentaire) et/ou en fonction des compétences du praticien

CORRESPONDANCES STATUTAIRES

Cadres d'emplois indicatifs	• Auxiliaires de soins territoriaux (catégorie C, filière Médico-sociale)
Condition d'accès	• Concours externe et interne avec conditions de diplôme et/ou examen d'intégration en fonction du cadre d'emplois, concours troisième voie • Exercice professionnel réglementé (certificat de qualification assistant ou assistante dentaire CPNE, niveau IV)

ACTIVITÉS ET COMPÉTENCES TECHNIQUES

ACTIVITÉS

› **Accueil et prise en charge du patient**
› **Assistance technique dans la préparation et la réalisation des soins**
› **Hygiène, désinfection, asepsie et rangement des matériels de soin**
› **Participation à l'éducation et à la promotion de la santé bucco-dentaire**

COMPÉTENCES ASSOCIÉES

SAVOIR-FAIRE

› **Accueil et prise en charge du patient**
- Planifier les rendez-vous selon les besoins du patient, le type d'intervention, le degré d'urgence
- Orienter le patient dans et hors de la structure
- Accueillir et renseigner le patient (horaires d'ouverture du cabinet, possibilités de rendez-vous, documents à apporter, modalités de soin, tarification)
- Recueillir les données médico-sociales nécessaires aux soins et en informer le praticien

› **Assistance technique dans la préparation et la réalisation des soins**
- Installer et préparer le patient
- Réceptionner les éléments médico-techniques et en informer le praticien
- Préparer le matériel, les produits selon les indications du praticien (selon sa spécialité/compétences) et la nature de l'intervention
- Assister le praticien dentaire (travail à quatre mains, assistance opératoire, imagerie...) : pré, per, post intervention

› **Hygiène, désinfection, asepsie et rangement des matériels de soin**
- Conduire les opérations de la chaîne de stérilisation selon les protocoles en vigueur (dans et hors cabinet)
- Entretenir et ranger la salle de soins selon les protocoles en vigueur
- Vérifier le fonctionnement des appareils et signaler les dysfonctionnements
- Contrôler, conditionner et ranger les matériels, matériaux, produits et dispositifs médicaux
- Réaliser les interventions de maintenance de premier niveau (autoclave, appareils rotatifs, scialytique, etc.)
- Suivre et optimiser la gestion des stocks de produits, identifier les besoins en approvisionnement et transmettre les commandes
- Procéder au tri et à l'élimination des déchets selon les règles en vigueur

› **Participation à l'éducation et à la promotion de la santé bucco-dentaire**
- Contribuer à l'élaboration et à la mise en œuvre du projet de santé du centre ou du service de santé
- Conseiller et informer les patients sur la santé bucco-dentaire
- Préparer et animer des séances d'information et de conseil
- Élaborer avec le praticien et mettre à disposition des supports d'information en matière de santé publique
- Participer à l'organisation de projets de santé et à des campagnes de prévention dans et hors structure de soins

SAVOIRS

› SAVOIRS SOCIOPROFESSIONNELS

- Terminologie médicale
- Techniques de soins d'odontologie
- Classification et nomenclature des actes médicaux
- Notions d'anatomie, physiologie, pathologies, pharmacologie
- Modalités de planification et de mise en œuvre des opérations d'assistance
- Procédés et protocoles d'hygiène, de désinfection, d'asepsie et de rangement
- Protocoles de prévention des risques infectieux
- Procédures d'élimination des déchets médicaux
- Notions de prévention/promotion de la santé et des techniques d'éducation pour la santé

› SAVOIRS GÉNÉRAUX

- Techniques d'accueil, règles de communication
- Outils bureautiques et progiciels métiers
- Techniques rédactionnelles et écrits professionnels (devis, bilans bucco-dentaires)
- Techniques de régulation de conflits
- Notions d'ergonomie (gestes et postures)

ACTIVITÉS SPÉCIFIQUES

- Facturation et encaissement des honoraires
- Accueil et accompagnement des assistantes et assistants dentaires en formation

ACTIVITÉS TRANSVERSES

GESTION ADMINISTRATIVE, JURIDIQUE, COMMANDE PUBLIQUE	› Instruction des dossiers et application des procédures administratives
SANTÉ ET SÉCURITÉ AU TRAVAIL	› Application des règles d'hygiène, de santé et de sécurité au travail
ENTRETIEN - MAINTENANCE - LOGISTIQUE	› Logistique et gestion des approvisionnements et des stocks › Contrôle technique, maintenance et réparation des équipements et matériels
INFORMATION - COMMUNICATION - CONCERTATION	› Organisation et animation des relations à la population

VOIR LE DÉTAIL DES ACTIVITÉS DANS LE RÉFÉRENTIEL DES ACTIVITÉS TRANSVERSES

Table des matières

Imprimé en France par CPI
en janvier 2022

Dépôt légal : janvier 2022
N° d'impression : 167378